读书会饮

一本带领我们读书的书

孙莉玲等 撰

武秀枝 李瑞瑞 蒋 辰 卢欣宇 编著

东南大学出版社
SOUTHEAST UNIVERSITY PRESS

·南京·

图书在版编目(CIP)数据

读书会饮：一本带领我们读书的书 / 孙莉玲等撰；武秀枝等编著. —南京：东南大学出版社，2024.4（2024.12重印）
ISBN 978-7-5766-1025-3

Ⅰ. ①读… Ⅱ. ①孙…②武… Ⅲ. ①读书方法
Ⅳ. ① G792

中国国家版本馆 CIP 数据核字（2023）第 254418 号

责任编辑：莫凌燕　责任校对：李成思　封面设计：楚浩然　责任印制：周荣虎

读书会饮：一本带领我们读书的书
Dushu Huiyin：Yiben Dailing Women Dushu de Shu

撰　者	孙莉玲等	
编　著	武秀枝　李瑞瑞　蒋　辰　卢欣宇	
出版发行	东南大学出版社	
出 版 人	白云飞	
社　址	南京四牌楼 2 号　邮编：210096	
网　址	http://www.seupress.com	
经　销	全国各地新华书店	
排　版	南京私书坊文化传播有限公司	
印　刷	江苏凤凰数码印务有限公司	
开　本	880 毫米 ×1230 毫米　1/32	
印　张	11.5	
字　数	277 千	
版　次	2024 年 4 月第 1 版	
印　次	2024 年 12 月第 2 次印刷	
书　号	ISBN 978-7-5766-1025-3	
定　价	48.00 元	

本社图书若有印装质量问题，请直接与营销部联系调换。电话（传真）：025-83791830

目　录

经典名著篇

003—041　**《诗经》**——孔子删定

　　书评：《一言以蔽之曰思无邪》
　　导读："诗者，志之所之也。在心为志，发言为诗"。《诗经》之所以可以称为"经"，恰在于其"发乎情，止乎礼"，"一言以蔽之曰：思无邪"。《诗》可以兴，可以观，可以群，可以怨，迩之事父，远之事君。多识于鸟兽草木之名"，这就是我们从《诗经》开始学起的原因。

043—091　**《论语》**——孔子的弟子及其后学

　　书评：《〈论语〉中的智慧代码》
　　　　　《风乎舞雩，咏而归——〈论语〉中的师生日常》
　　导读：一部《论语》，千古流传；一位老师，万世师表。中国人道德仁义的智慧，千年的风骨性格都蕴藏在这位老师和他学生的对话里，对中国人精神的影响不言而喻。我们今天读《论语》依然可以学习到那熠熠千年而生生不息的大智慧。

093—133 **《三国演义》——罗贯中**

书评：《滚滚长江淘不尽万古英雄》
导读：这是一部影响世界的不朽之作。是一部小说，那些精彩绝伦的故事流传千古，那些栩栩如生的人物呼之欲出。但我们也可以称其为一部"史书"，因为它几乎左右了几百年来人们对那段真实历史的评价。我们甚至可以称其是一部军事教材，行军打仗不能不懂、不能不用的奇谋与战术，其中比比皆是。

135—186 **《红楼梦》——曹雪芹**

书评：《满纸荒唐言，一把辛酸泪》
　　　《说不尽的〈红楼梦〉——回归，说说文本》
导读：它是中国文学史上最璀璨的一颗明珠。其情节结构的宏大完整、草蛇灰线，其人物塑造的跃然纸上、呼之欲出，其语言风格的活灵活现、入木三分，其故事内容的人生百态、市井万象，以及其思想内容的兼蓄并包、鞭辟通透，都使其永远光彩夺目。

畅销好书篇

189—209 **《设计中的设计》**——[日]原研哉

书评：《打破思维定式》
《探寻设计的无限可能》
导读：设计的实质就是将无限多样的思考和感知方式，有意识地运用在普通的物体、现象和传播上。设计需要创新，然而创新不仅仅存在于设计上，我们生活中每一方面都需要突破窠臼去发现一些触碰心灵的东西。

211—231 **《小强升职记》**——邹鑫

书评：《时间管理是投资的眼光而不是无序的消费》
导读：我们总是希望能管理好时间，却不小心反被时间控制，成为日夜追赶时间、疲于奔命的人。其实时间最不偏私，从时长上来说，它给予每个人都是公平的 24 小时，但从效果上来说，有的人用这有限的 24 小时创造出了无限的可能。

233—259　**《非暴力沟通》**——[美]马歇尔·卢森堡

> **书评**：《是什么蒙蔽了爱》
> **导读**：大部分暴力沟通的根源在于人们忽略彼此的感受与需求，而将冲突起因归咎于对方，言语造成的情感与精神上的创伤与肉体上的伤害一样痛苦。克服异化的沟通方式，学会倾听，观察自己与他人的感受与需求，并有意识地、诚实地、清晰地表达请求，可以与这个世界和解。

261—279　**《自控力——斯坦福大学广受欢迎心理学课程》**——[美]凯利·麦格尼格尔

> **书评**：《让意志力来控制冲动的渴望》
> **导读**：意志力就是控制自己注意力、情绪和欲望的能力。缺乏意志力是完成目标最大的绊脚石，自控力强的人不是从与自我的较量中获得自控，而是学会如何接受互相冲突的自我，并将这些自我融为一体。

281—297　**《富爸爸穷爸爸》**——[美]罗伯特·清崎

> **书评**：《钱是一种力量，但更有力量的是财商》
> **导读**：大多数人一生都在追求工资、加薪和职业保障，从来不问这种感情支配生活之路通向哪里，就如同驴子拉车，前面有个胡萝卜，主人知道去哪，而驴子追的就是一个幻影。穷与富并非单指金钱上的贫穷和富有，而是指对待金钱的思维。

299—315　**《被讨厌的勇气》**——［日］岸见一郎、古贺史健

书评：《让自己真正自主和自由的勇气》
导读：在人生的混乱中，烦恼、痛苦、自卑、缺陷随处可见，真的能摆脱吗？一个"对人生感到无望的青年"与"幽默智慧的哲人"的一问一答，让我们有"拍大腿"的豁然开朗：太棒了，我原来是这样的！只要有勇气迈开双腿前进，人生就会发生改变。

317—339　**《存在主义咖啡馆》**——［英］莎拉·贝克韦尔

书评：《思想很有趣，但人更有趣》
导读：每个人都应该读点哲学，因为哲学是对世界基本和普遍问题的叩问。在"现象学"激发下产生的"存在主义哲学"，虽然提出了"存在先于本质""悬搁判断""意向性的观念""存在本身并不是存在者"等众多观点，但关于"自由"的话题也从来没离开。

341—358　**《数学与哲学》**——张景中

书评：《哲学用来思考宇宙，数学用来书写宇宙》
导读：数学和哲学貌似是泾渭分明的两个不同的学科，但历史上很多知名的科学家都同时是哲学家和数学家，他们都以公理为前提，都设法规范定义，都研究无限，都使用推导，都在探究真理。哲学是望远镜，数学是显微镜。

经典名著篇

《诗经》是我国最早的一部诗歌总集。它在孔子的时代被称为"诗"或"诗三百"。到了汉代,武帝罢黜百家,独尊儒术,将孔子所整理过的书称为"经",才确定《诗经》这一名称。《诗经》分为《风》《雅》《颂》三大类,并与其表现手法赋、比、兴一起被称为"诗之六义"。《诗经》收录了西周初年至春秋中叶约五六百年间的诗歌,记载了鸟兽草木、典章制度、祭祀庆典、农业生产、社会生活等多方面内容,是当时社会面貌和人们思想感情的整体反映。《诗经》在明清之际便已作为中华文化的代表向西传播,对《诗经》的翻译也逐渐雅致化、精确化。《诗经》无论是在政治、思想还是学术研究上,都有着重要而广泛的影响。

《诗经》

孔子删定

书评

一言以蔽之曰思无邪

——孙莉玲、梁泽惠

《诗经》本来叫《诗》。何为"诗"?"诗者,志之所之也。在心为志,发言为诗"。也就是说,诗必须先有思想、感情蕴含于心中,心中有丘壑,眼里存山河;再必须要一吐为快、情动于中。《诗经》不仅是我国最早的一部诗歌总集,也是全世界第一部诗歌总集,其伟大早在两千多年前就由孔子给予了明确评价和定位。《论语》中谈到《诗经》的言论共有19条,其中作总体评论的两条,一条是《为政》篇"《诗三百》,一言以蔽之,曰:'思无邪'",另一条是《阳货》篇"小子何莫学夫诗?《诗》,可以兴,可以观,可以群,可以怨,迩之事父,远之事君。多识于鸟兽草木之名"。为何可以兴?因其中兴诗为主体,可以激励人。为何可以观?因其可查西周以来的社会和历史,可以以史为鉴。为何可以群？因其足以了解各种各类各时各地的风土人情。为何可以怨？因其有很多讽刺诗，可以学到以何种方式直刺当局。其中有思念父母的也有想念游子的诗，所以可以说迩之事父；其中亦有歌颂或劝谏讽刺君王的诗，所以说可以远之事君。鸟兽草木也多得很，可谓是一部动植物图谱。所以说《诗经》绝不仅仅是一部诗歌总集，它还是一部文化全集。

一、《诗经》及其六艺

《诗经》中最早的诗大概作于西周初期，文献记载应为《豳风·鸱鸮》，为周公旦所作；最晚的作品应为《陈风·株林》。《诗经》上起西周，下至春秋中叶，大约包含了六个世纪的作品。其产生地域以黄河流域为中心，南到长江北岸，包括陕西、甘肃、山西、山东、河北、河南、安徽、湖北等地，内容涵盖甚广，反映了战争、劳动、爱情、风俗、祭祀、宴会等多种主题，甚至包括天象、地貌、动物、植物等方方面面，反映了当时整体的社会面貌和人们的思想感情。

《毛诗·大序》中有"故诗有六义焉。一曰风，二曰赋，三曰比，四曰兴，五曰雅，六曰颂"。其实六义分为"分类"与"手法"。先说分类。《论语》中有记"吾自卫返鲁，然后乐正，《雅》《颂》各得其所"，风、雅、颂从"乐正"两个字看，应该是乐调不同，兼或内容也有所不同，因为内容与乐调应该是互为表里的。现存的305首诗中，《风》有160篇，《雅》分大雅和小雅共105篇，《颂》40篇。关于古人按照什么标准来划分风、雅和颂，后世学者有不同的看法，或认为按诗的作用分，或认为按作者的身份及诗的内容分，或认为按音乐分，现大多采用"风土之音曰风，朝廷之音曰雅，宗庙之音曰颂"这种说法，即《风》

多属于各地民歌,《雅》是朝廷之乐,《颂》主要用于祭祀。

古人所谓"风",是指声调,《诗经》中的十五国风,就是十五个不同地方的乐调,分别为:周南、召南、邶、鄘、卫、王、郑、齐、魏、唐、秦、陈、桧、曹、豳。《国风》里有一些反映人民劳动生产的诗歌,如《芣苢》《七月》;还有一些反剥削压迫的诗歌,如《伐檀》《硕鼠》;有反映战争和徭役的诗歌,如《无衣》《鸨羽》;有揭露统治者丑行的讽刺诗,如《新台》《墙有茨》。但《风》诗中大多还是关于恋爱、婚姻、家庭生活的诗,如《关雎》《桃夭》《野有蔓草》《静女》,以及一些弃妇诗如《氓》等。一般认为,《风》代表了《诗经》的最高艺术成就。

《雅》中有反映贵族生活的诗,如《鹿鸣》《宾之初筵》;有政治讽刺诗,如《节南山》《正月》;有后人称为史诗的叙述周人开国和宣王征伐四夷而中兴的诗,如《生民》《六月》;也有一小部分诗歌,从内容到形式都很类似《风》诗,如《黄鸟》《苕之华》。《雅》这一部分历来争议较大,我们在此处列举两种影响较大的说法:其一是与民间诗歌"国风"相对,"雅"是指天子所在的都城的宫廷正乐。另外一种说法被王国维、梁启超等人认可,他们认为"雅"就是"夏"的假借字,而"夏"就是古书中所说的"九夏"一类,即周朝的九种乐曲。由此得知,《雅》中诸篇其实是戴着面具、有对唱有表演的乐章,日本学者加藤常贤则直接说《雅》就是假面舞蹈",目前,这种说法的影响力也在不断地扩大。

"颂"即"容"的假借字,就是表演的意思。颂是配合乐器,用皇家声调歌唱,带有扮演、舞蹈的艺术。据王国维考评,《风》《雅》只清唱,歌词有韵,声音短促,叠章复唱;《颂》诗多无韵,由于配合舞步,所以声音缓慢,且大多不分章,《颂》出现的时间最早,其中的诗歌大体四字一句,用韵不够规范,应该是诗歌语言尚未完善所致。但是《周颂》也并非全是早期的作品，比如说《执竞》一篇中"自彼成康，奄有四方"一句，就有明显的用韵。关于《颂》和《雅》的异同，历来也是讨论较多的话题。宋代学者王柏认为："颂有两体：有告于神明之颂，有期愿福祉之颂。告于神明者，类在《颂》中，期愿之颂，带在《风》《雅》中。"王柏认为《颂》与《雅》目的不同而性质相同，都是用于祭祀，只是《颂》告于神明，而《雅》期愿福祉。这一说法也可供大家参考。

《诗经》在表现手法上主要有三种：赋、比、兴。这种出色的艺术手法，韩愈称为"葩"。

赋，朱熹说："赋者，敷陈其事而直言之者也。"也就是说，赋就是叙述和描写。有全诗均用赋体者，如"静女其淑，俟我于城隅"，如《七月》全诗八章，将农民一年十二个月的劳动铺叙出来；有全诗均用设问叙述的，如《采蘋》《河广》；有每段段首起兴，下皆叙述的，如《燕燕》；有全诗仅首章或二章起兴，余皆叙述的，如《谷风》；等等。

比，朱熹说："比者，以彼物比此物也。"换句话说，比就是比喻。在诗经中用得很广泛，它的形式分为明喻、隐喻、借喻、博喻、对喻等。"有女如玉"这是用玉洁白柔润的属性刻画诗中人物的美丽温柔，中间有一个"如"字，这就是明喻。"尹氏大师，维周之氐。"太师是宗周的根底，这就是隐喻。"硕鼠硕鼠，无食我黍！"用大老鼠来比喻贪婪的剥削者，这是借喻。"有匪君子，如切如磋，如琢如磨。"这是用很多种比喻来形容君子，顾名思义，这就是博喻。"他人有心，予忖度之。跃跃毚兔，遇犬获之。"前两句是正文，后两句是比喻，这就是所谓的对喻。

兴，即朱熹所谓："兴者，先言他物以引起所咏之词也。"兴即启发,也称起兴。兴是歌者先见一种景物,触动了他心中潜伏的思想感情而发出的歌唱,所以兴句多在诗的开头。《诗》中的作品的开头两句,往往为全章甚至全篇烘托了主题,渲染了气氛。如《关雎》,听见雎鸠关关地叫,在河洲追求它的伴侣,诗人便联想到了君子所追求的那位窈窕淑女,那位德貌兼美的好姑娘。"关关雎鸠,在河之洲",这就是兴句。《诗经》的兴比比皆是,如以"桃之夭夭"来起兴新娘子的美好,以"习习谷风"来起兴一个弃妇之苦。赋比兴是《诗经》最基本的艺术特点,但它的艺术魅力并不止于此,还有一些修辞手法,如复叠、对偶、夸张、比喻、反问、设问、顶真、排比、拟人、借代等。

二、《诗经》的影响

《诗经》的影响主要分为以下三点。其一,《诗经》作为中国诗歌的源头,具有无法撼动的地位。人们一般将《楚辞》看成是中国文学中浪漫主义的源头,而将《诗经》看成现实主义的源头。赵翼《论诗》里一句"江山代有才人出,各领风骚数百年",即可看出《诗经》《离骚》在中国文学中的代表地位及其重要性。另外,《诗经》赋比兴的艺术表现手法也深深影响着后世。其二,《诗经》具有教化功能。《论语·子罕》中说:"子曰:'吾自卫反鲁,然后乐正,《雅》《颂》各得其所。'"所以,一般认为《诗经》是孔子为达到政治教化的目的而编纂的,通过学习《诗经》可以提高道德修养。《史记·孔子世家》记载:"三百五篇孔子皆弦歌之,以求合《韶》《武》《雅》《颂》之音。礼乐自此可得而述。"《诗经》还被引申为人生信条:"子曰:《诗三百》,一言以蔽之,曰思无邪。'"(《论语·为政》)。不仅如此,《诗经》也被看成一个沟通民间百姓和帝王的途径。《礼记·王制》中记载统治者"命大师陈诗以观民风",帝王可以通过《诗经》里的内容来了解百姓生活状态,从而制定出合适的政策。这些都属于《诗经》的政治教化功能。其三,由于《诗经》能够反映当时的社会面貌,对史料严重缺乏的上古时期,我们可以通过《诗经》了解当时的草木虫鸟,如雎鸠、黄鸟、螽斯,如荇菜、卷耳、葛覃、樛木、苤苢。可以了解风俗制度,如"匪我愆期,子无良媒",这是说女子出嫁要有媒妁之言;"子之汤兮,宛丘之上",这是说在降丘宅土后,那些高丘成了宗教、风俗的重要活动场所等;"七月流火,九月授衣。一之日觱发,二之日栗烈",这是说那时的耕种是讲究农时的。因此《诗经》是我们一窥上古时期时代特点的窗口。

除了对后世文学、政治教化等方面的影响外,《诗经》对西方社会也存在不小的影响。《诗经》的西播自明清之际业已开始,当时的西方天主教教士陆续来华,开始接触《诗经》。如利玛窦曾在我国广东地区学习儒家经典,根据记载,他"未一二年,四子五经皆通大义"。值得一提的是柏应理所编的《西文四书解》,这本书在西方汉学发展史上有很高的地位,一般认为是欧洲文学艺术领域"中华风"的开端。十七世纪末叶至十八世纪初叶,法国曾多次派传教士来华,随即开始了法国为欧洲汉学中心的时代。传教士的传播客观上使得《诗经》早期的西播具有浓厚的宗教学术色彩。进入19世纪中叶尤其是鸦片战争后,原先覆盖于中国文化之上的光芒日渐消散,西方对汉学的研究转入低潮,并在此之后完成了由教会学术向世俗学术的转变。1871年,英国传教士理雅各在中国学者王韬的帮助下完成了附有长序、译注的英译版《诗经》。二十世纪上半叶,整个汉学研究的发展速度并不如人们想象中的那么快,但是在《诗经》翻译和研究领域,还是取得了一些成绩。随着专业知识的积累和学术视野的扩展,《诗经》的翻译逐渐趋向雅致化和精确化,同时也出现了顾维廉等人的文学史著作。

民国时期大师傅斯年则持有不一样的看法。他认为:"《诗三百》在儒家的文献中,虽然有这么大的势力,而在后来文学的影响上,并不见得很多。仿佛《诗经》之体,同《诗经》之文,俱断于春秋之世。后来虽有四言诗,却已不是《诗三百》之四言诗了。"傅斯年作出这样论断的出发点主要有四个:首先,春秋战国时期,魏文侯"闻今乐则乐,闻古乐则倦",侧面反映出春秋战国时期流行的音乐已经发生了很明显的改变,和旧乐联系紧密的诗体也不再通行;其次,汉代的音乐主要继承自楚地,稍微加上了一些北方的元素,和《诗经》里雅、颂、郑、卫的系统不一样;再次,雅随着宗周之文物一起消亡了;最后,《诗经》中的诗体是初期的,还没有发展到曹子建的五言诗、李杜的七言诗这样成熟的地步,在春秋战国时期"中国一切物事大变"的情况下是很难统诸各国并长期保持下去的。但他同时承认,"《诗三百》之后世虽小,然以风之名之辞在后来却变成一种新文体,至汉而成枚马之赋。"

三、《诗经》的现实作用

《诗经》的现实作用除却以上几种较为客观的影响,还包括激发出的思考——我们为什么要读《诗》?或者说我们为什么要读诗?在白话文得到非常广泛的普及,甚至在日常生活中已经取代文言文的时候,在那些平仄韵脚显得生疏复杂甚至让人望而生畏的时候,我们到底为什么还要去读它们?

周颐在《蕙风词话》中说道:"吾听风雨,吾览江山,常觉风雨江山之外,有万不得已者在。此万不得已者,即词心也。

而能以吾言写吾心，即吾词也。"我们要读的不是沉默的、呆板的方块字，而是方块字里的那一种感人的力量。比如《芣苢》"采采芣苢，薄言采之。采采芣苢，薄言有之"一句，这首诗非常原始，所描述的场景也非常简单，无非就是一群女子在一起采摘芣苢。我们初读可能会觉得索然无味，但我们要知道，这首诗并不是紧闭大门在屋子里创造出来的，它代表的是人们在田野中劳作时歌唱的声音。我们要读出其中的"风雨江山"。因此我们可以设想，在一个天朗气清、惠风和畅的时候，年轻女子成群结队地采摘芣苢，她们一边采摘一边唱着歌，歌声里夹杂着欢声笑语，歌声飘荡在风里，在山川里回响，整个画面给人一种万物清明、阳光柔和的联想。那其中的"动吾心者"呢？打动我们的不只是这一片世外桃源般的景色，更是这怡然自乐的生活与女子们的朝气和生命力。再比如说"春日迟迟，卉木萋萋"这句，如果细细品味，我们其实可以感知到里面蕴含着的一种能够使人沉静、恬淡的意境。

总而言之，我们寻常人读《诗经》，不必拘泥于每个字词的意思，我们要读的是作者传递出的那种生命力、那种激昂的情绪，以及蕴藏其中的美与动人的意境，这才是真正的价值之所在。

叶嘉莹先生曾讲过这样一段话："中国的古典诗词是把中国的语言文字运用得最精致最美好的。有时候我看到现代的诗歌，我承认它里面某一些感情，写得非常真实，非常感动人，它有很好的内容，有一两句也很出色。可是，忽然间会出现那么一句、那么几个字，使人感到枝丫生硬、粗糙，自己对自己国家的语言文字没有更精美更细致地掌握，至少我们读古人的诗词是可以帮助我们学习掌握到这一点的。"

不仅是中国古典诗词，所有的中国古代文学都是这样，都能够帮助我们理解自己国家文字的特性，能够帮助我们更好地掌握自己国家的语言文字。比如我们常说的"春秋笔法""一字褒贬""微言大义""草蛇灰线"等等，如果我们不看原典，不去研究哪些地方真正体现了这些东西，我们对中国语言文字的这些特点也只是略知一二而并非深入理解。如若没有深入的理解，又谈何传承，谈何创新呢？

导读

导言：

《诗经》是中国古代诗歌的开端，是最早的一部诗歌总集，收集了西周初年至春秋中叶（前11世纪至前6世纪）的诗歌，共311篇，现存有内容的诗305篇。其中《风》是周代各地的歌谣，十五国风共160篇。《雅》是周人的正声雅乐，分《小雅》和《大雅》，共105篇。《颂》是周王庭和贵族用于宗庙祭祀的乐歌，分为《周颂》《鲁颂》和《商颂》，共40篇。

《诗经》对周初至春秋五百多年间的政治生活、社会面貌、风土人情、礼仪文化、鸟兽草木等进行了全景式描写。古人云"不学诗，无以言"，今天我们学《诗》依然意义重大：

一是两周史料有限，而《诗经》内容丰富，用来和其他史料配合，是我们窥见当时社会生活的一面镜子。

二是诗是有韵脚的，我们从其一唱三叹中可以发现音韵的变化，也许用普通话读时并不押韵，可用某地方言读起来就韵味十足，让我们发现方言原来有如此的变化和魅力。

三是我们可以悟出很多道理。"有匪君子，如切如磋，如琢如磨""麟之趾，振振公子，于嗟麟兮""招招舟子，人涉卬否。人涉卬否，卬须我友"等等，都对我们如何做人做事有良好的启发。

四是《诗经》为今天的我们提供了丰富的词汇。仅成语就有 177 个之多,"一日三秋""他山之石"等耳熟能详的成语,以及"高山仰止""未雨绸缪""同仇敌忾"等人生警示都出自《诗经》。

五是为我们提供了生动的意象。"参差荇菜,左右流之。窈窕淑女,寤寐求之。求之不得,寤寐思服;悠哉悠哉,辗转反侧""静女其姝,俟我于城隅。爱而不见,搔首踟蹰""岂曰无衣?与子同袍。王于兴师,修我戈矛,与子同仇"等等,这些生动的意象流传千古,可以唤起不同时代甚至不同民族的共同情感。

此次我们选择的读本是程俊英所撰《诗经译注》(上海古籍出版社)。我们用 21 天的时间带领大家穿越千年,感受《诗经》之美。

[《诗经》共读 Day 1]

"风"又叫"国风",《诗经》中有十五国风,收诗 160 篇。"国"是指当时的一些诸侯国或地区。为什么叫"风"呢?其说法不下十几种,颇被认可的有:一说"风"是乐曲的通名。"其风肆好,以赠申伯"是说这个乐曲极好。《左传》有"北风""南风"之说,相当于近代所谓北曲和南曲。孔子所说的"郑声淫"可能就是因为郑地的乐曲多为靡靡之音吧。二说通"讽",朝廷派出小官"采诗观风",老百姓或下级官吏以诗歌的形式来表达疾苦和讽谏之意,怨谤之风,发乎歌唱。三说与西周的天命观相联系,王朝兴替,大权在天,上天把大权交给谁又取决于小民的态度,小民的呼声上天听到,就用"风"来传达其意图。

"风"是三百篇中最富思想意义和艺术价值的篇章。根据十五国风的名称以及诗的内容，大致可推断出诗的产生地相当于现在的陕西、山西、河南、河北、山东和湖北北部地区，地域相当辽阔。

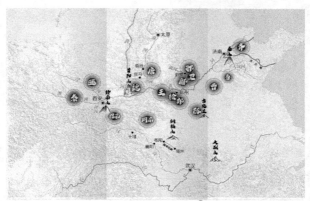

十五国的地域分布①

今天读《周南》。

"周"是地名（一说国名），在雍州岐山之阳，差不多就是今天陕西的岐山，是周王朝的发源地。周这个民族的祖先叫"弃"，是帝喾的后代，因为善于农耕而立功受封逐渐发展起来。后来到了周文王的爷爷古公亶父时遭遇戎狄入侵，这个仁德之人不想因自己的欲望而让百姓受战乱之苦，就独自离开了原来的封地一直走到岐山这个地方，他的仁慈宽厚和体恤居然使得那些百姓也自发地跟随他到了岐山，正因如此，岐山就成了周的发祥地。"南"指周以南之地，是周公旦的封地，即今河南西南部及湖北西北部一带。

《周南》中的诗大多是西周末年东周初年的作品，有些可能是西周较早时期的篇章。内容涉及婚姻、爱情、礼俗的居多。《周南》（也包括《召南》）中，有几首与王朝南征有关的篇章。当然，

---

① 图片来源：https://ss2.meipian.me/users/10590738/685c3322663b2f73555e434c113df9ce.jpg?imageView2/2/w/750/h/1400/q/80。

作为周家"乡乐"的《周南》(也包括《召南》),有一项重要的内容就是婚姻、妇德方面的诗歌。《孔丛子·记义》载孔子曰:"吾于《周南》《召南》,见周道之所以盛也!"即指这些表现妇德礼法的篇章。现存十一篇:《关雎》《葛覃》《卷耳》《樛木》《螽斯》《桃夭》《兔罝》《芣苢》《汉广》《汝坟》《麟之趾》。

《关雎》《桃夭》这些大家都很熟悉了,今天我们来说说《葛覃》这一篇:

葛之覃兮,施于中谷;维叶萋萋。黄鸟于飞,集于灌木;其鸣喈喈。

葛之覃兮,施于中谷;维叶莫莫。是刈是濩,为絺为绤;服之无斁。

言告师氏,言告言归。薄污我私,薄浣我衣。害浣害否,归宁父母。

这是即将回家探望父母的出嫁女唱的诗歌。

《诗经》中有十余篇提到"葛",涉及形态、用途等,可见农耕文明里,葛与人们的生活息息相关,在社会发展中占据着重要地位,中科院的《从"天子之衣"到"亚洲人参",葛走过的漫长道路》[①]即叙述了此事。

所以说《诗经》内容丰富,反映了"周代社会生活的方方面面"所言非虚,也让我们知道,中华民族是如何一步步从周朝走来的。

作业 & 思考:

1. 背诵打卡《关雎》。

---

① https://mp.weixin.qq.com/s/TI6GaY0H1iIMUnQSZw8EGg。

2. 从自己的角度理解为什么说《关雎》是一首爱情诗，是婚姻典礼上的乐歌，是用来"刺康王"的诗，是歌颂后妃之德的诗。

[《诗经》共读 Day 2]

今天读《召南》。

"召"，地名，在岐山之阳。武王得天下，封姬奭于召地（即今陕西岐山县西南），称召公或召伯。成王时，召公与周公分陕而治，自陕而西，召公主之；自陕而东，周公主之。"召南"，就是指西周陕（今河南三门峡市）以西的地区。西周时期，在汉水沿岸封建了许多姬姓诸侯，即所谓的"汉阳诸姬"。周初封建，文王后裔明显多于武王。《左传·僖公二十四年》："昔周公吊二叔之不咸，故封建亲戚以蕃屏周。管、蔡、郕、霍、鲁、卫、毛、聃、郜、雍、曹、滕、毕、原、酆、郇，文之昭也。邗、晋、应、韩，武之穆也。"文王之子得封者较武王之子竟有四倍之多。另值得注意的是"南山"一词在《召南》中多次出现，应该是指终南山。

《召南》也多为婚姻嫁娶、思妇征夫、农耕打猎等内容，现存十四篇：《鹊巢》《采蘩》《草虫》《采蘋》《甘棠》《行露》《羔羊》《殷其靁》《摽有梅》《小星》《江有汜》《野有死麇》《何彼襛矣》《驺虞》。

今天，我们就来说说《鹊巢》这一篇：

> 维鹊有巢，维鸠居之。之子于归，百两御之。
> 维鹊有巢，维鸠方之。之子于归，百两将之。
> 维鹊有巢，维鸠盈之。之子于归，百两成之。

成语"鸠占鹊巢"便是出自这首诗。这个成语现在用来批评一个人坐享其成、渔翁得利。但在它最原始的意思里却不含贬义,反而是一首理所当然、欢欢喜喜、热热闹闹的迎亲诗,以鹊喻男、鸠喻女,鹊造好了巢,迎娶鸠来居住、治理。

《诗经》中还有很多成语,我们一起来看一下吧:

1. 辗转反侧——出自《国风·周南·关雎》:"悠哉悠哉,辗转反侧。"

2. 投桃报李——出自《大雅·荡之什·抑》:"投我以桃,报之以李。"

3. 新婚燕尔——出自《国风·邶风·谷风》:"宴尔新昏,如兄如弟。"

4. 他山之石——出自《小雅·鸿雁之什·鹤鸣》:"他山之石,可以为错。"

5. 靡不有初,鲜克有终——出自《大雅·荡之什·荡》:"荡荡上帝,下民之辟。疾威上帝,其命多辟。天生烝民,其命匪谌。靡不有初,鲜克有终。"

6. 进退维谷——出自《大雅·荡之什·桑柔》:"人亦有言,进退维谷。"

作业 & 思考:

1. 背诵打卡《鹊巢》。
2. 《诗经》中还有哪些成语呢?欢迎大家留言讨论。

【《诗经》共读 Day 3】

今天读《邶风》。

邶、鄘、卫三国,都是殷商故地,在朝歌一带。武王灭殷以后,令商纣之子武庚管理殷商遗民,同时把商王朝大片直属土地一分为三,朝歌之北是邶,其东是鄘,其南是卫。一开始,邶、鄘、卫由管叔、蔡叔和霍叔"三监"管制。三监叛乱平定后，周公就把自己的同母弟康叔封建于卫，其后邶、鄘之地并入卫国。在先秦时，卫地之风已三分，《左传》中有"为之歌《邶》《鄘》《卫》"可为证。在三地合并成一国之后，三地音乐依然各自流传着。《鄘风》多为表现家庭关系败坏的篇章，所谓的"桑中之约""中篝之言"都见于此。这与殷商遗俗有关，而且周为了获得殷商遗民的顺从也采取了不少的包容政策，比如周人对自己厉行禁酒，但商民可以；周以农耕稼穑为主，而商人可以经商。

《邶风》有反抗和揭露上层统治者丑恶行为的，如《式微》《新台》等；有在婚姻恋爱方面反映妇女命运和反抗精神的，如《柏舟》《谷风》等。现存19篇：《柏舟》《绿衣》《燕燕》《日月》《终风》《击鼓》《凯风》《雄雉》《匏有苦叶》《谷风》《式微》《旄丘》《简兮》《泉水》《北门》《北风》《静女》《新台》《二子乘舟》。

今天，我们来说说其中风格独特的《击鼓》这一篇：

击鼓其镗，踊跃用兵。土国城漕，我独南行。
从孙子仲，平陈与宋。不我以归，忧心有忡！
爰居爰处？爰丧其马？于以求之？于林之下。
死生契阔，与子成说。执子之手，与子偕老。
于嗟阔兮，不我活兮！于嗟洵兮，不我信兮！

《击鼓》是《诗经》中一首典型的战争诗，是一位远征异国、长期不得归家的士兵唱的一首思乡之歌。描写战士感情的"死生契阔，与子成说。执子之手，与子偕老"，在后世也被用来形容夫妻情深。

作业 & 思考：
1. 背诵打卡《击鼓》。

2.如果把《燕燕》《日月》《终风》的主人公视为同一个人，我们可以看到怎样的生命境遇？

【《诗经》共读 Day 4】

今天读《鄘风》。

"鄘风"也是卫地的诗篇，是鄘地流行的乐调。鄘在今河南汲县境内。早在西周前期，鄘就是一个人口稠密的地区，古代人口多是富庶的象征。《鄘风》存诗10篇：《柏舟》《墙有茨》《君子偕老》《桑中》《鹑之奔奔》《定之方中》《蝃蝀》《相鼠》《干旄》《载驰》。

今天，我们来说说《载驰》这一篇：

载驰载驱，归唁卫侯。驱马悠悠，言至于漕。大夫跋涉，我心则忧。

既不我嘉，不能旋反。视尔不臧，我思不远。既不我嘉，不能旋济。视尔不臧，我思不閟。

陟彼阿丘，言采其蝱。女子善怀，亦各有行。许人尤之，众稚且狂。

我行其野，芃芃其麦。控于大邦，谁因谁极！

大夫君子，无我有尤。百尔所思，不如我所之！

《载驰》是《诗经》里非常有名气的一首诗，它反映了热爱国家、热爱故土的精神。它的创作背景是许穆夫人得知卫国被北方狄人所灭，焦急万分，奔赴母国吊唁慰问，并提出"联齐抗狄"的主张。依照春秋时期的礼法，嫁出去的女儿回娘家是要受到严格限制的，所以此去遭到了许国大臣的反对。就是在这种情况下，许穆夫人作了《载驰》这首诗。纵观整首诗的艺术风格，哀而不伤，彰显着一种斩钉截铁的豪迈之气。今人吟咏此诗，虽千载之后，犹如闻其声、如见其人。许穆夫人英姿飒爽、坚毅果敢、极富魅力，是中国历史上有记载的最早的爱国女诗人。

作业 & 思考：
1. 背诵打卡《载驰》。
2.《鄘风》中有一首《桑中》是表现卫地男女关系风俗不纯的篇章，试观察《诗经》中还有哪些篇章与"桑"有关？

【《诗经》共读 Day 5】

今天读《卫风》。

卫在周初封国时地位很高。康叔受封时，属"文王十子"之一，是一等大邦。灭国后在齐、宋等诸侯帮助下，迁于黄河以南，都楚丘。再后，又迁都至帝丘。卫国一直延续到战国晚期。《卫风》也产生于殷商故地，主要内容与《邶风》《鄘风》大致相同。其中比较著名的如《硕人》对人物形象的描写、《氓》对人物心理的刻画，都对后世影响很大。《卫风》现存10篇：《淇奥》《考槃》《硕人》《氓》《竹竿》《芄兰》《河广》《伯兮》《有狐》《木瓜》。

今天来说一说《硕人》这一篇：

硕人其颀，衣锦褧衣。齐侯之子，卫侯之妻。东宫之妹，邢侯之姨，谭公维私。

手如柔荑，肤如凝脂。领如蝤蛴，齿如瓠犀。螓首蛾眉。巧笑倩兮，美目盼兮。

硕人敖敖，说于农郊。四牡有骄，朱幩镳镳，翟茀以朝。大夫夙退，无使君劳。

河水洋洋，北流活活。施罛濊濊，鳣鲔发发，葭菼揭揭。庶姜孽孽，庶士有朅。

  这是卫人赞美卫庄公夫人庄姜的诗。全诗写她出嫁来到卫国时的盛况。先写她的出身高贵，继写她的美貌风姿，连用五个比喻，描绘出她的形体之美。最为传神的是，诗人只用了八个字"巧笑倩兮，美目盼兮"，就让一个笑盈盈的美丽少女站在了我们面前。后来这两句诗成为描写美人之美只可意会、不可言传的千古名句。对于本诗，北京师范大学教授李山老师有讲解：《〈诗经〉中最美的女人是谁》[①]。

作业 & 思考：

  1. 背诵打卡《硕人》。
  2.《诗经》中有很多对女子的描写，试观察《诗经》是如何描写不同性格、身份的女子的。

【《诗经》共读 Day 6】

  今天读《王风》。

  西周建立后，在洛邑（今河南洛阳市）建立都城，号成周。西周灭之后，周平王率众东迁于此，东周开始。西周时王畿千里，东迁之后，周室衰微，面积大大减少，局限于洛邑周围地区，这就是"王风"产生的地域，其地大约为今河南洛阳、孟州市、沁阳、偃师、巩义市、温县一带。《王风》多悲怨之音，故李白有"王风何怨怨"之说。现存 10 篇:《黍离》《君子于役》《君子阳阳》《扬之水》《中谷有蓷》《兔爰》《葛藟》《采葛》《大车》《丘中有麻》。

  今天来说一说《黍离》这一篇:

[①] https://mp.weixin.qq.com/s/kZ9C5JJikVAcKBBIaCnB0g。

彼黍离离，彼稷之苗。行迈靡靡，中心摇摇。知我者谓我心忧，不知我者谓我何求。悠悠苍天，此何人哉！

彼黍离离，彼稷之穗。行迈靡靡，中心如醉。知我者谓我心忧，不知我者谓我何求。悠悠苍天，此何人哉！

彼黍离离，彼稷之实。行迈靡靡，中心如噎。知我者谓我心忧，不知我者谓我何求。悠悠苍天，此何人哉！

这是一首有感家国兴亡的诗。作者原为朝廷大臣，他行役途中看到故宗庙宫室尽为禾黍，悲怆不已，彷徨不忍离去。后"黍离"一词成了人们感叹亡国、触景生情常用的典故。

除了"黍"以外，《诗经》中还许多植物，是人们的"衣食所安"。人们或种植，或采集，或以之察时令等。让我们一起跟随李山老师（《〈诗经〉草木谈》[①]），走进《诗经》的草木世界，看看《诗经》中的植物。

作业 & 思考：

1. 背诵打卡《黍离》。

2.《王风·采葛》中有三个表达时间的词汇，"三月""三秋""三岁"，分别指多长时间呢？

【《诗经》共读 Day 7】

今天读《郑风》。

郑国始封于西周晚期的宣王朝，始封之祖为宣王弟，名友，即郑桓公。友是幽王朝的司徒，这个人比较有眼光，他深感王朝将乱，向太史伯请教逃亡之地，太史伯就帮他选了济、洛、

[①] https://mp.weixin.qq.com/s/Urv_vnGJwkSFbQYte1lNOA。

河、颍四河作为未来生存之地。不久，果然王室大乱，郑桓公死，其子武公率众东迁，迁都新郑（今河南新郑）。东迁后的郑国，地处要冲，受西周礼乐文明的影响较浅，但远古文化积累十分深厚。郑国在立国观念上的一个突出特点就是明显尊重和保护商人的利益。优越的地理条件，加上不拘传统，以及尊重和保护商人的基本国策，影响了郑这一后封城邦的文化特点，使孔子有"郑风淫"的评价。《郑风》就是郑武公建国以后产生的诗，都是东周时期的作品，现存有诗21篇：《缁衣》《将仲子》《叔于田》《大叔于田》《清人》《羔裘》《遵大路》《女曰鸡鸣》《有女同车》《山有扶苏》《萚兮》《狡童》《褰裳》《丰》《东门之墠》《风雨》《子衿》《扬之水》《出其东门》《野有蔓草》《溱洧》。

今天选择的这一篇是《子衿》：

青青子衿，悠悠我心。纵我不往，子宁不嗣音？
青青子佩，悠悠我思。纵我不往，子宁不来？
挑兮达兮，在城阙兮。一日不见，如三月兮！

这是一首女子唱的恋歌。歌者热恋着一个青年，他们相约在城阙见面。但久等不至，女子望眼欲穿，焦急地来回走动，埋怨情人不来赴约，更怪他不捎信来，唱出了"一日不见，如三月兮"的无限情思。

这首《子衿》因其优美的词句，经常被后人改编传唱。著名评弹表演艺术家、国家一级演员周红老师就有一首苏州评弹《子衿》[①]。感兴趣的书友也可以尝试把这首诗吟唱出来，期待大家的作品。

---

① https://xima.tv/1_CfE8x9?_sonic=0。

作业 & 思考：

1. 背诵打卡《子衿》。
2. 试比较《子衿》与《静女》二篇中的女子形象。

【《诗经》共读 Day 8】

今天读《齐风》。

西周建立后，封太师姜子牙于泰山以北地区（今山东淄博一带），都于营丘（即今临淄），这就是"齐国"。龙山文化、大汶口文化遗址均存在于该地区，可见其社会生产力的进步。夏、商、周文化在此地源远流长。《史记》所谓"因其俗，简其礼，通商工之业，便鱼盐之利"，所以迅速发展为大国。后更有齐桓公在管仲辅佐下"九合诸侯，一匡天下"。齐地濒临大海，通鱼盐之利，所以"其俗弥侈"，其诗也有舒缓、清绮之风。齐地又面山，民多狩猎，有尚武精神，《诗》中也有这方面的内容。还有反映婚姻恋爱及士大夫家庭生活方面的诗。《齐风》现存11篇：《鸡鸣》《还》《著》《东方之日》《东方未明》《南山》《甫田》《卢令》《敝笱》《载驱》《猗嗟》。

今天选择的这一篇是《鸡鸣》：

"鸡既鸣矣，朝既盈矣。""匪鸡则鸣，苍蝇之声。"
"东方明矣，朝既昌矣。""匪东方则明，月出之光。"
"虫飞薨薨，甘与子同梦。""会且归矣，无庶予子憎。"

这是《齐风》里难得的一首夫妻对答之诗，无邪之至。全诗共三章，每章四句，四言、五言掺杂而叙之，句式相互交错，有对话意味，有散文化的倾向。天色已亮，公鸡喔喔地叫唤，太阳也慢慢地爬上了山头。缕缕阳光投射到整间屋子里面，女子推着身旁的男子告诉他外面天色已亮,公鸡已经开始报晓,早朝的人都到了。那男子睁开惺忪的眼睛向外看了一眼推脱道,那不是鸡鸣,是苍蝇在嗡嗡地叫。

所以说,你永远叫不醒一个装睡的爱人。醒来觉得甚是爱你,一起赖床,是一种难得的小确幸。工作再忙,我也想和你一起,再睡五分钟"回笼觉"。三千年前,这位花式赖床的男士,给我们提供了教科书一般的撒娇情话。

作业 & 思考:

1. 背诵打卡《鸡鸣》。

2. 试以比较《鸡鸣》与《女曰鸡鸣》两篇中的生活情趣及女主的角色。

【《诗经》共读 Day 9】

今天读《魏风》。

魏都在今山西芮城东北。土地干,产出少,君主俭啬,人民生活得比别的地区更苦。魏诗在《国风》中风格最一致,多半是讽刺、揭露统治阶级的诗歌。《葛屦》提到诗歌的战斗作用。《硕鼠》的作者,已经幻想着无剥削的"乐土"。《伐檀》的作者,已经了解剥削与被剥削的生产关系。在两千五百年前,人们有这种深刻的觉醒十分不易。《魏风》现存7篇:《葛屦》《汾沮洳》《园有桃》《陟岵》《十亩之间》《伐檀》《硕鼠》。

今天,我们来说说《硕鼠》这一篇:

硕鼠硕鼠,无食我黍!三岁贯女,莫我肯顾。逝将去女,适彼乐土。乐土乐土,爰得我所!

硕鼠硕鼠,无食我麦!三岁贯女,莫我肯德。逝将去女,适彼乐国。乐国乐国，爰得我直！

硕鼠硕鼠，无食我苗！三岁贯女，莫我肯劳。逝将去女，适彼乐郊。乐郊乐郊，谁之永号！

《硕鼠》是《诗经》中的一篇讽刺诗歌，表现的是贫苦的人们在压榨中艰难度日，渴望着一片没有欺凌的乐土。这首诗全诗三章，每章八句，是一首典型的比体诗。比体诗指的是表面上说的是一件事，而暗里却指的是另一件事。具体到《硕鼠》，就是表面上在抒发被肥鼠祸害的苦恼，而暗里却是对横征暴敛的控诉。

《魏风》中的《汾沮洳》提到了山西的汾河，那么这个景色是否还依旧呢？《诗经》里其他的山、水、植物还能找寻到吗[①]？

世事变化如浮云，山水风景却是相对恒定的，它们塑造了一地的物质文明，又建构起一地的人的精神世界。纵使表面的物象已经面目全非，我们依然能够从山水格局中找到通往《诗经》时代的入口。

作业 & 思考：

1. 背诵打卡《硕鼠》。

2. 试析为何魏地多讽刺诗？《诗经》中的讽刺诗呈现出怎样的特点？

【《诗经》共读 Day 10】

今天读《唐风》。

周成王封他的季弟虞于唐，即唐叔虞，唐地有晋水，所以后来国号改称晋。唐风就是晋风。唐都在今山西中部太原一带，即翼城、曲沃、绛县、闻喜等地区。晋自从分封曲沃后，晋君和成

[①] https://mp.weixin.qq.com/s/RJ-p5eVpef8DuR9yYovbWw。

师系统的斗争足足乱了六七十年。人民过着动荡不安的生活，加上地瘠民贫，在诗歌上就表现出消极颓废、失望求助的情绪。《唐风》现存12篇：《蟋蟀》《山有枢》《扬之水》《椒聊》《绸缪》《杕杜》《羔裘》《鸨羽》《无衣》《有杕之杜》《葛生》《采苓》。

今天，我们来说说《绸缪》这一篇：

绸缪束薪，三星在天。今夕何夕，见此良人？子兮子兮，如此良人何？

绸缪束刍，三星在隅。今夕何夕，见此邂逅？子兮子兮，如此邂逅何？

绸缪束楚，三星在户。今夕何夕，见此粲者？子兮子兮，如此粲者何？

这是一首祝贺新婚的诗。它和一般贺婚诗有些不同，带有戏谑、开玩笑的味道，大约是民间闹新房的口头歌唱。全诗充满喜庆欢快的气氛，兴句以象征嫁娶的"束薪""束刍""束楚"入景，章末以谐谑新妇新郎的称呼设问作结，把婚礼上热闹的场面、贺客艳羡的神态描写得如在眼前。

《诗经》中还有许多描写婚恋的诗歌，读者可以自行阅读。[1]

作业＆思考：

1. 背诵打卡《绸缪》。
2. 试整理总结《诗经》中关于婚嫁场面的描写，不同阶层的婚嫁有怎样的特点？

---

[1] https://mp.weixin.qq.com/s/SZSxvxOytXVPrHz2hyWEoQ。

【《诗经》共读 Day 11】

今天读《秦风》。

秦本来是周的附庸。周宣王时,秦仲为大夫,诛西戎,不克,为西戎所杀。平王东迁,秦仲之孙襄公派兵护送他到洛阳,平王封襄公为诸侯,秦才成为一个诸侯国。秦原来占据着甘肃天水一带的地方。平王东迁后,秦地就扩大到西周王畿和豳地,即今陕西地区及甘肃东部。《汉书·地理志》说:"安定、北地、上郡、西河、皆迫近戎狄,修习战备,高上气力,以射猎为先。故秦诗曰:'在其板屋。'又曰:'王于兴师,修我甲兵,与子偕行。'及《车辚》《四载》《小戎》之篇,皆言车马田狩之事。"可见尚武精神就是《秦风》的特点。《秦风》现存10篇:《车邻》《驷驖》《小戎》《蒹葭》《终南》《黄鸟》《晨风》《无衣》《渭阳》《权舆》。

《秦风》中很多诗句都广为流传,比如,《蒹葭》中的"蒹葭苍苍,白露为霜。所谓伊人,在水一方",《无衣》中的"岂曰无衣?与子同袍",等等。

今天咱们一起学习《无衣》这一篇:

岂曰无衣?与子同袍。王于兴师,修我戈矛。与子同仇!
岂曰无衣?与子同泽。王于兴师,修我矛戟。与子偕作!
岂曰无衣?与子同裳。王于兴师,修我甲兵。与子偕行!

这是一首激昂慷慨、同仇敌忾的战歌,表现了秦国军民团结互助、共御外敌的高昂士气和乐观精神,其矫健而爽朗的风格正是秦人爱国主义精神的反映。全诗以一名战士的口吻叙述,饱含了高昂的士气,充满了团结的氛围,表现出了战士们英勇抗敌的精神。

《诗经》中的战争诗很多,除了今天学习的《无衣》,还有思妇视角的《秦风·小戎》;将军视角的《小雅·出车》;士兵视角的《小雅·采薇》《小雅·六月》《小雅·采芑》;百姓视角的《大雅·江汉》和《大雅·常武》;等等。

作业 & 思考:
1. 背诵打卡《无衣》。
2.《诗经》中的战争诗主要有两种风格,一种类似《秦风·无衣》,表现同仇敌忾、共御外侮、斗志昂扬的豪迈气概;另一种类似《秦风·小戎》,表现对战争的厌倦和对和平的向往,试分析这两种诗作的写作特点。

【《诗经》共读 Day 12】

今天读《陈风》。

陈地在今河南省淮阳、柘城及安徽省亳县一带。土地广平,无名山大川。《陈风》多半是关于恋爱婚姻的诗,这和该地人民崇信巫鬼的风俗有密切关系。《汉书·地理志》说:"妻以元女太姬(周武王的长女,嫁给陈国第一代君主胡公满)。妇人尊贵,好祭祀,用史巫,故其俗巫鬼。"《宛丘》和《东门之枌》等诗,正可说明陈地的诗风。《陈风》现存10篇:《宛丘》《东门之枌》《衡门》《东门之池》《东门之杨》《墓门》《防有鹊巢》《月出》《株林》《泽陂》。

今天一起学习《防有鹊巢》这一篇:

防有鹊巢,邛有旨苕。谁侜予美?心焉忉忉!
中唐有甓,邛有旨鹝。谁侜予美?心焉惕惕。

这是相爱的人害怕被人离间而失去爱情所唱的歌。诗中列举了三种世上不可能发生的事,坚信他们之间的感情不会变化,但又不能完全清除心中的忧虑,因而又忧心忡忡。

子曰:"诗可以兴,可以观,可以群,可以怨。迩之事父,远之事君,多识于鸟兽草木之名。"《诗经》中出现了种类繁多的飞禽走兽、草木鱼虫,简直就是一部动植物的百科全书。正因为《诗经》包含了众多名物,所以催生了对《诗经》的博物学研究①。

作业 & 思考:
1. 背诵打卡《防有鹊巢》。
2. 举例说明,在阅读《诗经》的过程中了解了哪些动植物?

【《诗经》共读 Day 13】

今天读《桧风》。

桧地在今河南郑州、新郑、荥阳、密县一带。其君妘姓,为祝融之后。周平王初,为郑武公所灭,其地为郑所有。现在《桧风》一般认为都是郐亡国之前的诗,格调低沉忧伤。《桧风》现存 4 篇:《羔裘》《素冠》《隰有苌楚》《匪风》。

她,祖先在中国。
她,从西周时期(公元前 1046 年—公元前 771 年)走来。
古人称她为苌楚或羊桃。
现在的人们叫她:猕猴桃。
今天,我们将要讲述的就是"猕猴桃的故事",来自《隰有苌楚》:

---

① https://mp.weixin.qq.com/s/1MjVvqRXncQYzjTcyUxqiw。

隰有苌楚，猗傩其枝。夭之沃沃，乐子之无知！
隰有苌楚，猗傩其华。夭之沃沃，乐子之无家！
隰有苌楚，猗傩其实。夭之沃沃，乐子之无室！

最早记录猕猴桃的就是《诗经》中的这篇《隰有苌楚》。此诗反复表达了对苌楚生机盎然，无思虑、无家室之累的羡慕之情。全诗三章，每章四句，苌楚的枝、花、实各属一章。每章首两句起兴，后两句似自语又似对话，采用赋兴及呼告的手法感叹人活得不如苌楚。清朝末年，新西兰人伊莎贝尔从湖北将猕猴桃种子带去新西兰，培育出了受当地人喜爱的黄心猕猴桃，因其形似新西兰国鸟奇异鸟，故称之"奇异果"。所谓"奇异果≠猕猴桃"的说法，只不过是这二十年促销国外猕猴桃的营销话术，所以以后不要觉得猕猴桃是外来水果啦！

作业 & 思考：
1. 背诵打卡《隰有苌楚》。
2. 试整理总结《诗经》中忧伤朝政涣散的篇章，并分析不同阶层官僚的心态。

【《诗经》共读 Day 14】
今天读《曹风》。

曹国在今山东的菏泽、定陶、曹州一带。周武王封其弟叔振铎于此，公元前五世纪为宋所灭。《曹风》的内容有感叹人生短暂的，有叹息盛衰无常的，有讽刺小人的，有赞美郇伯的。大概如方玉润在《诗经原始》中所说："其国小事微，诗亦无足重轻。采风者录之，聊以备一国之俗云尔。"曹地的诗虽然不多，艺术上却颇为精彩。《曹风》现存4篇：《蜉蝣》《候人》《鸤鸠》《下泉》。

今天咱们一起学习《蜉蝣》这一篇:

蜉蝣之羽,衣裳楚楚。心之忧矣,于我归处。
蜉蝣之翼,采采衣服。心之忧矣,于我归息。
蜉蝣掘阅,麻衣如雪。心之忧矣,于我归说。

这是一首没落贵族叹息人生短促的诗。在这位感伤的诗人看来,蜉蝣的朝生暮死与人的"生年不满百"是一样的,都是逃不出死亡的规律。曹国在曹共公统治下,许多新兴人物上了台,一些旧家贵族没落了,所以他们发出这样的哀叹。

比兴的手法在《诗经》中被广泛应用。

《曹风·蜉蝣》中借蜉蝣"朝生夕死,有此羽翼以自修饰"比人生短促,美好的时光转瞬即逝。

《卫风·氓》中"桑之未落,其叶沃若"和"桑之落矣,其黄而陨",比喻作者容貌由盛转衰,日渐憔悴,最终被风华正茂的新妇所取代,被丈夫抛弃。

《周南·汉广》中"汉之广矣,不可泳思。江之永矣,不可方思",借汉水与长江之宽广而不能渡,间接抒发恋人求之不得的强烈感怀之情。

作业 & 思考:
1. 背诵打卡《蜉蝣》。
2. 试以《蜉蝣》为切入点,理解"逝者如斯夫,不舍昼夜"。

【《诗经》共读 Day 15】

今天读《豳风》。

"豳风"是豳地的乐调。豳即今陕西彬县、旬邑一带,本是周的先人公刘开发的地方。平王东迁,豳地为秦所有。可见"豳风"全部产生于西周,是《国风》中最早的诗。《汉书·地理志》云:"昔后稷封斄,公刘处豳,大王徙岐,文王作酆,武王治镐,其民有先王遗风,好稼穑,务本业,故《豳诗》言农桑衣食之本甚备。"《豳风》中的《七月》是一首典型的农事诗。还有几篇与东征关系颇密,如《破斧》《东山》。《豳风》共计7篇:《七月》《鸱鸮》《东山》《破斧》《伐柯》《九罭》《狼跋》。

今天咱们一起学习《鸱鸮》这一篇:

鸱鸮鸱鸮!既取我子,无毁我室。恩斯勤斯,鬻子之闵斯!
迨天之未阴雨,彻彼桑土,绸缪牖户。今女下民,或敢侮予?
予手拮据,予所捋荼,予所蓄租,予口卒瘏,曰予未有室家!
予羽谯谯,予尾翛翛,予室翘翘,风雨所漂摇,予维音哓哓!

这是一首寓言诗。诗人假托小鸟诉说它遭到鸱鸮欺凌迫害时的种种痛苦,表达出对生活悲苦忧惧的情绪。此诗是我国最早的寓言诗,影响深远。后世也出现了很多优秀的寓言诗,如汉乐府的《蜨蝶行》《枯鱼过河泣》,三国魏曹植的《野田黄雀行》《七步诗》,唐代杜甫的《义鹘》、韩愈的《病鸱》、柳宗元的《跂乌词》等等,可以说,其源头就是《诗经》中的《鸱鸮》。

鸱鸮指的就是猫头鹰,我们来拓展了解猫头鹰的前世今生[①]。

作业 & 思考:

1. 背诵打卡《鸱鸮》。
2. 至今天十五国风全部学完,讨论各地的"风的诗"反映了

---

① https://mp.weixin.qq.com/s/hO1TVIASL36wuw1a2IfvWA。

怎样的社会风尚与风土人情。

【《诗经》共读 Day 16】

十五国风的介绍告一段落啦！今天进入"雅"的学习。

"雅"是周朝直辖地区的音乐，为官廷贵族享宴或朝会上的乐歌，即所谓能登上正式场合的"正声雅乐"。雅分《小雅》《大雅》，合称"二雅"，多半是周王朝士大夫上层人物的作品。其中《小雅》七十四篇，《大雅》三十一篇，共计一百零五篇。

"二雅"中的诗篇虽有别于《国风》中接近百姓的民歌，但仍不乏有一定深度的优秀作品。接下来，我们会用三天的时间与大家共读"雅"中的重要篇目。

今天共读的篇目是《鹿鸣》：

呦呦鹿鸣，食野之苹。我有嘉宾，鼓瑟吹笙。吹笙鼓簧，承筐是将。人之好我，示我周行。

呦呦鹿鸣，食野之蒿。我有嘉宾，德音孔昭。视民不恌，君子是则是效。我有旨酒，嘉宾式燕以敖。

呦呦鹿鸣，食野之芩。我有嘉宾，鼓瑟鼓琴。鼓瑟鼓琴，和乐且湛。我有旨酒，以燕乐嘉宾之心。

《鹿鸣》是周王宴会群臣宾客时所作的一首乐歌，是《小雅》的首篇。作为早期的宴会乐歌，《鹿鸣》后来成为贵族宴会，或举行乡饮酒礼、燕礼等时的乐歌。东汉末年，曹操还在《短歌行》中直接引用此诗的前四句，以表达求贤若渴的心情。

今天，当人们谈起"呦呦鹿鸣"时，会想起第一位获诺贝尔生理学或医学奖的中国科学家——屠呦呦先生。屠先生的名字就是取自《鹿鸣》，而她最终发现的抗疟疾特效药青蒿素，正是从这只可爱的小鹿所吃的"蒿"中提取出来的,应了"呦呦鹿鸣,食野之蒿"的名句。冥冥之中的命运,真不可测!

除了屠呦呦先生,以下这些名人的名字也来源于《诗经》。

1. 周邦彦:北宋词人。名字源自《诗经·郑风·羔裘》:"彼其之子,邦之彦兮"。

2. 林徽因,中国著名建筑学家,也是诗人和作家。名出自《诗经·大雅·思齐》:"思齐大任,文王之母。思媚周姜,京室之妇。大姒嗣徽音,则百斯男。"

3. 傅斯年,著名历史学家,古典文学研究专家,教育家,学术领导人。名出自《诗经·大雅·下武》:"于万斯年,受天之祜"。

作业 & 思考:

1. 背诵打卡《鹿鸣》。

2. 大家还知道历史上或者身边哪些人的名字是出自《诗经》的呢?欢迎留言讨论。

【《诗经》共读 Day 17】

今天继续"雅"中的名篇共读。

《诗经·小雅》中有很多耳熟能详的诗句,如《北山》中"溥天之下,莫非王土。率土之滨,莫非王臣";《鸳鸯》中"鸳鸯于飞,毕之罗之。君子万年,福禄宜之";《车舝》中"高山仰止,景行行止";等等。

今天,我们来说说《车舝》这一篇:

间关车之舝兮,思娈季女逝兮。匪饥匪渴,德音来括。虽无好友,式燕且喜。

依彼平林，有集维鹬。辰彼硕女，令德来教。式燕且誉，好尔无射。

虽无旨酒，式饮庶几。虽无嘉肴，式食庶几。虽无德与女，式歌且舞。

陟彼高冈，析其柞薪。析其柞薪，其叶湑兮。鲜我觏尔，我心写兮。

高山仰止，景行行止。四牡骓骓，六辔如琴。觏尔新昏，以慰我心。

这首《车舝》是一首欢快的迎亲诗篇。全诗五章，皆以男子的口吻写娶妻途中的喜乐及对佳偶的思慕之情。诗中名句"高山仰止，景行行止"的意思是巍峨高山要仰视，平坦大道能纵驰。这是叙事、写景，但更多的则是比喻。赞美新妇那美丽的形体和坚贞的德行，正像高山大路一样令人敬仰和向往。

司马迁在《史记·孔子世家》中曾道："'高山仰止，景行行止。'虽不能至，然心乡往之。余读孔氏书，想见其为人。"赞颂孔子的品行才学像高山一样，让人仰视，像大路一样，正大光明，而让人不禁以他的举止作为行为准则。这也是我们至今非常熟悉和常用的词句，表达高度的赞誉。

《车舝》中我们看到了诗人对新娘美德的赞美，《诗经》中还有很多赞美女性的句子。

1. 手如柔荑，肤如凝脂。领如蝤蛴，齿如瓠犀。螓首蛾眉。巧笑倩兮，美目盼兮。——《卫风·硕人》
2. 窈窕淑女，君子好逑。——《周南·关雎》
3. 桃之夭夭，灼灼其华。——《周南·桃夭》
4. 白茅纯束，有女如玉。——《召南·野有死麕》

5. 终温且惠，淑慎其身。——《邶风·燕燕》
6. 雍雍在宫，肃肃在庙。不显亦临，无射亦保。——《大雅·思齐》

作业&思考：

1. 背诵打卡《车舝》。
2. 《诗经》是我国最早的描述女性形象的文学作品，试分析《诗经》中描绘了哪些典型的女子形象？她们的性格特点是怎样的？

【《诗经》共读Day 18】

今天继续"雅"的名篇共读，一起来读《小雅·瓠叶》：

幡幡瓠叶，采之亨之。君子有酒，酌言尝之。
有兔斯首，炮之燔之。君子有酒，酌言献之。
有兔斯首，燔之炙之。君子有酒，酌言酢之。
有兔斯首，燔之炮之。君子有酒，酌言酬之。

《瓠叶》是《小雅·鱼藻之什》中的一首宴饮诗。第一章写主人向宾客献酒之前先自尝其酒，后三章记录的是乡饮酒礼中"献—酢—酬"这样完整的一献之礼。全诗描写了士人行乡饮酒礼的热烈场面，表现了乡饮活动中主人和宾客觥筹交错、温温其恭、燕笑欢语的和乐氛围。

《诗经》中的诗歌内容广博、包罗万象，其中宴饮诗记录了贵族阶级的社会生活，因此在周朝的统治时期极受重视和推崇。

《小雅·彤弓》中有诗句"钟鼓既设，一朝飨之"，表现了排设盛礼欢迎款待诸侯的场面。

《小雅·瓠叶》展现了乡饮酒礼中的"一献之礼"

《小雅·宾之初筵》中"钟鼓既设,举酬逸逸"所形容的即是旅酬之礼。

《豳风·七月》描写的则是"腊祭饮酒之礼"。

《小雅·伐木》展现的是"享宴群臣之礼"。

作业 & 思考:

1. 背诵打卡《瓠叶》。

2. 宴饮与礼乐文化有着紧密的关系,《诗经》中的诗曾被作为宴饮用诗,成为宴乐的组成部分。讨论一下,《诗经》中的宴饮诗体现了当时怎样的礼乐文化精神?

【《诗经》共读 Day 19】

今天共读的是"颂"的名篇。

颂共四十篇,其中《周颂》三十一篇,《鲁颂》四篇,《商颂》五篇。《周颂》主要是周王室的宗庙祭祀诗,除了单纯歌颂祖先功德外,还有一部分是于春夏之际向神祈求丰年或于秋冬之际酬谢神的乐歌。

今天跟大家分享《清庙》这一篇:

於穆清庙,肃雍显相。济济多士,秉文之德。对越在天,骏奔走在庙。不显不承,无射于人斯!

《清庙》是《周颂》的第一篇,虽仅有一章八句,但其在《周颂》中所起的统摄作用不可小觑。《周颂》中所反映的周人对祖先德行的崇拜以及周代社会对"德"的看重,均集中浓缩表现在《清庙》一诗中。

祭祀诗是《诗经》的重要组成部分,主要集中在《周颂》之中。《烈文》中祈求先祖庇佑子孙后代的"烈文辟公,锡兹祉福。

惠我无疆,子孙保之"。

《臣工》中训诫诸侯百官务必勤谨于公事的"嗟嗟臣工,敬尔在公"。

《昊天有成命》中宣扬王权天授的"昊天有成命,二后受之"。

拓展阅读《〈诗经〉祭祀诗与周代贵族政治思想》①。

作业 & 思考:

1.背诵打卡《清庙》。

2.《诗经》中的祭祀诗多是祭祀祖先神灵的,这些祭祀诗体现了当时周人怎样的宗教观、天命观和价值观?

【《诗经》共读Day 20】

经过19天的共读,我们已经把《诗经》这本书读了一遍。《诗经》可以如我们这样纵向读,从第一篇一直读到最后一篇,也可以打破原有的结构顺序,分成"婚恋诗""农事诗""战争诗""祭祀诗"等等来读。今天为大家带来的是《诗经》中的"狩猎诗"。

狩猎诗的主要内容是描述狩猎生活,或展现猎手的身姿,或描写狩猎的场面,或展现祭祀中对狩猎活动的表演,表现出先民崇尚勇武的精神和多样化的审美追求。狩猎诗在《诗经》的《国风》《小雅》中都有。《国风》中有《驷驖》《兔罝》《野有死麕》《卢令》《猗嗟》《叔于田》《大叔于田》《还》《驺虞》《有狐》等;《小雅》中有《车攻》《吉日》等。

今天,我们来说说《郑风·叔于田》这篇:

叔于田,巷无居人。岂无居人?不如叔也,洵美且仁。

叔于狩,巷无饮酒。岂无饮酒?不如叔也,洵美且好。

---

① https://mp.weixin.qq.com/s/xnuHyBDS8npSUu1DJG0sIA。

叔适野，巷无服马。岂无服马？不如叔也，洵美且武。

这是一首赞美猎人的诗。《诗经》中常用伯、仲、叔、季这样的表字，特别是女子，多半用它称其情人或丈夫，这是当时的习俗。这首诗，可能出自女子的口吻。诗中用了夸张的艺术手法，塑造了"叔"的美好形象。《诗经》对狩猎人物的描写，上至王侯贵族、达官大夫，下至普通百姓都有，反映出这项活动是极其受欢迎的。

驷驖孔阜，六辔在手。公之媚子，从公于狩。（出自《秦风·驷驖》，描写的是秦襄公率众射猎。）

肃肃兔罝，椓之丁丁。赳赳武夫，公侯干城。（出自《周南·兔罝》，展现的是大夫狩猎。）

卢令令，其人美且仁。卢重环，其人美且鬈。卢重鋂，其人美且偲。（出自《齐风·卢令》，是对年轻猎人的赞歌。）

《诗经》中的狩猎诗，形象而鲜明地再现了周朝时一幕幕精彩的狩猎活动，勾画了一幅幅生动的狩猎人物素描，为我们回观当时的狩猎文化展现了一个崭新的视角。狩猎文化的发达，也从一定程度上体现了周朝的尚武精神[1]。

作业 & 思考：

1. 背诵打卡《郑风·叔于田》。

2.《诗经》中的狩猎诗再现了周朝的狩猎活动，阅读这些诗篇，分析一下当时人们的狩猎方式和狩猎文化。

---

[1] https://mp.weixin.qq.com/s/4mHyeNuLgZERWHykbCKxVQ。

【《诗经》共读 Day 21】

今天为大家带来的是《诗经》中的"采摘诗"。

《诗经》中有 20 多首诗写到采摘,包括《关雎》《卷耳》《芣苢》《采蘩》《采蘋》《采葛》《采薇》《采苓》等。《诗经》中的大部分采摘,发生在万物欣荣的春天里。遥想三千多年前的女性先民们,从冬天的阴晦中走出,面对明媚的春光,桃红柳绿,鸟飞鱼跃,该有多么的惊喜。"情动于中而形于言",在诗中我们能够听到她们欢快的歌唱。

比如这首《周南·卷耳》:

采采卷耳,不盈顷筐。嗟我怀人,置彼周行。
陟彼崔嵬,我马虺隤。我姑酌彼金罍,维以不永怀。
陟彼高冈,我马玄黄。我姑酌彼兕觥,维以不永伤。
陟彼砠矣,我马瘏矣。我仆痡矣,云何吁矣!

这是一首妻子怀念远行丈夫的诗。全篇均通过采卷耳的妇女的种种想象,表达对丈夫的深切思念。她想象丈夫旅途劳累,人困马乏,忧思愁苦,以酒解忧。又想象马儿累倒,仆人累病,丈夫唏嘘长叹。想象越丰富,表达的感情越深切,越是有感人的力量。此诗对后世影响很大,清人方玉润说:"后世杜甫'今夜鄜州月'一首,脱胎于此。"岂止杜甫,后世许多诗人的思念之作都承继了这一构思。

在《诗经》中,所采的植物有的具有药用、食用、织染价值,有的则是祭祀用品。拓展阅读《〈诗经〉草木谈》[①],走进《诗经》的草木世界,看看当时的人们采摘的植物。

---

① https://mp.weixin.qq.com/s/Urv_vnGJwkSFbQYte1lNOA。

作业 & 思考：

1. 背诵打卡《周南·卷耳》。

2.《诗经》的导读到此已结束，21 天的共读中，有哪些篇章给你留下了深刻印象？请大家交流分享一下。

结语：

子曰："小子何莫学夫诗？诗，可以兴，可以观，可以群，可以怨。迩之事父，远之事君。多识于鸟兽草木之名""不学《诗》，无以言"。由此可见学习《诗经》的意义。

不同的人读《诗经》会有不同的收获，多情者看到的是高山流水、儿女情长；忧国忧民者看到的是人间疾苦、政治民生；有闲趣者看到的则是花鸟鱼虫、舌尖美味。你眼中的《诗经》是怎样的？欢迎大家留言讨论。

（导读人：孙莉玲 武秀枝）

参考阅读：

1. 程俊英.《诗经译注》.上海古籍出版社.
2. 傅斯年.《诗经讲义稿》.上海古籍出版社.
3. 李山.《诗经析读》.中华书局.
4. 王力.《中国古代文化史讲座》.广西师范大学出版社.

《论语》可以被称为"中国人的圣经"。其成书时间应在战国初期,是孔子及其弟子的言行辑录,是一部语录体散文。它不仅是儒家的主要经典,在文学史上也堪称名著。在两千余年的文化史中,《论语》享有独一无二的地位,对中国人的精神影响不言而喻。该书集中体现了孔子的政治主张、伦理思想、道德观念及教育原则等,虽并不是说《论语》代表了孔子的全部思想,但要研究孔子的思想必须从《论语》入手。《论语》全书共20篇492章,每篇采用该篇起句的头两个字或三个字作为篇名,阐述天道与人道,阐述仁、孝悌、礼、知、信,阐述政治主张与国家治理,阐述教育思想与教学原则,同时它还涉及人与自然、文艺理论、文献学等。无疑,我们可以把它当哲学来读,也可以把它当政治、教育、文化来读,但我们更应该把它当人生来读,获取"修身、齐家、治国、平天下"的人生智慧,学会如何做人。

《论语》——孔子的弟子及其后学

书评

《论语》中的智慧代码

——孙莉玲

钱穆先生说读书人有两大责任,第一是自己读《论语》,第二是劝人读《论语》。《论语》可以被认为是中华文化经典中最重要的一部,集中体现了孔子的思想。战国初年,这部著作基本定型,但因是口口相授且孔子死后儒家学派分为几支,故出现了不同版本的《论语》。几经考订,形成了我们现在看到的共二十篇,以语录体的方式记录孔子的政治主张、伦理思想、道德观念以及教育原则等的著作。很多人说《论语》编得杂乱无章,讲仁的应该归到仁,讲孝的应该归到孝,讲礼的归到礼。但南怀瑾先生强调,以全部《论语》来讲,它本身就有一贯的系统,我们不需要以新的观念来割裂它。私以为几千年前的编排自有几千年前的道理,也许是我们还没有解开其中编排的密码,或者我们现在的想法已经和几千年前的古人的想法完全不一样了。"书读百遍,其义自见",只要我们认真读原文,把原文读熟悉了,再加以思考、理解、领悟,就能明白《论语》熠熠千年而生生不息的大智慧。

一、《论语》中的政治主张——德、礼、和

纵观孔子的一生,可以说是坎坷波折、荆棘丛生,他有自己的政治理想和政治主张,而且也一直在寻找可以将自己的政治抱负付诸实践的机会,"苟有用我者,期月而已可也,三年有成"。但他的为官经历可以说是不成功的。孔子在齐国有一次差点被重用,结果被晏子破坏了。费邑的大总管(也就是邑宰)公山弗扰,发动政变后,也邀请了孔子,这一次子路出来拦住了他,"子路不说,曰:'末之也,已,何必公山氏之之也?'"。晋国佛肸叛乱,也邀请流亡在外的孔子,子欲往,子路曰:"昔者由也闻诸夫子曰'亲于其身为不善者,君子不入也。'佛肸以中牟畔,子之往也,如之何。"后来,鲁定公下令任命孔夫子为中都宰、大司寇,这已是孔子做的最大官职了,且在任内做了非常显著的业绩,此时的孔子已是五十有余。好景不长,很快鲁定公为齐所间而疏远孔子,孔子在其五十五岁时离开鲁国,开始了为期十四年的周游列国。孔子总体的政治主张是复兴周礼,"周监于二代,郁郁乎文哉!吾从周"。

子曰:"为政以德,譬如北辰,居其所而众星共之。"(《为政》2.1)

治国理政要把"德"放在第一位。对外,"德不孤,必有邻",这是国家间的邦交;对内"道之以政,齐之以刑,民免而无耻;

道之以德，齐之以礼，有耻且格"，高压政策只能让民众为了免除刑罚而少廉寡耻，只有以德、以礼来教化，民众才会怀有廉耻之心、敬服之意，也只有这样才能民心归服、社会稳定。"举直错诸枉，则民服；举枉错诸直，则民不服""临之以庄，则敬；孝慈，则忠；举善而教不能，则劝"，只有提倡和扶植正气，自身作表率，才能增强民众的凝聚力。

子曰："道千乘之国，敬事而信，节用而爱人，使民以时。"（《学而》1.5）

这句话是孔子谈治国的大纲。一国之君"敬事"就是做事要严肃认真不能当儿戏，要讲"信用"不能出尔反尔，要"节用"不能骄奢淫逸，要"爱人"不能颐指气使，要遵从自然规律，让百姓从事生产时不能想一出是一出。"使民以时"实际上就是民本思想。在《颜渊》（12.9）中，哀公问政时，孔子的民本思想得以明确表达"百姓足，君孰与不足？百姓不足，君孰与足"。对待民众如此，对待官僚又如何呢？"君使臣以礼，臣事君以忠"，君臣要各尽自己的本分，君对臣要以礼相待，要尊重；臣下对君王、对国家要鞠躬尽瘁。为官的人应该怎样行事呢？"多闻阙疑，慎言其余，则寡尤；多见阙殆，慎行其余，则寡悔""其行己也恭，其事上也敬，其养民也惠，其使民也义"，一个好官要谨言慎行，自己的态度要庄重，对上要恭敬，对民要施以恩惠，使役民众要得当。要做到"不在其位，不谋其政"，这并不是让人有消极心态，而是要在什么位子就想什么事情，要恪守本职不要去指手画脚。

有子曰："礼之用，和为贵。先王之道，斯为美。小大由之，有所不行，知和而和，不以礼节之，亦不可行也。"（《学而》1.12）

这段话代表了礼的最高境界。《论语》中的礼是社会秩序中的礼，礼是做什么用的？说到底是用来调整的社会关系的，也就是我们现在讲的和谐社会。"能以礼让为国乎？何有？不能以礼让为国，如礼何"，礼不是空洞的仪式，而是必须在治国这样的大事上发挥作用。我们中国人讲"中庸之道"，中庸绝对不是没有原则地骑墙，而是在人与人之间、事与事之间找到一个平衡点。《礼记·中庸》篇说："喜怒哀乐之未发，谓之中；发而皆中节，谓之和。中也者，天下之大本也；和也者，天下之达道也。"在春秋时期，中庸作为一种德行已经式微，孔子感慨"中庸之为德也，其至矣乎！民鲜久矣"。儒家强调不管大事还是小情都应该遵行礼，但是也不能过份，不能为了和而和，凡事都要在限度内，否则就是矫枉过正了。"礼，与其奢也，宁俭；丧，与其易出，宁戚"，礼的外在仪式与内在要求要达到统一，且其实质比形式更加重要。

二、《论语》中的伦理思想——仁、孝、弟

"仁"是孔子伦理思想的核心内容，是孔子道德规范的衡量标准，也是孔子所倡导的为政之道。但究竟何为"仁"？在《论语》中并未下明确的定义，但在不同的场合，对不同的人，孔子对"仁"给出了不同的诠释。难道是孔子对"仁"也没有一个完整的理解吗？非也，而是"仁"贯穿于一切社会活动中，既存在于国家、社会层面，也存在于他人、自我层面。"仁"的思想也在《论语》所表达的政治伦理、社会伦理、家庭伦理中得以全面体现。

子曰："里仁为美，择不处仁，焉得知？"（《里仁》4.1）

意思是说，与仁在一起是好的，不选择与仁相处，怎么能是明智呢？"仁"是孔子思想中一个非常重要的概念，在《论语》中出现了一百多次。"仁"有一个重要的表现就是安贫乐道，"不仁者不可以久处约，不可以长处乐""富与贵是人之所欲也，不以其道得之，不处也；贫与贱是人之所恶也，不以其道得之，不去也"。如果不讲"仁"，社会就会大乱，"好勇疾贫，乱也。人而不仁，疾之已甚，乱也"。

有子曰："其为人也孝弟，而好犯上者，鲜矣；不好犯上，而好作乱者，未之有也。君子务本，本立而道生。孝弟也者，其为仁之本与！"（《学而》1.2）

这句话虽然不是孔子所言，但应该是孔子曾这样教导有若。这里把社会伦理"不要犯上作乱"与家庭伦理"孝弟"放在了一起，来指出"孝"实乃伦理之根本。那么什么是"孝"呢？孔子对不同的人说了不同的话，这并非是孝有不同的尺度，而是有不同的表现形式，对不同的人应该有不同的要求。比如对孟懿子是"无违"，为什么？因为孟懿子是鲁国三大家族之一的成员，这三大家族把持鲁国朝政，孔子十分看不惯这个情形，所以回答说"不违背"，不违背也就是要合乎礼数，于家于国是一个道理。对孟武伯的回答是"父母唯其疾之忧"，对子游是"今之孝者是谓能养，至于犬马皆能有养，不敬，何以别乎"，对子夏的回答是"色难"，充分指出孝从根本上说是守礼和由表及里的恭敬。在家为孝，在国是"君君，臣臣，父父，子子"，上下尊卑的伦理纲常就是最基本的秩序保障。

三、《论语》中的道德规范——忠、恕、信、直

一个社会必须要有道德规范,道德规范是人们对是非的判断,是用来约束自己行为的一把尺子。儒家学说作为中国文化的本源,其所倡导的道德规范在今天依然起着重要的作用。德育教育也因教做什么样的人以及如何做人而一直倍受重视。孔子的道德规范一言以蔽之"夫子之道,忠恕而已矣"。

在说明什么是德之前,我们首先要知道什么是不符合德之标准的。子曰:"巧言令色,鲜矣仁""巧言、令色、足恭,左丘明耻之,丘亦耻之;匿怨而友其人,左丘明耻之,丘亦耻之。"花言巧语、仪容伪善、过于恭顺是孔子非常反对的,并在《论语》中多次提出这样的人是几乎无仁德可言的。还有就是不能欺罔,"人之生也直,罔之生也幸而免。"

那么我们应该遵守什么样的道德规范呢?子曰:"君子不重则不威;学则不固。主忠信。无友不如己者,过则勿惮改""人而无信,不知其可也。大车无輗,小车无軏,其何以行之哉""夫子温、良、恭、俭、让以得之"。从这些话中我们可以将孔子所倡导的道德规范概括成信、忠、恕、温、良、恭、俭、让,看似只有几个字,但需要修炼而且是持之以恒地修炼。

我们又怎样才能时时提醒自己恪守呢?曾子曰:"吾日三省吾身:为人谋而不忠乎?与朋友交而不信乎?传不习乎?"这里的忠是指对人对事无不尽心的态度,信就是言而有信,习就是有没有去实践。这句话说明了要内省。孔子教导学生还要向外看,"见贤思齐焉,见不贤而内自省也"。这就是说,我们要知道以什么样的人为榜样,要有自己正确的价值判断。现在人在争取个人利益时常常是拿自己的长板去比别人的短板,而在讲奉献时又以自己的困难说别人拥有更好的条件,这就不符合孔子说的。另外,

"仁"偶有所至并非真正达到,"回也,其心三月不违仁,其余则日月至焉而已矣"。

最后要达到什么样的境界?就是要到达君子和贤人的水准:"不患人之不己知,患不知人也。""贫而乐,富而好礼。""君子不器。""君子周而不比。""先行其言而后从之。""君子欲讷于言而敏于行。""贤哉,回也!一箪食,一瓢饮,在陋巷,人不堪其忧,回也不改其乐。贤哉,回也。""君子不忧不惧。""知者不惑,仁者不忧,勇者不惧。"

四、《论语》中的教育原则——教与学

孔子是中国历史上第一个办私学的,相传弟子三千,有七十二贤人。"有教无类""因材施教""诲人不倦"等都成了宝贵的教育理念。《论语》第一篇就是《学而》,然而孔子的教育思想和教育主张并不仅仅出现在这一章,他在各个方面都强调学的重要意义和作用。我们试着从《论语》中去寻找孔门当年教学的目的、态度、宗旨、方法等等。

子曰:学而时习之,不亦说乎?有朋自远方来,不亦乐乎?人不知而不愠,不亦君子乎?(《学而》1.1)

这是开篇一章,充分显示了孔子认为"学"是多么重要,我们初读这句话时侧重点多在学习的方法上,在"时习"上,然而随着对《论语》学习的不断深入,我们应该去思考究竟什么是"学"?这里的学不应该简化为我们日常所说的"学习",应该有一个更宽泛的所指,其内涵指"学问"。学问等同于"读书"吗?等同于作文章吗?等同于知识吗?答案应该是否定的,"子夏曰:

贤贤易色；事父母，能竭其力；事君，能致其身；与朋友交，言而有信。虽曰未学，吾必谓之学矣。"这样就好理解上面的话了，"时"就是时时、随时。"人不知而不愠"，是通过学习可以达到的修为。

那么我们究竟应该学什么呢？

"君子有所为，有所不为"，不是什么都要学、都能学，要有取舍，要有所为有所不为。对于此句，我个人的理解，一是人的精力是有限的，知识广博代表不精于钻研，术业有专攻，要找准一个方向有钉钉子的精神；二是学问良莠不齐，要学会判断，知道什么是先进的，什么是落后的。礼、乐、射、御、书、数等"六艺"是孔子教学的主要科目；孔子以什么为教材来教学生呢，《诗》《书》《礼》《乐》《易》《春秋》等"六书"是孔子所使用的基本教材。"六艺"偏重于才能和技术的训练，"六书"偏重于文化知识。主要教什么呢？"子以四教：文、行、忠、信"。"志于道，据于德，依于仁，游于艺"。这句话讲的是修身治学的次序，即志是发端，德是基础，仁是目标，六艺是过程。

知道了学什么，我们还需要知道怎样学。

当老师的，要"默而识之，学而不厌，诲人不倦""不愤不启，不悱不发，举一隅不以三隅反，则不复也"，这大概就是我们现在所说的启发式教学吧。孔子的意思是首先要让学生想，不想破头都不要启迪他，不到他发自内心地想说但又说不出来时不开导他，学生不能举一反三就不要再跟他掰开来、揉碎了地去说了，而是要让他自己有所觉悟。颜渊这样评价自己的老师，"仰之弥高，钻之弥坚，瞻之在前，忽焉在后。夫子循循然善诱人，博我以文，约我以礼。欲罢不能，既竭我才，如有所立卓尔，虽欲从之，末由也已。"遇到这样一位老师是多么幸运的事。

当学生的，子曰："君子食无求饱，居无求安，敏于事而慎于言，就有道而正焉，可谓好学也已。"前两句说的是好学是个苦差事，是要劳筋骨、饿体肤的。获取学问的途径除了苦学，还要有诚实和谦虚，不能不懂装懂，"知之为知之，不知为不知，是知也""三人行，必有我师焉。择其善者而从之，其不善者而改之"。要善于思考，举一反三，"学而不思则罔，思而不学则殆""温故而知新"。在孔子的弟子中有一个最为好学的，那就是颜回，孔子这样称赞他，"有颜回者好学，不迁怒，不贰过，不幸短命死矣，今也则亡，未闻好学者"。在好学这个方面，子贡说自己"闻一以知二"而颜回是"闻一以知十"，孔子则对子贡说，不仅是你不如颜回，我也不如他呀，"弗如也，吾与女弗如也"。还有就是学习不是为别人学的，更不要找借口。看看下面这段话，我们不觉哂笑，自古以来老师和学生间都是猫和老鼠。"冉求曰：'非不说子之道，力不足也。'子曰：'力不足者，中道而废，今女画。'"你连努力都没努力呢，怎么就可以找个能力不足的借口呢。孔子劝人学习要趁早，他相信年轻人的力量，"后生可畏，焉知来者之不如今也？四十、五十而无闻焉，斯亦不足畏也已"。

最后，我们要知道学习的目的是什么。

虽然"学而优则仕"，但是做官并不是学习的唯一目的，教育的目的最终是培养人才。子曰："《书》云：'孝乎惟孝，友于兄弟，施于有政。'"这就是说，通过教育把孝顺父母、友爱兄弟的风气传播开来，就会影响政治。"子适卫，冉有仆。子曰：'庶矣哉！'冉有曰：'既庶矣，又何加焉？'曰：'富之。'曰：'既富矣，又何加焉？'曰：'教之。'"这段话孔子阐明的是教育与经济之间的关系，先要让人口增多，人多了很穷也不行，要让百姓富起来，但物质的富裕不是真正的强大，还必须加以教育，若民众富足又不加以教育就会滋生骄奢淫逸。

孔子的政治思想、伦理规范、道德追求、教育思想是相互渗透、融会贯通的。在任何时代,《论语》中的民本、仁、孝、礼、德、信、忠、恕、友、学等,都具有不朽的价值,是中国文化的精髓。一部《论语》,千古流传;一位老师,万世师表。中国人的仁德智慧,两千年的风骨性格都蕴藏在这位老师和他学生的对话里。

风乎舞雩,咏而归
——《论语》中的师生日常

——袁曦临

中国历史上,孔子是第一个广收门徒,兴私人讲学之风的人,"孔子以诗书礼乐教,弟子盖三千焉,身通六艺者七十有二人"。门下人才济济,这样的盛况大概持续了几十年,在当时即已产生巨大的影响。孔子去世后,"七十子之徒散游诸侯,大者为卿相师傅,小者友教士大夫,或隐而不见。故子张居陈,澹台子羽居楚,子夏居西河,子贡终于齐。如田子方、段干木、吴起、禽滑釐之属,皆受业于子夏之伦,为王者师"。总之,孔门学说从此开枝散叶,流传千古。

《论语》作为记录孔子及其弟子言行的语录文集,多为语录,语句、篇章形象活泼、浅近易懂,生动地呈现了师生、同门之间的对话和行动,人物形象跃然纸上。在我看来,《论语》的可贵之处不仅在于是儒学的经典,更重要的是留下了孔子与学生们的教学生活日常,这样的口述历史才是真正难能可贵的。作为老师,孔子肯定是很成功的,要不怎么会说"天不生仲尼,万古如长夜"。但是在先秦那个述而不作的年代,真正帮助老师确立学术地位,把孔门学说发扬光大的,说到底还是得靠学生。没有学生编《论语》,今天如何能知道孔子都说了点什么?教了点什么？又或怎么教的？如果不是《论语》，我们怎么会了解孔子和他的弟子们是如何学习与生活的呢？《论语》留下了孔门师生日常生活的一手资料。

一、《论语》版本及源流

公元前213年，秦始皇焚书坑儒，《论语》作为儒家经典自然也在焚毁之列。幸而由于当时的儒生主要是通过口头讲授，使《论语》得以流传下来的。这种口传心记的形式不免产生错漏，由此出现了《鲁论》和《齐论》两个版本。此外，依据汉代学者王充在《论衡·正说篇》中记载："汉兴失亡，至武帝发取孔子壁中古文，得二十一篇。"即汉武帝时从孔家宅壁中又发掘出一个版本，共二十一篇，史称《古论》。至此，西汉之后就有三种版本并行于世。根据何晏在《论语集解·叙》中的记载，《鲁论》有二十篇，为三个版本中篇数最少的；《齐论》有二十二篇，比前者多了《问王》《知道》两篇，且其他篇章中的字句数也有所增加；《古论》有二十一篇，无《问王》《知道》，而是将《尧曰》篇中"子张问"之后的文字单列为一篇，命名为《从政》。

在现行本《论语》之前，《论语》的原始文本经历过两次较大的篇幅改订。

第一次是西汉末年的张禹对《论语》的改订。张禹将《鲁》《齐》《古》"三论"作了考订，依从《鲁论》二十篇的篇次，删去《齐论》中的《问王》《知道》两篇，被后世称为《张侯论》。此后，三国魏何晏的《论语集解》、南朝皇侃的《论语义疏》、北宋邢昺的《论语注疏》、南宋朱熹的《论语集注》、清人刘宝楠的《论语正义》以及近人程树德的《论语集释》和杨伯峻的《论语译注》等众多文本都是以《张侯论》为底本，故可将其视为现行《论语》的祖本。

第二次是东汉末年的郑玄对《论语》的改订。郑玄于晚年开始对《论语》篇章文字进行改订，并加以注释，但对郑玄所用底本的讨论至今仍未有定论。依据何晏、皇侃、陆德明、邢昺等人的观点，郑玄是以《鲁论》二十篇为底本，参照了《齐论》和《古论》；另据《隋书·经籍志》"以《张侯论》为本，参考《齐》《古》而为之注"的记载，认为由于《张侯论》出自《鲁论》，兼采《齐论》，因此郑玄应当是以《张侯论》为底本，又以《古论》为校本。

可见，后世学者主要是以《张侯论》作为校订、阐释《论语》的底本，因此该版本也成为最具权威和主流的原文版本，对后世论语的研究影响深远。

二、《论语》的主要阐释版本

秦汉以后，《论语》原文基本确定，但东汉末年距孔子所处的春秋时代已七百余年，对《论语》的理解已发生巨大变化，故出现了许多集解、注疏、注译等，后世也有许多此类书籍，尤以《论语集解》《论语义疏》《论语注疏》《论语集注》《论语正义》最具代表性。

三国魏时何晏编撰的《论语集解》，收录了包括孔安国、包咸、周氏、马融、郑玄、陈群、王肃、周生烈等多家观点，汇集了东汉及以前对《论语》的主要研究成果，成为当时的通行版本。该书采用"集解"方式进行导读，从选材和体例上都为后世集注提供了良好的范本。由于何氏《集解》之前的本子大多佚失，所以该版《集解》成为现存最古、最为完整的《论语》注本。南朝梁学者皇侃在《论语集解》的基础上，对《论语》原文和后世注文又做了详细的阐释,编成《论语义疏》十卷。当时玄学盛行,因而该书集述了很多释家、老庄思想。北宋时期学者邢昺对《皇疏》中的释家、老庄思想部分进行删改,并将《皇疏》十卷拆解为二十卷的《论语注疏》(又称《论语正义》或《论语注疏解经》),堪称《朱注》之始基,后来成为"十三经"的标准注疏本。至南宋时,朱子结合集解和注疏两种方式,集毕生心血著成《四书章句集注》,其中《论语集注》是最重要的一部分。该书不仅有对前人注释和疏解等内容的辨析及二次阐释,还有对原文的个人观点。《论语集注》成为《论语》研究史上最有影响的一部著作,并从元代以后被确定为科举取士的标准教材。"元明以来以之取士,几于人人习之。清初汉学再兴,始有异议者。誉之者尊为圣经贤传,一字无敢踰越;诋之者置之源不议不论之列。"

至清代,学界思想活跃度减弱,而训诂、考据、版本等小学盛行,这些体现在清末经学家刘宝楠父子编撰的《论语正义》中,就是在注释时尤其注重文字训诂和史实考订,对人名地名、典章制度、风俗礼节、历史故事等考证详备,采取兼收并蓄的态度,"乃荟萃而折中之,不为专己之学,亦不欲分汉宋门户之见,凡以发挥圣道,证明典礼,期于实事求是而已。"列出不能定论的异说,由读者自行鉴别。《论语正义》因此成为近代之前对《论语》整理研究成果的集大成之作。

近代以来,对《论语》的阐释又出现了一个高潮,广为流传的版本有法律史学家程树德的《论语集释》和杨伯峻的《论语译注》。《论语集释》由中国著名法律史学家程树德先生编撰。程树德先生一生致力于国际法、宪法、中国法制史研究,晚年对《论语》进行深入研究,撰成《论语集释》四十卷。该书在立意上以经世致用为主,兼顾训诂、考据和义理,博采古今。《论语译注》

由中国著名的语言学家、古籍研究专家杨伯峻先生编撰。该版本面向的对象是普通读者。考虑到读者的古文阅读能力，该版本采用较为系统的"原文-译文（现代汉语）-注释"结构。比较而言，《论语集释》考据翔实，《论语译注》解释通俗，两者结合起来比较宜于现代读者阅读。

三、《论语》中的社会网络结构

如上所述，关于《论语》的阐释之作众多，对于儒学思想的论著亦汗牛充栋，我所关注的是孔子及其弟子的教学生活日常。斯人虽已久逝，但好在还有《论语》在。作为一部记录孔子及其弟子言行的语录，其中自然记录了老师和学生，以及同学、朋友之间的讨论、闲扯甚至吐槽。

为了重现孔门弟子的日常生活，我重新精读了《论语》，并按照人物的对话关系，建立《论语》人物关系矩阵。然后将矩阵导入 UCINET 中，绘制并分析了《论语》人物的社会关系网络。

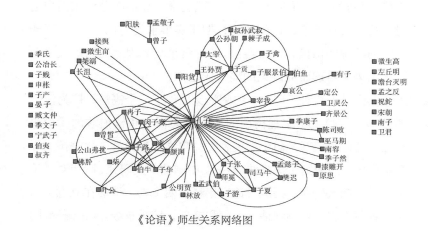

《论语》师生关系网络图

从图中不难看出，孔子作为老师，是绝对的中心，与孔子关系最密切的是子路、子贡，整个网络呈现出"一个核心人物"（孔子）和"二个中心集团"（子路、子贡）的格局。再仔细分辨一下，可以发现孔门里面有3个规模比较大的朋友圈，它们分别是围绕子路、子贡、子夏形成的。我们来看一下，这3个朋友圈都有怎样的人员组成。

（一）子路朋友圈

包括颜渊、子华、雍、伯牛、曾皙、柴、叶公、佛肸、长沮、桀溺等，成员身份比较杂。这个圈子是孔子最早的一批学生，孔子在年龄上和这些学生最为接近。

（二）子贡朋友圈

包括宰予、子服景伯、叔孙武叔、公孙朝、棘子成、太宰、子禽等，成员身份主要是士大夫和贵族。

（三）子夏朋友圈

子张、子夏、樊迟、子游等人也形成一个小圈子，不过呢，这个圈子的规模要小一些，与孔子的关系也要远一些。主要是年纪相差比较大，子夏比孔子小了44岁，与子路同一辈分的同学差不多差了20多岁，明显玩不到一起，有代沟。

孔子今天被尊为圣人，但其少时艰苦卑微，父亲早亡，孤儿寡母，生活艰困。在这样一种境遇下，孔子靠自己的才智和审时度势的天赋，集合了几个志同道合的人，在官学垄断的前提下办起了一个民间学堂。孔子的学费很低，只要能给些干肉和土特产就行。正因为办学艰辛，所以一开始与孔子共同创业的学生自然与孔子最为亲密，其中子路是孔子最信任的人。

第一个朋友圈，无疑是围绕子路形成的。孔子办学那年30岁，子路21岁，所以两人既是师生，又是好友。《史记》记载说，子路原本就和孔子认识。当时子路在鲁国以力大搏虎著称，时常打猎换粮食回家供养父母,所以有子路"百里负米"之说。初次见孔子时,子路还挥着长剑,有霸凌之意。入学后,子路请教孔子:"卫君待子而为政,子将奚先?"孔子说:"必也正名乎。"子路听了,立马嘲笑说:"子之迂也,奚其正?"孔子被怼得气急:"野哉,由也!君子于其所不知,盖阙如也。名不正,则言不顺,言不顺,则事不成,事不成,则礼乐不兴,礼乐不兴,则刑罚不中,刑罚不中,则民无所措手足。"可见两人的师生关系不一般,是很亲密平等的。在卫国,子路还敢黑下脸,质问孔子为什么要见名声不好的南子。到孔子周游列国的时候,孔子54岁,子路45岁,是年龄最大的学生,子贡和冉求25岁,颜回24岁。可以想象一下,孔子会和谁最有共同语言——肯定得是子路。子路不仅是学生,似乎也担任了教务安保的职责,所以孔子会说:"道不行,乘桴浮于海,从我者其由与?"

第二个朋友圈的核心是子贡,其复姓端木,名赐。孔子死后,子贡守了六年丧,是守丧时间最长的一位学生。仔细看《论语》,会发现出现次数最多的学生不是子路、颜回,也不是子思、子夏,而是子贡。颜回、子思出现20余次,子贡却出现达50余次。子贡不仅能言善辩,还善于经商,富至千金,曾任鲁、卫两国之相,"使孔子名布于天下"。尽管这样,从表面上看,孔子是不喜欢子贡的,老是批评他,《论语·宪问》篇提到"子贡方人",就是说子贡喜欢讥评别人,这个性格应该是孔子不喜欢的,孔子不喜欢巧言令色的人,认为"鲜矣仁"。但是,从内心深处来讲,孔子或许恰恰是特别喜爱这个学生的,虽然在言语上不承认。因为只有在子贡面前,孔子才会说一些富有特别的感情色彩的话,比如孔子自知将不久于人世,叹息"太山坏乎!梁柱摧乎!哲人萎乎",子贡就站在边上;孔子临死之前,子贡在外做事还没有赶回,等子贡赶回来了,孔子说:"赐也,汝来何其晚也?"

众所周知孔子对颜回有所偏爱,但情感上子贡或许更贴心吧。

在子贡的朋友圈中,宰予很特别,他思维非常活跃,是孔子晚年收到的最具批判性思维的学生。有次和孔子讨论孝道的问题,宰予当面说孔子的"三年之丧"不可取,"三年之丧,期已久矣。君子三年不为礼,礼必坏;三年不为乐,乐必崩",认为可改为"一年之丧",孔子说,才一年的时间,你就吃上了大米饭,穿起了锦缎衣,你能心安吗?宰予说,我心安。孔子气结,你心安,你就那样去做吧!回头孔子就感慨:宰予真是不仁啊!宰予还问了孔子一个两难的问题,他是这么假设的:如果告诉一个仁者,另一个仁者掉进井里了,那他救还是不救?因为跳下去救也是死,不跳下去那就是见死不救。孔子简直没法回答,只好搪塞说:"何为其然也?君子可逝也,不可陷也;可欺也,不可罔也。"像所有聪明的学生一样,宰予觉得上课无聊就打瞌睡,孔子形容他"朽木不可雕也,粪土之墙不可圬也"。看样子老夫子实在是恨铁不成钢,爆粗口了。但孔子心里还是很明白宰予的聪明和过人之处,还检讨自己道"以言取人,失之宰予"。

第三个朋友圈是以子夏为核心的。孔子晚年,早期的弟子大都在鲁国或其他周围各国谋事做官,比如冉求成了炙手可热的鲁国内政大臣;子贡则一边游说列国,一边生意越做越大。留在孔子身边的是一群小字辈。这时候的孔子看样子脾气温和了许多,有时候也有点力不从心。子夏是孔子后期学生中之佼佼者,为人爽直,孔子很看重他,孔子曾经比较子贡和子夏说:"吾死之后,则商(子夏)也日益,赐也日损。"为什么呢?因为"商也好与贤己者处,赐也好说不若己者。"确实,儒学的发扬光大与子夏的贡献分不开,东汉徐防说:"《诗》《书》《礼》《乐》,定自孔子;发明章句,始自子夏。"另一个学生子游,在孔子死后自己授徒讲学了。路经韶巷,就在该地的一个闾巷设坛讲学。

讲学之余，吹奏《韶乐》，演唱《卿云》。《韶乐》之声"绕梁三日而不绝"。

余生也晚，不得见孔子及其弟子，好在有《论语》，书中人物栩栩如生，恰如故人。正所谓"有朋自远方来，不亦乐乎"。总之，不必把《论语》当作什么"经"或"典"，高高供上牌位。《论语》原本就是学生们记录老师的教诲，记录老师和自己的交往和生活的笔记。"莫春者，春服既成，冠者五六人，童子六七人，浴于沂，风乎舞雩，咏而归。"真是意气风发的师生啊。把孔子这么一个有趣的老师，变成僵化的泥塑木偶，若夫子地下有知，怕是会跳起来大声说，是可忍，孰不可忍吧！

导读

导言：

《论语》这一书名是什么意思一直是一个聚讼纷纭的问题。一种认为"论"是编辑，"语"是语言，也是说将孔子等人的话语编辑起来；另一种说"论"相当于"伦"，"语"是记叙，就是记叙关于伦理道德方面的学问。《论语》全书20篇，共492章，其中记录孔子与弟子、时人谈论之语约444章，记录孔门弟子相互谈论之语48章。每篇有若干章，其中《学而第一》16章，《为政第二》24章，《八佾第三》26章，《里仁第四》26章，《公冶长第五》28章，《雍也第六》30章，《述而第七》38章，《泰伯第八》21章，《子罕第九》31章，《乡党第十》27章，《先进第十一》26章，《颜渊第十二》24章，《子路第十三》30章，《宪问第十四》44章，《卫灵公第十五》42章，《季氏第十六》14章，《阳货第十七》26章，《微子第十八》11章，《子张第十九》25章,《尧曰第二十》3章。除第五篇和第十五篇用三个字为篇名外,其余各篇均采用文章起句的头两个字,应该并无实际意义。

本次我们共读选用的版本是杨伯骏的《论语译注》(中华书局出版)。我们学习《论语》不用后人的注、疏或者注解来理解问题,而是"以经解经",就是用孔子自己的话来解读儒家的倡导和要义,必须结合着自己的思考来读,不仅要读,还要熟读和背诵。我们将每一篇作为一次的阅读内容,最后一次因最后三篇章节较少合为一次。

【《论语》共读 Day 1】

今天我们读《学而第一》——论"学"的重要性。

"学"在《论语》中不能简单理解为"学习",而有更深的含义即"学问"。学问不是文章好,那是文学;学问也不是读书好,那是渊博。学问是个大课题,它应该是指最终能把人做好、把事做好的深刻道理。

我们一起讨论《学而》的第一章:

子曰:"学而时习之,不亦说乎?有朋自远方来,不亦乐乎?人不知而不愠,不亦君子乎?"(《学而》1.1)

从字词上看,有三个字值得关注。一是"习"。"习",古字为"習",本意为"数飞",指小鸟一次又一次练习飞翔。所以仅仅学了是不行的,还要反复地练习。二是"说",我们前面读《诗经》时在《国风·邶风·击鼓》中就读到"死生契阔,与子成说"。《学而》中的"说"与《击鼓》中的"说"一样,都同"悦"。三是"愠"。愠是心里的怨恨、讨厌但不讲出来。愠不是虚伪,而是不怨天尤人。

从道理上而言，学习还要反复练习，任谁也不会觉得是件乐事，但是如果能从中悟出道理，在豁然开朗的那一刻我们是不是会非常开心？如果我们不把"时习之"简单理解为反复刷题，而是时时学习，向他人学习，向社会学习，向挫折学习，在别人所犯的错误中学习，以这种精神来对待人生的大学问是不是就快乐了。同窗为朋，同志为友，人生得一知己不易，志同道合的朋友在一起是相互赋能的，即使周围的人都不了解和理解你，若依然有一个可以"士为知己者死"的朋友在远方——这个远方可以是距离上的，也可以是条件上的——也为一大幸事，人生得一知己，死而无憾。"不愠"这个问题很重要，很多人遇到打击就会骂别人、骂社会、骂老天爷，甚至骂长辈没给个好出身。而一个真正有"学问"的人是不怨天、不尤人的，会对自己做深刻反思。"不患人之不己知，患不知人也"，这才是人生的大学问。

作业 & 思考：

1. 背诵打卡《学而》。
2. 孔子是怎样论"学"的？

【《论语》共读 Day 2】

今天我们读《为政第二》——为政以德。

"为政以德"是孔子论政的主要思想。本篇第一章，子曰："为政以德，譬如北辰；居其所而众星共之。"所表达的内容是十分丰富的，一是为政者自身要以德作为修养，这样就会起到团结和带领的作用，"政者，正也，子帅以正，孰敢不正"。二是对待他人以及管理国家也要以德为标准，"道之以德，齐之以礼，有耻且格"。

我们一起讨论《为政》的第四章：

子曰:"吾十有五而志于学,三十而立,四十而不惑,五十而知天命,六十而耳顺,七十而从心所欲,不逾矩。"(《为政》2.4)

从字词上看,有几个关键词:学、立、不惑、知天命、耳顺、矩。"学",我们在前一天已经讨论过了,是讲人生的大学问。那么"立"是什么意思呢?《论语·泰伯》中有,子曰:"兴于《诗》,立于礼,成于乐。"《论语·季氏》里又有"不学礼,无以立",由此可知,这里的"立"应该理解为以恪守礼仪而立身于世。什么人会"不惑"?《论语》中有言"知者不惑,仁者不忧,勇者不惧",知者是通晓了"仁"这一大智慧的人,所以才能在关键问题上不再陷于困惑之中。何为"天命"?《论语》中有:"道之将行也与,命也;道之将废也与,命也。"这里命是天道的表现形式,是上天赋予的使命。"耳顺"应该是无论听到什么都可以从包容的角度进行化解了。"矩"当然就是指规则、法度。

从道理上而言,这一段应该是孔子从十五岁一直到七十三岁的人生历程。也许大家会说这与"为政"有什么关系呢?其实几十年为学、做人、干事的经验不正是为政所需要的最宝贵的经验吗?我们可能会说十五岁才开始立志有点晚了,确实,现在的孩子从没出生时就开始胎教,然后是幼教、幼小衔接,再然后是各种提优班,然而孔子父亲去世得早,家庭条件不好,但他依然立志做大学问。有志者事竟成,到了三十岁的时候,已经可以立身于世了。现在我们经常把"三十而立"理解为到三十岁的时候要娶老婆、要买房子、要有一定的社会地位,实际上是把经念歪了。"四十不惑"现在常常被我们当作躺平的借口,觉得自己都不惑之年了还奋斗什么,实际上"不惑"是让人做到不再怀疑这怀疑那,有了自己的坚持和明确的认知。"天命"前面我们说过,是哲学的宇宙来源,是最根本的东西。"耳顺"跟耳朵没什么关系,而是说听到好话或不好的话心里都依旧平静。这一点真是太难得了，人往往喜欢听好话，对于批评大多是不太高兴的，对于一些无中生有的诬陷不是火冒三丈就是觉得万分委屈，希望我六十岁时也能到达"耳顺"的境界。七十岁已经是个老人了，我们现在常常对社会中的一些现象发出感慨"是老人变坏了还是坏人变老了"，我想根本原因就是太过于"从心所欲"了，而没有遵循"不逾矩"，我们追求自由，但不能超过一定的范围。

作业 & 思考：
1. 背诵打卡《为政》。
2. 孔子的政治思想有哪些？

【《论语》共读 Day 3】

今天我们读《八佾第三》——"礼"，中国哲学思想的根本。

我们先对本篇篇名作解读。"佾"音通"仪"，"八佾"就是八个人一排，共有八排，六十四人，"八佾"是天子典礼开始时的礼乐，所谓"天子八佾"；诸侯之邦，六人一排，叫六佾，共三十六人；诸侯之下的大夫用四人一排，共十六人，叫四佾。这是固定的形式，什么人用什么样的舞蹈礼乐是有周详规定的。而孔子生活的时代对"礼"的使用已经乱得很了，鲁国的大夫季氏就用天子之乐八佾在家里搞庆祝活动，"八佾舞于庭"，而且家里搞祭祀活动撤祭品时也敢用天子所用的国乐，"三家者以雍彻"。这些权门把鲁国的政权操纵在自己手里，什么事都干得出来，"是可忍也，孰不可忍也"！

今天，我们一起讨论：

子夏问曰："'巧笑倩兮，美目盼兮，素以为绚兮。'何谓也？"

子曰:"绘事后素。"曰:"礼后乎?"子曰:"起予者商也!始可与言《诗》已矣。"(《八佾》3.8)

  从字词上看,一是"子夏"和"商",是一个人,他姓卜,名商,字子夏,春秋时晋国人,孔子的学生,"孔门十哲"之一,"七十二贤"之一。少时家贫,苦学而入仕。子夏比孔子小了四十四岁,孔子死后,在战国初期,他讲学河西,当时的学者受他的影响很大。二是"素",就是如一张白纸一样,"绚"与素相反,是很漂亮的花色。三是"诗",这里指的就是《诗经》,而"巧笑倩兮,美目盼兮"这一句我们在读《诗经》时是读到过的,出自《卫风·硕人》,是描写庄姜的美丽。

  从道理上而言,这里启发引导了我们一种人生哲学"绘事后素",在一张白纸上完成了绘画之后方显出留白的可贵。这和"月满则亏,水满则溢"是一个道理。我们总是在追求成功,追求绚烂,殊不知人生总是要归于平淡,要留有余地。那么这与本篇的主题"礼"有什么关系呢?以子夏的聪明才智马上就问了这样一个问题"礼后乎"?这句话可以理解为"礼的形式后面还有一个礼的内涵吗"?可见人的智商和领悟力真的是有差异的。最难能可贵的还不是有一个聪明的学生,而是有一个谦逊的老师,面对比自己小44岁的弟子,孔子发出感慨"起予者商也",当场表扬子夏讲的对,而且启发了自己。无论是做老师的、做父母的,还是做领导的,我们都应该向孔子学习。

作业 & 思考:
1. 背诵打卡《八佾》。
2. 讨论孔子的"礼"的思想。

附：《论语》中对《诗经》的运用

整部《论语》多次提及《诗经》，散见在《学而》《为政》《八佾》《述而》《泰伯》《子路》《季氏》《阳货》等8篇之中。在孔子及其弟子心目中，研学《诗经》可以明事理、修心性、练辞令、博见闻。

1. 子贡曰："贫而无谄，富而无骄，何如？"子曰："可也；未若贫而乐，富而好礼者也。"子贡曰："《诗》云'如切如磋，如琢如磨'，其斯之谓与？"子曰："赐也，始可与言《诗》已矣，告诸往而知来者。"（《学而》1.15）

2. 子曰："《诗三百》，一言以蔽之，曰：'思无邪'。"（《为政》2.2）

3. 子夏问曰："'巧笑倩兮，美目盼兮，素以为绚兮'何谓也？"子曰："绘事后素。"曰："礼后乎？"子曰："起予者商也，始可与言《诗》已矣。"（《八佾》3.8）

4. 子所雅言，《诗》、《书》、执礼，皆雅言也。（《述而》7.18）

5. 子曰："兴于《诗》，立于礼，成于乐。"（《泰伯》8.8）

6. 子曰："诵《诗三百》，授之以政，不达；使于四方，不能专对；虽多，亦奚以为？"（《子路》13.5）

7. 陈亢问于伯鱼曰："子亦有异闻乎？"对曰："未也。尝独立，鲤趋而过庭。曰：'学《诗》乎？'对曰：'未也。''不学《诗》，无以言。'鲤退而学《诗》。他日，又独立，鲤趋而过庭。曰：'学礼乎？'对曰：'未也。''不学礼，无以立。'鲤退而学礼。闻斯二者。"陈亢退而喜曰："问一得三：闻《诗》，闻礼，又闻君子之远其子也。"（《季氏》16.13）

8. 子曰："小子何莫学夫《诗》！《诗》，可以兴，可以观，可以群，可以怨。迩之事父，远之事君，多识于鸟兽草木之名。"（《阳货》17.9）

【《论语》共读 Day 4】

今天我们读《里仁第四》——"仁",孔子学问的中心。

这是《论语》中最重要的一篇,共有26章,是围绕孔子的中心学问"仁"来展开的。"仁"是孔子心中的大道,"吾道一以贯之",曾子解释"夫子之道,忠恕而已矣",即"己欲立而立人,己欲达而达人"的"忠",以及"己所不欲,勿施于人"的"恕"。孟子曾引孔子的说法:"道二:仁与不仁而已矣。"(《孟子·离娄上》)。

再来看看这一篇的题目:"里仁"。这个"里"字非常有智慧,它是一个动词,是"处"的意思,结合在一起就是如何处在"仁"的境界,处事、处人以及自处都要随时把修养、精神放在仁的境界。何为"仁"真是一个大问题,在《论语》中多处提到"仁",我们可以试着把它整理出来,看看能得到怎样的启发。

今天,我们一起讨论:

子曰:"君子欲讷于言而敏于行。"(《里仁》4.24)

从字词上看,讷,迟钝。敏,勤勉。言,言语。行,行动。

从道理上而言,这是对仁者真正的要求,说话要谨慎,做事要勤勉。俗话说"祸从口出",往往一些人看着伶牙俐齿,但说实在的,除了吹牛和说笑话没有什么真正的用处。再有一些人,别人话还没说完,甚至刚刚开了个头,他马上就是一句"这个我知道""那个我知道",实际上却一知半解,而且把天儿也聊死了。真正的仁者是不会说大话、说空话的,但做起事来却敏捷而勤勉。仁者除了讷于言而敏于行外,还需要拥有许多品质,比如"唯仁者能好人,能恶人",也就是说仁者绝对不是老好人,而是有明确的价值判断的人,是有善恶取舍的大智慧的人;"仁者安仁,知者利仁",有仁德的人能安守仁德,聪明人利用仁。而不仁者"不可以久处约,不可以长处乐",没有仁德的人受不了穷困之苦,长久地享受安乐更是会忘乎所以最后招致祸患。

作业 & 思考:
1. 背诵打卡《里仁》。
2. 讨论孔子的"仁"的思想。

附:《论语》中论述"仁"的章节

"仁"在《论语》中居所有概念之首,共出现109次,涉及60章。孔子无论是谈为政、处世、交友之道,还是谈做人、讲学、修身之法,都是围绕着"仁"这个核心展开的,孔子所说的"道"就是以"仁"为核心的人学,甚至把它看得比生命还重要。这里选择一些比较重要的关于"仁"的论述与大家分享。

1. 有子曰:"其为人也孝弟,而好犯上者,鲜矣;不好犯上,而好作乱者,未之有也。君子务本,本立而道生。孝弟也者,其为仁之本与!"(《学而》1.2)

2. 子曰:"弟子,入则孝,出则悌,谨而信,泛爱众,而亲仁。行有余力,则以学文。"(《学而》1.6)

3. 子曰:"人而不仁,如礼何?人而不仁,如乐何?"(《八佾篇》3.3)

4. 子曰:"里仁为美。择不处仁,焉得知?"(《里仁》4.1)

5. 子曰:"不仁者不可以久处约,不可以长处乐。仁者安仁,知者利仁。"(《里仁》4.2)

6. 子曰:"苟志于仁矣,无恶也。(《里仁》4.4)

7. 子曰："富与贵，是人之所欲也；不以其道得之，不处也。贫与贱，是人之所恶也；不以其道得之，不去也。君子去仁，恶乎成名？君子无终食之间违仁，造次必于是，颠沛必于是。"（《里仁》4.5）

8. 子曰："我未见好仁者，恶不仁者。好仁者，无以尚之；恶不仁者，其为仁矣，不使不仁者加乎其身。有能一日用其力于仁矣乎？我未见力不足者。盖有之矣，我未之见也。"（《里仁》4.6）

9. 子曰."人之过也，各于其党。观过，斯知仁矣。"（《里仁》4.7）

10. 子曰："谁能出不由户？何莫由斯道也？"（《雍也》6.17）

11. 樊迟问知。子曰："务民之义，敬鬼神而远之，可谓知矣。"问仁。曰："仁者先难而后获，可谓仁矣。"（《雍也》6.22）

12. 子曰："知者乐水，仁者乐山。知者动，仁者静。知者乐，仁者寿。"（《雍也》6.23）

13. 子贡曰："如有博施于民而能济众，何如？可谓仁乎？"子曰："何事于仁！必也圣乎！尧舜其犹病诸！夫仁者，己欲立而立人，己欲达而达人。能近取譬，可谓仁之方也已。"（《雍也》6.30）

14. 子曰："志于道，据于德，依于仁，游于艺。"（《述而》7.6）

15. 子曰："仁远乎哉？我欲仁，斯仁至矣。"（《述而》7.30）

16. 子曰："若圣与仁，则吾岂敢？抑为之不厌，诲人不倦，则可谓云尔已矣。"公西华曰："正唯弟子不能学也。"（《述而》7.34）

17. 子曰："恭而无礼则劳，慎而无礼则葸，勇而无礼则乱，直而无礼则绞。君子笃于亲，则民兴于仁，故旧不遗，则民不偷。"（《泰伯》8.2）

18. 曾子曰："士不可以不弘毅，任重而道远。仁以为己任，

不亦重乎？死而后已，不亦远乎？"（《泰伯》8.7）

19. 子曰："好勇疾贫，乱也。人而不仁，疾之已甚，乱也。"（《泰伯》8.10）

20. 子罕言利与命与仁。（《子罕》9.1）

21. 子曰．"知者不惑，仁者不忧，勇者不惧。"（《子罕》9.29）

22. 曾子曰："君子以文会友，以友辅仁。"（《颜渊》12.24）

23. 子曰："如有王者，必世而后仁。"（《子路》13.12）

24. 子曰："有德者必有言，有言者不必有德。仁者必有勇，勇者不必有仁。"（《宪问》14.4）

25. 子曰："君子而不仁者有矣夫，未有小人而仁者也。"（《宪问》14.6）

26. 子曰："志士仁人，无求生以害仁，有杀身以成仁。"（《卫灵公》15.9）

27. 子贡问为仁，子曰："工欲善其事，必先利其器。居是邦也，事其大夫之贤者，友其士之仁者。"（《卫灵公》15.10）

28. 子曰："知及之，仁不能守之；虽得之，必失之。知及之，仁能守之。不庄以莅之，则民不敬。知及之，仁能守之，庄以莅之，动之不以礼，未善也。"（《卫灵公》15.33）

29. 子曰："民之于仁也，甚于水火。水火，吾见蹈而死者矣，未见蹈仁而死者也。"（《卫灵公》15.35）

30. 子曰："巧言令色，鲜矣仁。"（《阳货》17.17）

31. 子夏曰："博学而笃志，切问而近思，仁在其中矣。"（《子张》19.6）

32. 子游曰："吾友张也为难能也，然而未仁。"（《子张》19.15）

【《论语》共读 Day 5】

今天我们读《公冶长第五》——品评人生之德修。

这一篇很有意思,篇名取自孔子的女婿公冶长。原来孔子也会对人品头论足。此篇共28章,基本上都是在品题人物。除孔子本人和孔子未具体指名的所谓"吾党之小子"(子在陈,曰:"归与!归与!吾党之小子狂简,斐然成章,不知所以裁之。")外,共24人:其中孔门弟子12人,如公冶长、南宫适、子贱、子贡、冉雍、漆雕开、子路、冉求、公西赤、颜回、宰予、申枨等;其他古今人物12人,如孔文子、子产、晏平仲、臧文仲、令尹子文、陈文子、季文子、宁武子、伯夷、叔齐、微生高、左丘明等。这可以作为品评人的价值尺度。今天,我们一起看看孔子选女婿的标准:

子谓公冶长:"可妻也。虽在缧绁之中,非其罪也!"以其子妻之。(《公冶长》5.1)

子谓南容:"邦有道,不废;邦无道,免于刑戮。"以其兄之子妻之。(《公冶长》5.2)

从字词上看,妻在这里都是动词,是嫁为妻子的意思;缧是黑色的绳索,绁是捆绑,缧绁是指监禁;废是罢免。

从道理上而言,第一,孔子不以财、以位取人。他把自己的女儿嫁给了坐过牢的公冶长。为什么公冶长会坐牢?传说中公冶长懂鸟语,他坐牢是因为有一次失信于鸟,鸟就害他坐了牢。当然在这里没有交代原因,但孔子认为公冶长不是真正犯法有罪。第二,孔子把自己的侄女嫁给了南宫适(字子容,故又称南容),南容的道行真的是太高了,不仅有用世的才具,也擅于自处之道。太平盛世,南宫适不会被埋没,一定会被重用,但是太多有才能的人太锋芒凌厉,到了不得势的时候,要么"飞鸟尽,良弓藏;狡兔死,走狗烹",要么"一朝天子一朝臣"。然而南宫适有自守之道,绝不会引来杀身之祸。在《论语·先进》中也有"南容三复"白圭",孔子以其兄之子妻之"。这里的"白圭"出自《诗经·大雅·抑》:"白圭之玷,尚可磨也;斯言之玷,不可为也。"南容三复之,可见其心慎言也。

作业 & 思考:

1. 背诵打卡《公冶长》。
2. 孔子是如何评价自己的学生以及其他古今人物的?

【《论语》共读 Day 6】

今天我们读《雍也第六》——品评人物之进业。

上一篇对二十余人的德修进行了品评,《雍也》继续对人物的进业进行品评。篇名和上一篇一样取自孔子自己的学生冉雍,冉雍字仲弓。仲弓的父亲是个贱人,这对仲弓的心理影响还是很大的,但孔子绝对是个好老师,他一直鼓励仲弓,"子谓仲弓,曰:'犁牛之子骍且角,虽欲勿用,山川其舍诸'",犁牛的儿子如果长着赤色的毛、整齐的角,难道会因为他是犁牛的儿子就失去做牺牲来祭祀的资格吗?这与上一章孔子将自己的女儿嫁给坐过牢的公冶长是一个道理,不以出身论英雄。孔门实在是一股庞大的政治力量,当季康子问孔子他的几个弟子是否能从政时,孔子说:"由也果,于从政乎何有?""赐也达,于从政乎何有?""求也艺,于从政乎何有?"我们试想想,如果让子贡来当财务部长,让子路来当国防部长,让颜回来当教育部长,谁能来当君王呢?就是我们篇名中的冉雍,孔子这样评价他:"雍也可使南面"。中国古代只有君王才可以面南背北,所以冉雍是有君临天下的大才的。怪不得孔子周游列国时哪个国家都不敢留孔子和他的弟子们,这阵容完全可以取而代之了。

今天,我们一起讨论:

子曰:"孟之反不伐,奔而殿,将入门,策其马,曰:'非敢后出,马不进也。'"(《雍也》6.15)

从字词上看,孟之反,人名,在抵御齐国的战争中是部队的统帅。不伐,意思是说不夸耀、不宣扬自己。殿,指的是殿后。

从道理上而言,在与齐国的这场战争中,鲁国实际是战败了。但胜败乃兵家常事。我们从这一章中能够学习到的是:第一,打了败仗,谁敢或谁愿意走在最后面殿后?孟之反做到了。第二,打了胜仗会抢功,打了败仗会把过错推给别人,这是常有的事,而孟之反不仅自己挡在最后,要撤到城门时,却告诉大家,不是我胆子大敢殿后,实在是马跑不动了。孔子认为像孟之反修养到这个程度真是了不起。这件事真是太值得学习了,孟之反敢于负责任也就罢了,不贪功也就罢了,难就难在他还把面子给了撤退时跑在前面的同僚。坦白来说,一个人在一个地方做事,做得不好太窝囊,做得好容易遭嫉妒排挤,像孟之反这样不矜不伐方为立身之道啊!

作业 & 思考:

1. 背诵打卡《雍也》。
2. 为政者应该有怎样的仁德修养?

【《论语》共读 Day 7】

今天我们读《述而第七》——夫子自道。

《述而》共三十八章,基本都是在述说孔子的志尚、情趣、仪容、举止等,大多数为孔子的自我评价,也有些是弟子们对老师的回忆。今天我们不单独分享哪一句,而通过孔子自道及弟子们的追忆来给孔子画个像。

"述而不作,信而好古。""默而识之,学而不厌,诲人不倦,何有于我哉?""盖有不知而作之者,我无是也。多闻,择其善者而从之;多见而识之,知之次也。""自行束脩以上,吾未尝无诲焉。""不愤不启,不悱不发。举一隅不以三隅反,则不复也。""三人行,必有我师焉:择其善者而从之,其不善者而改之。""子以四教:文、行、忠、信。"

——这是孔子自己做学问和从事教学的态度

孔子说自己是"述而不作",所谓"述"是叙述、阐述,是把已有的东西继续传播下去,"作"是创作,是从无到有。孔子太谦虚了,"三人行必有我师",而删《诗》《书》、定礼乐、系《易》辞、著《春秋》,哪一项都是千古之绝响,只不过他在整理以前的文化典籍时,是真信、真喜欢、真尊重、真不敢轻易断言。在为学上,他将为仁之道默默记在心里,勤学不厌。

孔子作为老师,除了"学",另一个责任就是"教",孔子在教育上始终做到诲人不倦,而且给多少学费都没关系,"自行束脩"就行,孔子一视同仁。孔子的启发式教学,"不愤不启,不悱不发"即使拿到现在也是最先进的教学方法。在教学内容上,他选择以历代文献、社会生活实践、对待别人的忠心、与人交际的信实为基本内容进行阐发,是理论与实践结合。

"德之不修,学之不讲,闻义不能徙,不善不能改,是吾忧也。""志于道,据于德,依于仁,游于艺。""暴虎冯河,死而无悔者,吾不与也。必也临事而惧,好谋而成者也。""富而可求也,虽执鞭之士,吾亦为之。如不可求,从吾所好。""子之所慎:齐,战,疾。""饭疏食饮水,曲肱而枕之,乐亦在其中矣。不义而富且贵,于我如浮云。""子所雅言,《诗》《书》、执礼,皆雅言也。""子不语怪,力,乱,神。""丘也幸,苟有过,人必知之。""奢则不孙,俭则固。与其不孙也,宁固。""君子坦荡荡,小人长戚戚。"

——这是孔子对自己一生志业的概括

孔子一生所忧虑的不是自己不能被重用,不能升官发财,他所忧的是大道不行、不培养品德、不讲习学问、不以身赴义、有错不改。孔子自己是个知错能改的人,而且他认为别人指出他的错误对他而言是件幸事。孔子一生所遵行的是"志于道,据于德,依于仁,游于艺";小心慎重的三件事是:斋戒、战争、疾病;不谈怪异、勇力、叛乱和鬼神。他不与那些头脑简单、打打杀杀的人为伍。有机会就努力去做,没有机会就埋头做自己喜欢的事,干那些不义之事而得到的富贵都是浮云。他认为奢侈豪华就显得骄傲,省俭朴素就显得寒碜,而与其骄傲,宁可寒碜。孔子要做心地宽广坦率的君子,而不做叽叽咕咕怨天尤人的小人。最有意思的是,孔子倡导说话要说"雅言",就是要讲普通话,这里人讲这里话,那里人讲那里话,就会鸡同鸭讲。

"子之燕居,申申如也,夭夭如也。""子钓而不纲,弋不射宿。"
——这是生活中潇洒自在的孔子

在家时就要有在家里的样子，不用再端着了，但也不是在家里就可以邋里邋遢、不修边幅，要整齐、和乐而舒展。孔子也会去钓鱼、打猎，但是他不结网捕鱼，不射栖于巢中的鸟。

作业 & 思考：

1. 背诵打卡《述而》。
2. 如何看待孔子的学问修养？

【《论语》共读 Day 8】

今天我们读《泰伯第八》——个人学问修养。

篇名中的泰伯是何许人也？泰伯是周文王姬昌的大伯，姬昌的父亲是泰伯的三弟，泰伯作为长子没有继承家业，这在中国古代是不合礼法的，因为家业大都是传嫡长子的。原因是古公亶父，也就是泰伯的父亲认为自己的孙子姬昌将来一定能成大事，应该是为孙传子。泰伯为了实现父亲的想法，便带着自己的二弟出走到了勾吴。

今天，我们一起讨论这一篇中的"让"德：

子曰："泰伯，其可谓至德也已矣。三以天下让，民无得而称焉。"(《泰伯》8.1)

子曰："如有周公之才之美，使骄且吝，其余不足观也已。"(《泰伯》8.11)

子曰："巍巍乎，舜禹之有天下也而不与焉。"(《泰伯》8.18)

子曰："大哉尧之为君也！巍巍乎！唯天为大，唯尧则之。荡荡乎，民无能名焉。巍巍乎其有成功也，焕乎其有文章！"(《泰伯》8.19)

舜有臣五人而天下治。武王曰："予有乱臣十人。"孔子曰："才难,不其然乎?唐虞之际,于斯为盛。有妇人焉,九人而已。三分天下有其二,以服事殷。周之德,其可谓至德也已矣。"(《泰伯》8.20)

唯一被孔子称作至德之人的泰伯三让天下与其弟。尧舜禹三代的"禅让"是著名的公天下;周文王三分天下有其二但依然向商纣称臣。为何而骄?不能让功劳给别人。为何而吝?不能让财物给别人。孔子赞成什么反对什么一目了然。但是,孔子主张的是仁德让,而不是沽名钓誉的让,孔子也曾批判"孰谓微生高直?或乞醯焉,乞诸其邻而与之",人家来跟你借醋,你没有就说没有,结果自己跑到邻居家里借了来给别人,这让人应该感谢谁呢?

作业 & 思考:
1. 背诵打卡《泰伯》。
2. 如何把握"让"的尺度?

【《论语》共读 Day 9】

今天我们读《子罕第九》——孔子的思想与学问教育。

《述而》中有"子不语怪,力,乱,神",不语就是绝口不谈。本篇开篇一章是"子罕言利与命与仁",罕言不是绝口不讲而是讲得少。在《论语》中,讲"利"的有六次,讲"命"的有八九次,这在孔子的全部言语中算是少的了。子贡有言,"夫子之言性与天道,不可得而闻也"。司马迁也曾说,"孔子罕称命,盖难言之也"。利讲多了就会害义,"君子喻于义,小人喻于利",而命这种事很难说清,所以这两者说得少我们都好理解,但"仁"是孔子的核心思想,为什么又"罕言"呢,这就比较费解了。

对此，有很多研究，也有很多种解读，在此，我们把这个作为思考题，希望读者能在读完整本的《论语》后有自己的答案。

今天，我们一起讨论：

子绝四——毋意，毋必，毋固，毋我。(《子罕》9.4)

从字词上看，意表示凭空猜测，必表示绝对肯定，固表示固执己见，我表示自以为是。

这句话很好理解，但这绝不是字面的问题，从上面的四字解释我们可以看到孔子没有的是四种多么烦人的毛病。我们都知道这样的行为作风很讨厌，但如果要让自己一生都不犯这些毛病其实也是很难的。现在网络社会如此发达，人们获取信息的速度比高速路都要快得多，有些时候对信息都没有收集全，就开始人云亦云，把自己的主观猜测当成真的一样在传播，这实际上也是一种道德绑架。有些时候，人会一意孤行，好像万事万物只有一个理由和一个结果，实际上凡天下事往往没有一个"必然如何"，未达成自己的心愿就开始怨天尤人，人生不如意十之八九，所以一要听劝，二要学会迂回。一个人的阅历与经验常常是有很大局限性的，坚持与固执是两个境界，坚持是朝着正确的方向，而固执是不管正确与否凡是自己认定的都守着那份成见。毋我讲的是要替别人着想，要为事情往着更好的方向发展着想，而现在这一品德也是太缺乏了。以上四件事是孔子所坚决不做的，难道几千年过去了，人性连一点点进步都没有反倒变本加厉了吗？

作业 & 思考：

1. 背诵打卡《子罕》。
2. 为什么孔子"罕言"仁？

【《论语》共读 Day 10】

今天我们读《乡党第十》——孔子的日常做人处事。

这一篇十分有意思,很多章节画面感极强的。孔子在家乡父老面前温和、谦恭,"恂恂如也,似不能言者"。上朝的时候,与下大夫说话温和而快乐,"侃侃如也";与上大夫说话正直而恭敬,"訚訚如也";君王在时,表现出的是恭敬而不安的样子,"踧踖如也";去接待外宾,面色矜持庄重,脚步也快起来,"色勃如也,足躩如也";进朝廷大门,害怕而谨慎,好像没有容身之地,"鞠躬如也,如不容";经过国君的座位,言语也好像中气不足,"其言似不足者";从朝堂出来,一下台阶,面色放松,一副怡然安适的样子,"逞颜色,怡怡如也",下完台阶,像鸟儿舒展了翅膀,"翼如也";出使外国,拿着圭,恭敬谨慎好像举不起来,"如不胜",向上举"如揖",向下举"如授","勃如战色",脚步走一条直线,"足蹜蹜如有循"。孔子在办外交时什么态度,在君王面前什么态度,上班时什么态度,下班时什么态度,开会时什么态度,都跃然纸上、栩栩如生。我们现在很多人,什么场合穿什么衣服不注意,讲话不知道轻重,不管谁进来自己都跟大爷一样,连个招呼都不打,更不要说站起来礼貌致意了。学学孔子这一篇《乡党》是大有裨益的。除了讲不同场合的礼节,这一篇也有很多地方讲到了穿衣搭配、饮食起居等,今天,我们一起来看看"吃"的讲究:

食不厌精,脍不厌细。

食饐而餲,鱼馁而肉败,不食。色恶,不食。臭恶,不食。失饪,不食。不时,不食。割不正,不食。不得其酱,不食。

肉虽多,不使胜食气。

唯酒无量,不及乱。

沽酒市脯不食。

不撤姜食，不多食。(《乡党》10.8)

这一章是后人拿来批判孔子的靶子之一，说孔子过着奢靡的生活。其实这里说的是礼而不是奢靡，我们总不能吃没吃相吧。粮食要舂得精一些，鱼肉要切得细一些，食物要讲究色、香、味和新鲜度，不能由着自己想吃多少吃多少，吃肉、喝酒都要有节制，这真的是一篇绝好的关于养生的文章呀！随后提到，参与国家祭祀典礼，不把祭肉留到第二天，"不宿肉"；如果存放过了三天就不要吃了，"出三日，不食之矣"，那时候也没个冰箱，过了三天的肉确实已经臭了。"食不言，寝不语"，看看经常发生的"喷饭"的尴尬，我们就知道吃饭的时候为什么不要说话；要睡觉了就不要"卧谈"了，一来影响睡眠，二来黑魆魆的也容易信口开河，影响感情。"席不正，不坐"，座席摆的要合乎礼法，这一点现代的餐桌文化还是依然很讲究的，什么主宾、主陪、二陪、三陪、四陪，还是保留了一些中国文化色彩。

作业 & 思考：

1. 背诵打卡《乡党》。
2. 孔子在服饰上有哪些讲究？

【《论语》共读 Day 11】

今天我们读《先进第十一》——孔子亲炙弟子的风评。

从《先进》到《尧曰》通常被称作"下编"。

我们常听说"半部《论语》治天下"，这一典故来自于赵普。赵普与赵匡胤是光屁股的朋友，出身艰苦，没读过什么书，后来当了宰相。据说，赵普碰到国家大事或重要问题不能解决的时候，都会放一放明天再说。他回去以后，往往在书房里拿出一本书来看。大家很好奇,背地里偷偷拿出来一看是一部《论语》。其实《论语》并没有告诉我们具体如何治理国家以及为官作宰的孔门绝学,它讲的都是根本遵循。所谓"半部《论语》治天下"一是赵普比较谦虚,说自己没怎么读过书,另一方面说明"书读百遍,其义自见"。因此,这期共读我们的作业都是背诵,背熟了,随着遇到的境况不同,再加之自己的阅历,将来就会懂。

本篇对孔子的亲炙弟子们的品性特点做了很多评价,这些评价不仅活化了历史人物,而且也检验了孔子的教学成果,说明其培养出了什么样的人。

我们一起来看看吧:

德行:颜渊,闵子骞,冉伯牛,仲弓。言语:宰我,子贡。政事:冉有,季路。文学:子游,子夏。(《先进》11.3)

这与"志于道,据于德,依于仁,游于艺"是吻合的。一个人能在某一方面出类拔萃已非易事,全才真的是很少,所以帝王将相往往根据时局来选拔不同的人才。比如战国四公子孟尝君田文、平原君赵胜、信陵君魏无忌与春申君黄歇,为了壮大自己的势力、对付秦国的入侵和挽救本国的灭亡,竭力网罗人才,养"士"之风盛行。孟尝君田文,食客数千人,诸侯宾客、亡人有罪者,乃至鸡鸣狗盗之徒,不分贵贱,皆招致之。曹操也曾下了一道命令广征人才,也是不问出身经历,只要有才,只要肯为我所用。

德行科的颜渊能深悟孔子之道,"于吾言无所不说",但孔子还是希望能与颜回教学相长,颜回这种学生认为老师说什么都是对的,于孔子而言"非助我者也"。这也正是孔子的伟大之处,他更希望自己的学生能够提出相反的意见或见解。闵子骞真是孝顺,"人不间于其父母昆弟之言",别人都看不惯他后娘的做法,但闵子骞没有听那些为他抱打不平的话,而是一如既往地孝顺,终于感动了他的后娘。站在孔子旁边是"訚訚如也",孔子评价他"夫人不言,言必有中"。

言语科的宰我可以说被孔子骂惨了,《阳货》篇中宰我提出守丧三年太久了被孔子骂;《雍也》篇中宰予白天睡觉,被孔子形容为"朽木"和"粪土之墙"。他还向孔子提出了一个两难的问题,说假如一个仁者掉到井里去了,把这件事告诉了另一个仁者,这个仁者应该怎么办呢?因为如跳下去则也是死,如不跳下去就是见死不救。但是,他跟从孔子周游列国期间,孔子常派遣他出使各国,如"使于齐""使于楚"等,可见对他的才能是非常信任的。骂他大概也是寄予了更大的期望吧。

冉求被列在政事科,但是在此篇中,孔子却说:"非吾徒也。小子鸣鼓而攻之,可也。"可见人无完人,"柴也愚,参也鲁,师也辟,由也喭"。但冉求确实是个谦谦君子,"方六七十,如五六十,求也为之,比及三年,可使足民;如其礼乐,以俟君子。"

言语科的宰我可以说被孔子骂惨了,《阳货》篇中宰我提出守丧三年太久了被孔子骂。《雍也》篇中宰予白天睡觉,在课堂上打瞌睡,被孔子形容为"朽木"和"粪土之墙"。此篇中他还向孔子提出了一个两难的问题,说假如一个仁者掉到井里去了,告诉给另一个仁者,这个仁者应该怎么办呢?因为如跳下去则也是死,如不跳下去就是见死不救。但是,他跟从孔子周游列国,游历期间孔子常派遣他出使各国,如"使于齐""使于楚"等,可见对他的才能是非常信任的。骂他大概也是对宰我寄予了更大的期望吧。

作业 & 思考:

1. 背诵打卡《先进》。

2.试找出《论语》各篇章中孔子对其两大弟子颜渊、子路的评价。

【《论语》共读 Day 12】

今天我们读《颜渊第十二》——为政者正之以仁。

这一篇从"颜渊问仁"开始,以曾子"君子以文会友,以友辅仁"结束,基本以以"仁"为中心的"为政"之道贯通。"仁"是孔子思想的中心,我们曾经共读过《里仁》篇,孔子做出的解答乍看好像不怎么相干,其实是孔子以不同人的自身体验作比喻,因人施教,但同时也反映了仁可以从不同的角度进行认知,如从体、用、现象等。本篇第一章是孔子最喜欢的学生颜渊问什么是仁。

颜渊问仁。子曰:"克己复礼为仁。一日克己复礼,天下归仁焉。为仁由己,而由人乎哉?"(《颜渊》12.1)

"克己复礼"应该是孔子对于"仁"最像概念的定义。克己是第一步,就是约束自己,不能放任,通过"克"来使自己有高度的修养,克己是为了第二步——复礼。这里的礼不是我们现在说的礼貌,而是指合乎礼的规范。《礼记》的第一句话是"毋不敬,俨若思",君子没有不恭敬、不严肃的形象,所以孔子说"非礼勿视,非礼勿听,非礼勿言,非礼勿动",这都是恭敬严肃的表现。

仲弓问仁。子曰:"出门如见大宾,使民如承大祭。己所不欲,勿施于人。在邦无怨,在家无怨。'"(《颜渊》12.2)

大家记得仲弓吧，就是冉雍，孔子说他有帝王之才的那位。孔子告诉他，出门好像去见贵宾，这是在外待人处事的态度修养。做事有责任感，"使民如承大祭"。在行事上要做到"己所不欲，勿施于人"，这样才能使人、事平和。再就是不怨己也不怨人，在内在外、彼此之间都要做到不怨。

孔子对颜渊所说的仁是内修，对冉雍所说的仁是外修，内外兼修应该就离仁不远了。后面还有樊迟问仁，司马牛问仁、问明，子张问明，子贡问政，鲁哀公问年景不好怎么办，齐景公问政，孔子谈诉讼，子张问政，季康子问政等，实际上都是围绕一个中心——"为政以仁"。

作业 & 思考：

1. 背诵打卡《颜渊》。

2. 试结合问仁、问政者的特点来思考为什么孔子给出不同的回答。

【《论语》共读 Day 13】

今天我们读《子路第十三》——为政以正，正身为术。

这一篇继续了前一篇为政之道的讨论，如果说上一篇《颜渊》强调为政以正的道，那么这一篇有些偏重于为政之术。在这一篇共读中我们侧重于两个内容，一是如何为政，二是关注子路这个人。子路是孔子学生中年龄比较大的一个，比孔子小9岁，《论语》中记载了很多孔子与子路的对话，非常形象地表现了他们师生之间的关系。

我们先梳理一下本篇中明确提出为政之道的章节。

子路问政。子曰："先之劳之。"请益。曰"无倦。"（《子

路》13.1）

这一章文字非常简单，但每个关键字都讲了一个深刻的道理："先"——走在前面，带头作表率，先天下之忧而忧，在利益面前把别人放得靠前一些，"其身正，不令而行；其身不正，虽令不从"（13.6），"苟正其身矣，于从政乎何有？不能正其身，如正人何？"（13.13）。"劳"——要勤勉，不要坐享其成，要劳力还要劳心。"无倦"——不要懈怠，不要三天打鱼两天晒网，要有恒心能坚持。后面还有几章是孔子与子路关于如何为政的问答，如第三章，子路问孔子如果卫国请他去从政准备首先干什么，孔子说出了我们现在依然经常引用的经典名句"名不正，则言不顺；言不顺，则事不成；事不成，则礼乐不兴；礼乐不兴，则刑罚不中；刑罚不中，则民无所措手足"。我们现在常常曲解了"正名"，认为正名就是必须给一个职位才好行动，这不是"名"，而是"在其位，谋其政"的"位"，"名"实际上指的是思想文化，思想文化问题解决了，就可以解决随之而来的所有问题了。

除了与子路，本篇中还有很多问政及言政的章节。如仲弓要去鲁国权臣季家做管事，前来向孔子问政，孔子答："先有司，赦不过，举贤才。"就是说一定要把责权分清楚，把制度建立起来，对下属犯的小错误要有包容之心，要能够选拔有才能的人。孔子还特别强调学以致用、学用结合，"诵《诗三百》，授之以政，不达；使于四方，不能专对；虽多，亦奚以为"，学了很多，但内事办不好，外事也不能应对，学的再多又有什么用呢？对于一个国家，如果人口众多了，就应该让百姓富裕，有了物质基础后应该实施教化（13.9），正如管子所言"仓廪实而知礼节，衣食足则知荣辱"。而且，实施仁政不是一蹴而就的，需要一个不懈推进的过程，"如有王者，必世而后仁"（13.12）。最后，孔子强调仁，但也强调保家卫国，"善人教民七年，亦可以即戎矣"（13.29），"以不教民战，是谓弃之"（13.30），一个好的领导人一定会花时间来建立国家的军备武功，不仅教导人们有为国而战的思想，而且还要让他们拥有为国而战的技能。

作业 & 思考：

1. 背诵打卡《子路》。
2. 讨论孔子与子路的相处之道。

【《论语》共读 Day 14】

今天我们读《宪问第十四》——修身以敬。

本篇篇名中的"宪"指"原宪"，是孔门七十二贤人中很有名的人物，属于孔子说的那种"有所不为"的"狷者"。《史记·仲尼弟子列传》记载，孔子去世后，原宪敝衣陋食隐居于草泽。闻达诸侯于一时的子贡曾结驷连骑到野鄙之地探望原宪，他见原宪衣冠敝素，遂以"夫子岂病乎"的讥词相讥嘲，原宪却回答他说："吾闻之，无财者谓之贫，学道而不能行者谓之病，若宪，贫也，非病也。"原宪就是"邦无道，谷，耻也"的那种人，他知道自己所处的世道太乱，宁愿远走山林韬光养晦。

在个人修身中，以何为耻是个严肃的问题。本篇开头就是原宪问耻，孔子说，如果国家已经没有道义可言，仍做官领俸这就是耻辱，"邦无道，谷，耻也"。后面孔子又提到能做到不行克、伐、怨、欲已经是很难得了，但还不是仁（14.1）；读书人只留恋安逸也不配做读书人（14.2）；要做到贫而无怨、富而无骄（14.10）；要见利思义、见危授命、久要不忘平生之言（14.12）；君子以言过其行为耻（14.27）；要做到仁者不忧、知者不惑、勇者不惧（14.28）；以直报怨，以德报德（14.34）。本篇共44章，是章节数最多的一篇，应认真读读，以做一个品性高洁之人。

作业 & 思考：
1. 背诵打卡《宪问》。
2. 讨论君子应该具有怎样的德行。

【《论语》共读 Day 15】

今天我们读《卫灵公第十五》——以仁为人，所以为人。

"仁"与"人"之间是什么关系？子思说"仁者，人也"，孟子说"仁也者，人也"，孔子没有对两者间的关系进行过直接判断，但孔子说"人而不仁，如礼何？人而不仁，如乐何？"（《八佾》)，可见在孔子眼中，仁对于人是非常重要的，本篇的第九章，孔子说"志士仁人，无求生以害仁，有杀身以成仁"，意思是志士仁人，不会因贪生怕死而损害仁德，只会勇于牺牲来成就仁德。

孔子的一生是坎坷的一生，在后期周游列国时也曾多次遇险。我们看看孔子在艰险情况下的人生态度。

在陈绝粮，从者病，莫能兴。子路愠见曰："君子亦有穷乎？"子曰："君子固穷，小人穷斯滥矣。"（《卫灵公》15.2）

这个故事发生在孔子周游列国期间，当时孔子准备到楚国去。从陈国到楚国，必须经过蔡国，路上到处是逃难的人。走到上蔡时，有一股吴国的游兵袭击了孔子一行，粮食几乎被抢光。接下来的几天，孔子一行忍饥挨饿，在陈蔡的旷野中艰难行进。这时孔子师徒又被人包围住了。原来是陈、蔡两国怕孔子辅佐楚王后楚国会更加强大，自己就危险了，所以将孔子师徒围困在野外，打算活活困死他们。在这种情况下，子路不高兴了，跑来质问孔子,天天讲君子,搞了半天君子都穷得要饿死了,但孔子说,君子才能守穷,小人一穷便什么事都干得出来了。

子畏于匡,曰:"文王既没,文不在兹乎?天之将丧斯文也,后死者不得与于斯文也;天之未丧斯文也,匡人其如予何?"(《子罕》9.5)

这一章是《子罕》篇的第5章。《史记·孔子世家》记载:"将适陈,过匡,颜刻为仆,以其策指之曰:'昔吾入此,由彼缺也。'匡人闻之,以为鲁之阳虎,阳虎尝暴匡人,匡人于是遂止孔子,孔子状类阳虎,拘焉五日。……匡人拘孔子益急,弟子惧。"孔子长得和阳货非常像,阳货曾施暴于匡人,而匡人把孔子当成了阳货,这实在是因误会而差点送了命。但我们从这段话中可以看出孔子的临危不惧和强烈的使命感:如果天要亡周代的文化,那么我也不会掌握这种文化了,如果天不亡这种文化,匡人又能奈我何?

作业 & 思考:
1. 背诵打卡《卫灵公》。
2. 讨论何以为"人"。

【《论语》共读 Day 16】

因为《季氏第十六》只有十四篇,《阳货第十七》也就二十六篇,所以今天我们读第十六、第十七两篇。

这两篇篇名中出现的人物可以说都不是什么好人,季氏专权于鲁国,僭越礼数。阳货就是那个和孔子长得很像的人,他是季氏的家臣,把持季氏的权柄。所以这两个都是孔子不想交往的人。

我们选两章来分享。一是《季氏》篇的第一章,因篇幅较长,只节录"丘也闻有国有家者,不患寡而患不均,不患贫而患不安。盖均无贫,和无寡,安无倾。夫如是,故远人不服,则修文德以来之。既来之,则安之"这几句。这是季氏准备攻打颛臾时,孔子教育冉有、子路的话。这里阐述了三个准则"均、和、安",这和孔子"修己以安人""修己以安百姓"等思想是一致的,也是孔子一以贯之的"仁"之所在。

子曰:"由也!女闻六言六蔽矣乎?"对曰:"未也。""居!吾语女。好仁不好学,其蔽也愚;好知不好学,其蔽也荡;好信不好学,其蔽也贼;好直不好学,其蔽也绞;好勇不好学,其蔽也乱;好刚不好学,其蔽也狂。"(《阳货》17.8)

《阳货》篇第八章是我非常推荐的一章。其中最深刻的道理就是"中庸",品德与弊病之间就是一个"度"的关系。一味地讲究仁德就容易被愚弄,一味地靠小聪明就容易放荡,一味地追求诚信就容易被人利用,一味地强调直率就会尖酸刻薄,一味地标榜勇敢就会作乱,一味地刚强就容易胆大妄为。这是多么深刻的道理啊!就以"好直不好学,其蔽也绞"为例,在现实生活和工作中,我们常会遇到一种人,说话不分场合,甚至经常开口就是"我这个人有什么说什么,性子直",好像性子直就可以不管不顾,更有甚者,沽名钓誉,以性子直之名来行绑架言论之实。

作业 & 思考:
1. 背诵打卡《季氏》《阳货》。
2. "性相近也,习相远也",试论性善、性恶与习的关系。

【《论语》共读 Day 17】

今天是《论语》共读的尾声,我们一起共读最后三篇《微子第十八》《子张第十九》《尧曰第二十》。

《微子》篇只有 11 章,但涉及的古今人物有三十余人。贯穿于全篇的主题是人的问题,一是说时势造英雄,英雄也创造了时代;二是领导者要识人善任才能成就霸业;三是个人的立身处世非常重要,有的人可能一辈子都没有机会站出来,一辈子都在当隐士。我们看看本篇所涉人物的性格与命运。纣王有三位仁人,微子不得已离开,箕子披发佯装为奴,比干多次劝谏被挖心而死。逸民:伯夷、叔齐、柳下惠、少连、虞仲、夷逸,孔子这样评价,"不降其志,不辱其身,伯夷、叔齐与""柳下惠、少连降志辱身矣,言中伦,行中虑,其斯而已矣""虞仲、夷逸隐居放言,身中清,废中权"。孔子也评价了自己,"我则异于是,无可无不可"。他说自己可以仕则仕,可以止则止,可以久则久,可以速则速。也就是我们前面读到的"君子不器""子绝四——毋意,毋必,毋固,毋我"。

《子张》篇共 25 章,所记录的都是孔门弟子的话,其中子张三章,子夏九章,子游二章,子夏、子游合一章,曾子四章,子贡六章。是孔子的学生受到孔子教育后对孔门学问的发挥。

《尧曰》篇只有 3 章。第一章有尧曰、汤曰、周武王曰以及其他两段话,更像是在讲历史。第二章是子张对孔子的一段追问,从问何为从政,到何为从政的五美,再到五美之一的惠而不费是什么,以及何谓四恶,很容易看懂但做起来很难。最后一章是全部二十篇的一个收束。

子曰:"不知命,无以为君子也。不知礼,无以立也。不知言,无以知人也。"(《尧曰》20.3)

至此，共读《论语》全部结束。

作业 & 思考：

1. 背诵打卡《微子》《子张》《尧曰》。
2. 《论语》给了我们怎样的人生启示。

（导读人：孙莉玲）

参考阅读：

1. 杨伯峻.《论语译注》.中华书局.
2. 黄克剑.《〈论语〉解读》.中国人民大学出版社.
3. 南怀瑾.《论语别裁》.东方出版社.

《三国演义》也称《三国志通俗演义》或《三国志演义》，是一部长篇历史小说，流传极广，影响很大。取材于东汉末年和魏蜀吴三国的历史，从东汉灵帝中平元年黄巾起义开始，一直写到晋武帝太康元年吴亡为止，差不多整整一个世纪。有关三国的故事一直流传不断，元末明初，罗贯中在史书、杂记、平话、戏曲的基础上写成《三国演义》。罗贯中，太原人，号湖海散人，大约生活在1330——1400年间，擅长写小说，亦能词曲，也有杂剧。相传其所撰小说有数十种之多，除《三国演义》外，还有《隋唐两朝志传》《残唐五代史演义》《三遂平妖传》等流传下来，从其所写小说的思想倾向看，他推崇"忠""义""王道"。《三国演义》广泛而具体地描写了黄巾起义被镇压后，大小地主武装为了取代东汉王朝进行的政治斗争和军事混战，曹操、刘备、孙坚在多次战争中，一步步扩大势力，曹操"挟天子以令诸侯"，经过十一年基本统一黄河流域，占据中原。赤壁大战后，孙权据江东，刘备占荆州进而入四川，决定了魏、蜀、吴三国分立的形势。此后又混战七十二年，"自此三国归于晋帝司马炎，为一统之基矣"。

《三国演义》
罗贯中

书评

滚滚长江淘不尽万古英雄

——孙莉玲

滚滚长江东逝水,浪花淘尽英雄。是非成败转头空。青山依旧在,几度夕阳红。　　白发渔樵江渚上,惯看秋月春风。一壶浊酒喜相逢。古今多少事,都付笑谈中。

这首《临江仙·滚滚长江东逝水》是明代文学家杨慎所作《廿一史弹词》第三段《说秦汉》的开场词,后毛宗岗父子评刻《三国演义》时将其放在卷首。这首词放在这里真是再好不过了,其中所表达的慷慨悲壮、荡气回肠与《三国演义》小说的大气磅礴、命运跌宕相映生辉。最后,在一声历史的叹息中,逝者如斯,多少无奈:"纷纷世事无穷尽,天数茫茫不可逃。鼎足三分已成梦,后人凭吊空牢骚。"《三国演义》流传六百多年已然成为中国文化的璀璨明珠,早在公元1689年(康熙二十八年),就有了日文译本，后被亚、欧、美其他各国译成各种文字，全译本、节译本共达六十多种，是一部影响世界的不朽之作。那些精彩绝伦的故事流传千古，那些栩栩如生的人物呼之欲出，滚滚长江淘不尽千古绝响，是非成败湮不没万古英雄。

一、三国名场面之"兴衰"

"话说天下大事，分久必合，合久必分"。东汉末年，朝政日非，以致天下人心思乱，盗贼蜂起。巨鹿张角三兄弟讹言："苍天已死，黄天当立；岁在甲子，天下大吉。"在利益面前，各方势力分分合合，尔虞我诈。实际上在《三国演义》中有很多条兴衰线，我们基本可以梳理出这样几条。

第一条线，黄巾起义。建宁二年，张角等人起事，"四方百姓，裹黄巾从张角反者四五十万"，攻城略地，声势浩大，引来各路军围剿。后，先有贼将严政刺杀张宝，献首投降，朱儁遂平数郡。接下来，宛城一战大败，南阳一路十数郡皆失（补一句，宛城一战的主角是刘备、曹操和孙坚。他们也曾是战场上的兄弟）。

第二条线，魏。曹操是在剿灭黄巾军时出场的，因欲杀董卓失败而逃回陈留，后得巨富卫弘相助，然后矫诏各道，招集义兵，竖起招兵白旗一面，上书"忠义"二字。不管其内心怎么想的，但表面上一定要做出样子，名正则言顺。接下来乐进、李典、夏侯惇、夏侯渊、曹仁、曹洪等核心成员到位，有钱的带钱，有兵的带兵，有粮的送粮，自此曹操就拉起了人马。曹操起手做得就很大，矫诏以讨伐董卓为名，汇聚了各路十七镇人马。后又以东郡太守之名剿灭青州的黄巾军，招安到降兵三十余万、男女百余万口，自此威名日重。在兖州时，有两个重要人物投奔了曹操，那就是荀彧和他的侄子荀攸，荀彧又荐了程昱，程昱又荐了郭嘉，郭嘉荐了刘晔，刘晔又荐了满宠和吕虔，满宠、吕虔共荐一人毛孝先，自此，曹操的核心智囊团成员到位。此时又有于禁、典韦来投。至此曹操可谓文有谋臣，武有猛将，威镇山东。后面的故事就不多说了，迫汉献帝移驾许都，"挟天子以令诸侯"，加九锡封魏王。再后来病死于建安二十五年，寿六十六岁（第78回）。华歆逼献帝下诏封曹丕为魏王、丞相、冀州牧，直至曹丕废汉献帝篡炎刘，受八拜大礼，登了帝位，改延康元年为黄初元年，国号大魏。此时魏走上了历史舞台，曹氏也走到了高光顶峰，接下来篡位的历史将在司马氏家族身上重演，曹氏也将经历与汉同样的命运，历史的车轮如此的相似。后魏主曹芳封司马懿为丞相，加九锡（《三国演义》加九锡的有曹操、司马懿和孙权），"懿固辞不肯受，芳不准，令父子三人同领国事"。到魏主曹奂之时，"名为天子，实不能主张，政皆由司马氏"，遂封司马昭为晋王，后又被司马炎所逼重修受禅坛，具大礼，禅位于晋王。国号大晋，改元为泰始元年，魏遂亡。

　　第三条线，蜀。蜀兴起时真的是一穷二白，赤手空拳。刘、关、张三人在张飞的桃园义结金兰，张飞聚乡中勇士，得三百余人，收拾兵器，但有人无马，恰巧此时中山大商张世平赶一群马投庄而来，赠马五十匹，赠金银五百两及一千斤镔铁。这对于打造一支军队来说真可谓杯水车薪，但终是聊胜于无，就此打造了双股剑、青龙偃月刀和丈八点钢矛，最后共聚乡勇五百人。这就是刘备最初的班底。

　　刘备的发家史除了找到最初的合伙人外，其中有几处重要的转折点。第一关节：书中记录，三人打的第一仗是统兵五百大败程远志率的五万黄巾军，"英雄露颖在今朝，一试矛兮一试刀。初出便将威力展，三分好把姓名标"。第二关节：刘备为公孙瓒举荐做了平原县令，这一关节也很重要，因为平原颇有钱粮军马，那个时候也绝对是枪杆子里出政权的。第三关节：入主徐州。刘备与徐州太守陶谦有旧，因陶谦部下杀曹操父曹嵩，曹操欲血洗徐州城，刘备率本部人马三千，又从公孙瓒处借兵两千并赵子龙来救徐州，后陶谦死，刘备领徐州牧，总算有了个大一点的地盘。第四关节：徐庶推荐诸葛亮，"若此人肯相辅佐，何愁天下不定乎？"三顾茅庐遂成千古佳话，此时诸葛亮二十七岁，自此开始了与蜀共荣辱、鞠躬尽瘁的戎马一生。火烧新野、舌战群儒、借荆州、智取汉中，建安二十四年秋，刘备筑坛于沔阳，面南而坐，受文武百官拜贺为汉中王。后虽有诸葛亮六出祁山，兴师北伐，但终未获成功，饮恨无穷。扶不起的刘阿斗荒淫无道、废贤失政，这边姜维等还在剑阁死战，他却已经面缚舆榇，向攻进成都的邓艾投了降。降了就降了，看看刘阿斗在洛阳，司马昭问："颇思蜀否？"后主曰："此间乐，不思蜀也。"

第四条线，吴。《三国演义》中写吴是从孙坚开始的，孙坚出场即剿灭黄巾军有功，被封为郡司马，后又为十常侍假帝诏以为长沙太守。后在洛阳宫内偶得传国玉玺，深信必登九五之分，故捧得玉玺，杀出一条血路回了江东，后在与刘表交战中"中石、箭，脑浆迸流，人马皆死于岘山之内，寿止三十七岁"。其长子孙策"引军居江都，招贤纳士，屈己待人，四方豪杰，渐渐投之"，这时的孙策也只有十七岁。此后自霸江东，兵精粮足，有"小霸王"之威名。后有许贡三家客为主报仇，重伤之，箭头有毒，华佗又恰好往中原去了寻不得，后斩了死后可以化成一道青气的于吉，于吉索命，金疮迸裂，瞑目而逝，年止二十六岁。我们看第二十九回孙策之死这一节，会发现描写孙策的多是"怒""大怒""叱喝不绝""勃然大怒"等词，从中我们也可以窥见孙策之性格。孙策死后，其弟孙权承父兄基业接掌江东。通过孙策一句遗言我们能看到两兄弟性格及行事作风之不同：

"若举江东之众，决机于两阵之间，与天下争衡，卿不如我；举贤任能，使各尽力以保江东，我不如卿。"孙权果不负父兄众望，能重用人，能团结人。黄初二年（221年），孙权被封吴王，黄龙元年（229年）称帝，正式建立吴国，进入鼎盛。孙权在位二十四年，也是个高寿之人，享年七十一岁。但是孙权也有个问题，就是选接班人时一直犹豫不决。既亡，孙亮为帝，听信谗言杀了诸葛恪，权落孙峻手中。孙峻死后，其从弟孙綝辅政，孙綝为人强暴，杀人如麻，孙亮虽聪明（第113回）但也是无可奈何，后被孙綝所废，另立孙休为君，孙休使计杀了孙綝。孙休之后是孙皓即位，其人凶暴又好酒色，专行无道，前后十余年杀忠臣四十余人，百姓苦不堪言，终于也是效刘禅舆榇自缚，吴国就这么亡了。

第五条线，东汉。当东汉末年的皇帝哪里是一个"惨"字了得！汉献帝之前的皇帝是他同父异母的哥哥刘辩。刘辩在灵帝驾崩后继位为帝，史称少帝，由于年幼，实权掌握在临朝称制的母亲何太后和母舅大将军何进手中。少帝在位时期，东汉政权已经名存实亡，他即位后不久即遭遇以何进为首的外戚集团和以十常侍为首的内廷宦官集团这两大敌对政治集团的火并，被迫出宫，回宫后又受制于以"勤王"为名进京的凉州军阀董卓。可怜少帝四月登基，九月被废，成为东汉唯一被废黜的皇帝。陈留王刘协继位为帝，是为汉献帝，时年九岁。先为董卓所制，后又在李傕、郭汜眼皮子底下举动荆棘。本望曹操护驾，岂不知前面进狼后面进虎，被迫移驾许都。许田打围，曹操用了他的宝雕弓、金鈚箭，在群臣山呼"万岁"时，曹操纵马直出，遮于自己之前时，也只敢回宫后"泣谓伏皇后"。虽在伏皇后及老丈人伏完的鼓励下，也曾咬破指尖，以血写成衣带诏，终不成大事，其骨气不如伏皇后一个妇人，"旦夕如坐针毡，似此为人，不如早亡"。事败，伏后被乱棒打死，所生二子皆被鸩杀，懦弱而又贪生的献帝册立曹操女曹贵人为正宫皇后。接下来，就是在第八十回，献帝被曹丕废，封为山阳公，非宣召不许入朝。轰轰烈烈的大汉王朝就这样呼啦啦地倒了，不知道这几个小皇帝如何去见列祖列宗。

第六条线，晋。晋是司马氏创建的，在《三国演义》中司马氏初现在第七十三回，"曹操在邺郡闻知玄德自立为汉中王，大怒曰：'织席小儿，安敢如此！吾誓灭之！'即时传令，尽起倾国之兵，赴两川与汉中王决雌雄。一人出班谏曰：'大王不可因一时之怒，亲劳车驾远征。臣有一计，不须张弓只箭，令刘备在蜀自受其祸。待其兵衰力尽，只须一将往征之，便可成功。'操视其人，乃司马懿也。"第八十回曹丕废帝时，"司马懿谏曰：'不可。虽然诏玺已至，殿下宜且上表谦辞，以绝天下之谤。'"再后来司马懿外与孔明斗智斗勇，内与曹氏周旋角力。司马懿是诸葛亮北伐的主要对手，诸葛亮北伐的初期对手是曹真，曹真数败，魏主曹叡不得不重新起用司马懿，加为平西都督（第九十四回），随魏主亲征。司马懿的起复，令孔明大惊："吾岂惧曹叡耶？所患者惟司马懿一人而已。"可见司马懿的实力不容小觑。后来二人你来我往，失街亭、空城计、占渭桥、木牛流马等故事都是千古流传，可以说从第九十四回到一百零四回二人的最后一次博弈是《三国演义》后半部的最大看点之一。司马懿是寿终正寝。嘉平三年秋，司马懿染病，渐渐沉重，"乃唤二子至榻前嘱曰：'吾事魏历年，官授太傅，人臣之位极矣；人皆疑吾有异志，吾尝怀恐惧。吾死之后，汝二人善理国政，慎之！慎之！'言讫而亡"。后面的故事可参照魏之衰来看晋之兴，此消彼长，万古之定律。

二、《三国演义》名场面之"战争"

《三国演义》以大量的篇幅描写了数不胜数、大大小小的战争。

然而我们会发现,《三国演义》中的战争多不在"战"而在"谋"。"温酒斩华雄"算得上三国中家喻户晓的故事,但我们看是怎么描写的:"(关公)出帐提刀,飞身上马。众诸侯听得关外鼓声大振,喊声大举,如天摧地塌,岳撼山崩,众皆失惊。正欲探听,鸾铃响处,马到中军,云长提华雄之头,掷于地上,其酒尚温。"一共就 74 个字,而且这样描写战场的比比皆是,基本就是主将出马,两马相交,只一合,钢刀起处,某将已横尸马下。要不然就是某将"首先登城,斩贼二十余人,贼众奔溃"。再不然就是"其夜大风忽起。二更以后,一齐纵火……贼众惊慌,马不及鞍,人不及甲,四散奔走"。

《三国演义》中的战争更多的是政治、是诡诈、是机谋、是人心,心理战、奔袭、设疑、离间、火攻、空城计、美人计、苦肉计等各种军事奇计纷纷运用。曹操应急佯献刀——随机应变,孙坚换帻脱险境——金蝉脱壳,袁绍诈取冀州城——趁火打劫,王允献貂蝉——美人计,曹操借头息众怨——嫁祸于人,张飞诈醉擒刘岱——兵不厌诈,曹操乌巢烧粮草——釜底抽薪,曹操袖手除二袁——隔岸观火,周瑜假书赚蒋干——反间计,周瑜打黄盖——苦肉计,孔明一纸救江东——围魏救赵,诸葛亮放孟获——欲擒故纵,孔明智胜司马懿——空城计,邓艾奇兵渡阴平——暗度陈仓,等等。这也正是《三国演义》描写战争的精彩之处。

我们先来看看"反间计"。用反间计的地方很多,周瑜以蒋干离间曹操、蔡瑁,后又以黄忠诈降,为火烧赤壁,大败曹操奠定了基础,这个故事已经是老少皆知了。今天我们来看曹操抹书间韩遂(第五十九回)。马超父与弟为曹操所杀,欲起西凉军马复仇。此时,西凉太守韩遂使人请马超往见,拿出曹操书示之,内云:"若将马超擒赴许都,即封汝为西凉侯"。这时的韩遂已决心与马超同进退。马超着实猛,把曹操杀得狼狈至极,感慨"马超不减吕布之勇"。曹操打不过就用计谋，用的就是反间计，一共三步。第一步，曹操在阵前不打，反是和韩遂相谈了一个时辰，这就已经是很蹊跷了。第二步，亲笔作一书，"单与韩遂，中间朦胧字样，于要害处，自行涂抹改易，然后封送与韩遂，故意使马超知之，超必索书来看。若看见上面要紧去处，尽皆改抹，只猜是韩遂恐超知甚机密事，自行改抹，正合着单骑会语之疑，疑则必生乱。我更暗结韩遂部下诸将，使互相离间，超可图矣"。第三步，韩遂为自证清白跟马超说："来日吾在阵前赚操说话，汝从阵内突出，一枪刺杀便了。"怎奈，第二天曹操派曹洪阵前与韩遂相见，说："夜来丞相拜意将军之言，切莫有误"。这下真是更说不清了。马超一定要杀韩遂，再加上杨秋进言投曹的事又被马超探知，内乱之时，曹军杀到，最后马超只剩得三十余骑，望陇西临洮而去。

《三国演义》中的火攻用的也是相当多。大大小小的战争几乎都用到了火，然而说到火攻的名场面那要算官渡之战、赤壁之战、彝陵之战。三次战役都是以少胜多的大战役，又都用火攻，但写来却毫不重复，一者是火烧粮草，一者是火烧连船，一者是火烧连营。

官渡之战双方是袁绍和曹操，曹操起军七万，袁绍将大军七十万，结局是曹操胜。二人战事初起，袁绍谋士沮授就谏言："我军虽众，而勇猛不及彼军；彼军虽精，而粮草不如我军。彼军无粮，利在急战；我军有粮，宜且缓守。"实际上两家打的就是粮草战。奈何袁绍听不进去呀！果然曹操军力渐乏，粮草不继，作书遣人赴许昌问荀彧。荀彧献计。第一步，派徐晃烧了押粮车数千辆；第二步，袁绍疑许攸，许攸投曹操献计烧乌巢；第三步，派五千人马打着袁军旗号，军士皆束草负薪，人衔枚，马勒口，凡过数处皆诈称蒋奇之兵，四更时分，一把火把袁绍粮草辎重的存放地乌巢给烧了。自此，袁绍一步步走向灭亡。

赤壁之战的场面是非常大的，曹操八十三万人马，东吴十万人马，吴蜀胜。我们且看如何六步实现这火烧连船的。第一步，使离间计，使蒋干疑蔡瑁、张允结交东吴，曹操将二人杀了。第二步，孔明草船借箭，解决兵器不足的问题。第三步，兵不厌诈，利用蔡瑁之弟蔡和、蔡中的诈降，黄忠使苦肉计，一百脊杖，打得老黄忠是皮开肉绽，鲜血迸流，动问之人，无不下泪。第四步，阚泽替黄忠去曹营密献投降书。阚泽这个人选得是真好啊，过目不忘、口才敏捷、有胆气，再加上蔡和、蔡中报黄忠受刑，终使曹操相信黄忠乃真降，而且阚泽还可以重回江东，全身而回，真是厉害！第五步，蒋干再入周瑜军营，"巧遇"不得志的庞统，并将其带回曹营，庞统献计："若以大船小船各皆配搭，或三十为一排，或五十为一排，首尾用铁环连锁，上铺阔板，休言人可渡，马亦可走矣：乘此而行，任他风浪潮水上下，复何惧哉？"曹操即时传令，用连环大钉锁住船只。第六步，诸葛亮七星坛巧借东风，黄盖乘顺风望赤壁进发，"黄盖用刀一招，前船一齐发火。火趁风威，风助火势，船如箭发，烟焰涨天。二十只火船，撞入水寨，曹寨中船只一时尽着，又被铁环锁住，无处逃避。隔江炮响，四下火船齐到，但见三江面上，火逐风飞，一派通红，漫天彻地"。

三、三国名场面之英雄

《三国演义》不仅是兴衰的战场，也是谋略的战场，更是英雄的战场。关羽"过五关斩六将"、张飞"威震长坂桥"、赵云"单骑救幼主"、诸葛亮"七擒孟获""空城计吓退司马懿"等真是脍炙人口。《三国演义》英雄辈出，性格鲜明，有血有肉，你方唱罢我登场，江山代有人才出，让人印象深刻的人物不下数百。此间，只挑几个个人关注度比较高的角色做一些分享。

　　主要角色中第一个出场的不是别人，正是刘备（第一回）。这时的刘备二十八岁，"那人不甚好读书，性宽和，寡言语，喜怒不形于色，素有大志，专好结交天下豪杰，生得身长七尺五寸，两耳垂肩，双手过膝，目能自顾其耳，面如冠玉，唇如涂脂，中山靖王刘胜之后，汉景帝阁下玄孙，姓刘名备，字玄德"。刘备后文中所表现出的性格其实在寥寥几句的开场白中已经交代得清清楚楚了。用我们现在的话解释一下就是出身名门但时运不济，相貌"不凡"但有帝王之相，文化不高但城府颇深，虽沦为贩夫走卒但绝非池中之物。这个人也真是命好，见了招募义兵的榜文慨然长叹，旁边就有一人厉声言曰："大丈夫不与国家出力，何故长叹？"此人"身长八尺，豹头环眼，燕颔虎须，声若巨雷，势如奔马"，此乃张飞是也。张飞"颇有资才"，二人饮酒间，又来了一大汉"身长九尺，髯长二尺，面如重枣，唇若涂脂，丹凤眼，卧蚕眉，相貌堂堂，威风凛凛"，是人关羽也。然后三人同到张飞庄上的桃树下结为兄弟。刘备的基本班底就这样搭起来了，也真可谓白手起家。对照着这么个班底再看看曹操和孙权的，我们大概就更能理解刘备为了地盘的忍辱负重以至于使诈和无赖了。

　　曹操的出场是在战场上。话说黄巾军首领张梁、张宝在颍川大败，引败残军士，夺路而走，"忽见一彪军马，尽打红旗，当头来到，截住去路。为首闪出一将，身长七尺，细眼长髯，官拜骑都尉，沛国谯郡人也，姓曹名操，字孟德。操父曹嵩，本姓夏侯氏，因为中常侍曹腾之养子，故冒姓曹。曹嵩生操，小字阿瞒，一名吉利。操幼时，好游猎，喜歌舞，有权谋，多机变"。"有权谋，多机变"就是曹操在《三国演义》中的标签，其权谋、其决断都自此出之。许劭说他是"治世之能臣，乱世之奸雄"。曹操是能成大事之人，被董卓追杀，依然可以说出"燕雀安知鸿鹄志哉"（第四回)。除了魏国的主线故事中,也有很多体现其个性特点的小故事。比如《废汉帝陈留践位 谋董贼孟德献刀》(第四回)说的是曹操随机应变。又比如曹操杀吕伯奢说的是生性多疑,"宁教我负天下人,休教天下人负我"。再比如曹操杀杨修(第七十二回),说的是气度不大,容不得恃才放旷之人。又有曹操杀华佗(第七十八回),也是疑华佗想害他,可怜华佗之术,后人无复见《青囊书》。曹操虽生性多疑,但他还是很有气魄的,比如对待关羽,如果曹操存心想让关羽死,我想十个关羽也没办法过五关。曹操也很能纳谏,他有八大谋士:郭嘉、荀彧、贾诩、荀攸、程昱、司马懿、刘晔、戏志才,还有一众武将和兄弟,这与他的个人品格是分不开的。

孙坚出场的动作可谓一气呵成、酣畅淋漓、英姿飒爽,"孙坚首先登城,斩贼二十余人,贼众奔溃。赵弘飞马突槊,直取孙坚。坚从城上飞身夺弘槊,刺弘下马,却骑弘马,飞身往来杀贼",比电影特技镜头还要帅气。后来程普、黄盖、韩当等齐集麾下。只可惜死得早,幸后有两个争气的儿子孙策和孙权。

论出身,袁绍绝对系出名门,司徒袁逢之子,太傅袁隗之侄。在扶刘辩继位、杀十常侍中立下了汗马功劳,被推为讨伐董卓的盟主,得了冀州。但一手好牌被他打烂,究其原因还是要归于其性格弱且"好谋无断"。官渡之战后一蹶不振,最后落得个家破人亡,连自己的儿媳妇甄氏都入了曹丕的后宫。

吕布是三国中第一能打之人,且生得器宇轩昂,威风凛凛,顶束发金冠,披百花战袍,擐唐猊铠甲,系狮蛮宝带,手执方天画戟。但此人如李肃所言"勇而无谋,见利忘义",而见利忘义之人总是没什么好下场的,一个人战斗力再强,也要三观正才能成事。吕布因董卓杀义父丁原,因貂蝉杀义父董卓,被曹操逼得走投无路时刘备收留了他,而他竟然占了刘备的徐州,把本主赶到了小沛。我们看看吕布打仗的名场面,那可真不是浪得虚名,许褚、典韦、夏侯惇、夏侯渊、李典、乐进齐到,六员大将共攻吕布,吕布依然可以从容回城。"三英战吕布"场面更是好看,"飞抖擞精神,酣战吕布。连斗五十余合,不分胜负。云长见了,把马一拍,舞八十二斤青龙偃月刀,来夹攻吕布。三匹马丁字儿厮杀。战到三十合,战不倒吕布。刘玄德掣双股剑,骤黄鬃马,刺斜里也来助战。这三个围住吕布,转灯儿般厮杀。八路人马,都看得呆了。"但不忠之人终不会有什么好下场,最后栽在了自己身边小人之手,命丧白门楼。

关羽是一个被后世立为神的人物,"忠义"是他最大的标签,他对刘氏政权忠贞不贰,任曹操使何手段也不会背叛刘备。然而在关羽死时,诸葛亮对其有一个很中肯的评价:"关公平日刚而自矜,故今日有此祸。"实际上在很多桥段中,关羽这个人物的行为还是值得商榷的。比如赤壁曹操大败,一路遭截杀,诸葛亮派兵时已料到若令关羽守华容道必然放曹操过去,关羽是立了军令状的(第四十九回),但最后,"云长是个义重如山之人,想起当日曹操许多恩义,与后来五关斩将之事,如何不动心?又见曹军惶惶,皆欲垂泪,一发心中不忍。于是把马头勒回,谓众军曰:'四散摆开。'这个分明是放曹操的意思。操见云长回马,便和众将一齐冲将过去。云长回身时,曹操已与众将过去了。云长大喝一声,众军皆下马,哭拜于地。云长愈加不忍。正犹豫间,张辽纵马而至。云长见了,又动故旧之情,长叹一声,并皆放去。"这如果放在别人身上是必死无疑,但关羽毕竟是刘备的二弟,虽是立了军令状,诸葛亮也是无可奈何。至于为什么失了荆州?是因为傲上而不忍下、刚愎又自负,终是落得身首异处。

赵云是我极其喜欢的一个人物,他的出场是这样的,"看那少年,生得身长八尺,浓眉大眼,阔面重颐,威风凛凛"。他原本是袁绍辖下之人，因见绍无忠君救民之心而投了公孙瓒。尽管刘备非常希望赵云能跟他，怎奈赵云不是那三心二意之人，公孙死后赵云才跟了刘备。赵云的能打绝不在关羽之下，我们看"赵子龙单骑救主"（第四十一回），是忠义与勇猛的化身，只因主公将二夫人与小主人托付给他便不辱使命，"云插剑提枪，复杀入重围，回顾手下从骑，已没一人，只剩得孤身。云并无半点退心，只顾往来寻觅"。赵云力战四将，"手起处，衣甲平过，血如涌泉。杀退众军将，直透重围。"后有诗曰："血染征袍透甲红，当阳谁敢与争锋！古来冲阵扶危主，只有常山赵子龙。"还有第六十一回《赵云截江夺阿斗 孙权遗书退老瞒》，如果没有赵子龙，刘阿斗不知死几回了。赵云真是一个靠谱的人，诸葛亮去江东舌战群儒带的是赵子龙，刘备去江东娶孙尚香带的也是赵子龙。赵云也是众将中唯一得善终的，死讯报于后主，刘禅大哭，"朕昔年幼，非子龙则死于乱军之中矣"，也算后主有良心，下诏追赠大将军。

不同年龄的人读三国会看到不一样的风云际会。最后用《三国演义》中最后一首诗的最后一句来结束自己的感慨："纷纷世事无穷尽，天数茫茫不可逃。鼎足三分已成梦，后人凭吊空牢骚。"

导读

导言：

三国这段历史有晋朝史学家陈寿写的史书《三国志》，南朝宋人裴松之为之作注，也有东晋习凿齿写的史书《汉晋春秋》。同时有关三国的故事一直流传不断，唐朝李商隐的《骄儿诗》"或谑张飞胡，或笑邓艾吃"，可以知道当时已用三国人物作为笑谑的材料。金院本、元杂剧也常常扮演三国故事。《三国演义》就是在上述史书、杂记和平话、戏曲的基础上写成的,作者是罗贯中。

《三国演义》塑造了191个人物形象,其中一些性格鲜明影响深远,诸葛亮的足智多谋、曹操的狡诈多疑、关羽的忠肝义胆、周瑜的恃才自负等早已深入人心,这些历史人物身上的成功与失败既是当时的社会背景决定的,但同时也是人物性格所造成的必然。《三国演义》描写了几十个故事,三英战吕布、草船借箭、火烧赤壁、三气周瑜、七擒孟获、空城计等家喻户晓、妇孺皆知。《三国演义》不是史书,但早已被人们认定为历史故事。

本期共读我们选择人民文学出版社2017年6月印刷的全二册本,共一百二十回。我们以历史事件为大关节来安排共读进度。让我们展开历史的画卷,一起领略波澜壮阔的三国故事。

【《三国演义》共读 Day 1】
今日任务:

今天的阅读是从第一回《宴桃园豪杰三结义 斩黄巾英雄首立功》到第七回《袁绍磐河战公孙 孙坚跨江击刘表》。前七回中,曹、刘、孙三方势力悉数露了个脸。

中国传统文化讲究"三才合一",那么我们来看看东汉末年聚合了怎样的"天地人"。

《三国演义》开篇一句"话说天下大势,分久必合,合久必分",汉朝分为:西汉(约200年)、新朝(王莽,约15年)、东汉(约200年)。西汉共14个皇帝,其中著名的是"三个独角+两个组合",三个独角分别是:汉高祖、汉武帝、汉成帝;两个组合是:文景之治的汉文帝、汉景帝,昭宣中兴的汉昭帝、汉宣帝。王莽在位15年,一天到晚搞改革,点子挺多就是太超前,什么货币改革、土地改革、人人平等、市场改革,整来整去把自己整死了。接下来将近200年的东汉,可以概括为F4、老女人和一群小boy。"光武帝、汉明帝、汉章帝、汉和帝"四代皇帝号称东汉皇家F4，都是皇帝圈的业界良心，尤其是带头大哥光武帝刘秀。F4之后，东汉的局势开始下跌，汉和帝就是这个拐点。太后&外戚套装集齐了窦、邓、阎、梁四个老太太。东汉后期，外戚们喜欢利用小皇帝上位，独霸朝政。小皇帝长大很不爽，想找人来帮忙，谁最合适呢？跟朝中大臣也没说过几句话，所以瞄准了身边的宦官。但是宦官权力一大，就开始干政，于是乎宦官、外戚、士大夫打成了一团，东汉就越来越不行了。

乱世出英雄，乱世求大治，正是在这样一个乱世，我们的主角们纷纷披挂登场。前七回，我们感受到了东汉末年之乱，内有"十常侍"朋比为奸，董卓废帝怀不臣之心；外有黄巾起义，以及各路豪强把持地方，天下真可谓大乱。

前七回中，本书未来的主角还没有成为舞台上的主角，说他们是在跑龙套也行，说他们蓄势待发也可以，总体而言，就是亮了个相。而前七回中，比较可读的故事大概有"桃园结义"（第一回）、"曹操杀吕伯奢"（第四回，"宁教我负天下人，休教天下人负我"）、"温酒斩华雄"（第五回）、"三英战吕布"（第五回）。

思考&讨论：
东汉末年是怎样一个斗争形势？

【《三国演义》共读Day 2】
前情提要：
上一次我们读到东汉末年的大乱之世。我们至少看到这样三股乱势力，第一股是东汉王朝已是大厦将倾、岌岌可危，十常侍以及外戚、董卓扰乱朝纲；第二股是张角等人领导四五十万黄巾军攻城略地，声势浩大；第三股是各地武装力量或以清君侧为名，或以剿灭黄巾军为由，招兵买马不断扩充势力，尾大不掉。乱世出英雄也好，出奸雄也罢，总之各方势力悉数登场。

今日任务：

今天的阅读是从第八回《王司徒巧使连环计 董太师大闹凤仪亭》到第十五回《太史慈酣斗小霸王 孙伯符大战严白虎》。这部分有两大看点。

第一大看点是董卓、吕布这条线。这部分的事业线是吕布为了汉室杀了董卓，感情线是吕布为了貂蝉杀了董卓。

第二大看点是三国局面初显。"治世之能臣，乱世之枭雄"的曹操完成了自己的原始资本积累，其中包括人力资本（第十回曹操抓住机会聚集了自己的核心成员）、政治资本（第十四回奉天子于许都以从众望）；"江东小霸王"孙策尽得江东地面；刘皇叔玄德暂偏安徐州。而且他们身边都各自形成了庞大的人才集团。

在这几回中也有许多人物值得我们关注：董卓、吕布、王允、貂蝉、袁绍、袁术、陈宫等，几个帅哥的出场也让我们眼前一亮：赵云、马超、周瑜、太史慈等。

思考 & 讨论：

如何评价王允的美人计？

【《三国演义》共读 Day 3】
前情提要：

《三国演义》可以说是处处权谋处处坑。袁绍、袁术兄弟俩因"求马千匹。绍不与，术怒，自此兄弟不睦"（第七回）；董卓、吕布义父子因一貂蝉反目，"誓当杀此老贼，以雪吾耻"；李傕与郭汜一对狼狈反目成仇。在三国时人与人之间的关系大都是唯利是从，一会儿为敌一会儿为友，谁跟谁打、谁资助谁军马粮草皆看是否对我有利。

战争是《三国演义》中最重要的情节,如果没有战争,这部书就剩耍嘴皮子了。但大家有没有发现,这些战争的描写几乎没有"兵"什么事,都是"将"在打架,而且每场战争不管大小死几员"大将"绝对是稀松平常之事。"祖茂于林后杀出,挥双刀欲劈华雄;雄大喝一声,将祖茂一刀砍于马下"(第五回),"上党太守张杨部将穆顺,出马挺枪迎战,被吕布手起一戟,刺于马下"(第五回)。"交马数合,惇刺徐荣于马下,杀散余兵。"(第七回)"遣大将严纲为先锋……纲急待回,被麴义拍马舞刀,斩于马下,瓒军大败。"(第七回)

那么在战争中这些大将们用的都是什么兵器呢?刘备用"双股剑",张飞用"丈八点钢矛",关羽用"青龙偃月刀",曹操用"倚天剑",赵云用"青釭剑、亮银枪",典韦用"双铁戟",老将黄忠用"弓",吕布用"方天画戟",纪灵用"三尖刀"……欢迎大家分享三国英雄的独家兵器。

今日任务:

今天的阅读是从第十六回《吕奉先射戟辕门 曹孟德败师淯水》到第十九回《下邳城曹操鏖兵 白门楼吕布殒命》。

我们今天之所以在第十九回做一个分段是因为一个重要人物死了,他就是吕布。

吕布死在第十九回,死得也不怎么壮烈,"宋宪赶退左右,先盗其画戟,便与魏续一齐动手,将吕布绳缠索缚,紧紧缚住","操令将吕布缢死,然后枭首",就此走完了他的一生。吕布,我们曾经说是三国里最能打的,但最能打的为什么这么早就把人生故事讲完了呢?这跟吕布的性格是有很大关联的,我们可以试着用现代手段来分析一下古代人物的性格,这或许对我们今天规避人性弱点有所借鉴。那么我们就通过完整回顾吕布一生的所作所为来分析分析吕布的人格特征吧。

以"霍兰德的人格类型"代码看,吕布应该是什么人格代码呢?实用型 R,研究型 I,事务型 C,企业型 E,艺术型 A,社会型 S。

再从九型人格来看看吕布属于哪一种:1 完美主义者,2 给予者,3 实干者,4 浪漫主义者,5 观察者,6 怀疑论者,7 享乐主义者,8 领导者,9 调停者。

或者从 MBTI 16 型人格出发来看看吕布性格类型的四个字母应该是什么?外向型 E 与内向型 I,实感型 S 与直觉型 N,理性型 T 与感性型 F,系统型 J 与弹性型 P。

后面我们也可以根据人物的"事业"发展,不定期地用更多的方法来评论三国里的人物,也许我们能看出为什么有的人事业有成,有的人一手好牌却打得稀烂。

思考 & 讨论:
分析吕布的人物性格及命运。

【《三国演义》共读 Day 4】
前情提要:

先来回顾一下上次作业中关于吕布性格的讨论。

吕布其实自身条件很好,他在《三国演义》中的第一次亮相是在第三回,"时李儒见丁原背后一人,生得气宇轩昂,威风凛凛,手执方天画戟,怒目而视""卓按剑立于园门,忽见一人跃马持戟,于园门外往来驰骤。卓问李儒:此何人也?儒曰:此丁原义儿,姓吕名布,字奉先者也。主公且须避之"。我们从这一段中可以看出,吕布起点不错,乃荆州刺史丁原的义子;长得也不错,气宇轩昂;本事也了得,方天画戟让董卓都要避之。

但是我们看看吕布这个人的人生经历:被董卓用黄金、明珠、玉带外加赤兔马收买杀丁原引军归顺董卓,而且毫无廉耻,"公若不弃,布请拜为义父"(第三回)。后王允以貂蝉为计,让董吕反目,董卓临死还在大呼"吾儿奉先何在",而吕布一戟直透咽喉(第九回)。接下来,吕布先后投靠袁术、袁绍、张杨,最后在张邈、陈宫策划下入主兖州,与曹操展开数度激战,先胜后败,投刘备。刘备让他屯兵小沛,这家伙趁着刘备从徐州出发打袁术时夺了徐州,刘备回来老家都没了,恬不知耻的吕布把小沛"施舍"给了刘备。后曹操使计令刘备与陈珪父子勾结,这时很显然刘备和曹操结合在一起了。吕布也没闲着,把自己女儿许给了袁术之子,可吕奉先这个嫁女一会儿嫁一会儿不嫁,可见其"反复无信",后来困守下邳,想送都送不出去了(第十九回),最终命丧白门楼。

我们来分析下吕布的性格特点:第一,他还是具有一定的领导力的,不然也拉不起一支队伍;第二,爱听好话,王允以及陈珪父子都是用巧言蛊惑吕布;第三,打但谋略不足;第四,为了达到目的没有廉耻之心,两次认父两次杀父。我个人认为他应该是胆汁质的人(胆汁质的人情绪发生迅速,爆发力很好,同时,情感和情绪消失得也快,情绪趋于外向。智力活动灵敏有力,但理解问题容易粗枝大叶);从霍兰德性格特征来讲他的代码会不会更偏向ERA,他的MBTI会不会是ENFP呢?大家可以展开自己的想象为吕将军画像。

今日任务:

今天的阅读是从第二十回《曹阿瞒许田打围 董国舅内阁受诏》到第二十七回《美髯公千里走单骑 汉寿侯五关斩六将》。

这一部分最大的看点是关羽,这部分我真觉得是关云长的高光时刻,很多场景的画面感极强,如千里走单骑、过五关斩六将。其与各种人物的互动细节,如曹操、张辽、甘糜二夫人等也都能体现其性格,很值得读。

思考 & 讨论：

曹操真的挡不住关羽吗？

【《三国演义》共读 Day 5】

前情提要：

上一期我们读的算是一个过渡桥段，曹操邀天子许田打围，用天子的宝雕弓、金鈚箭，专意弄权的狼子野心已是昭然若揭。袁术死，传国玉玺辗转归操。刘备终于得脱曹操控制归于徐州。其中有一重要关节多数人是一掠而过，那就是刘备、袁绍等人以匡扶汉室为名讨伐曹操，郭图建议驰檄各郡，声讨曹操之罪状，方能名正言顺。于是袁绍遂令陈琳草檄（第二十二回）。陈琳这篇檄文曹操看到后毛骨悚然，出了一身冷汗，可见"刀笔吏"杀人不见血之厉害以及舆论的力量，这篇檄文很值得细细研究。从说理开始，然后从曹操爷爷开始骂起，细数曹操之种种罪责，导致"方今汉室陵迟，纲维弛绝；圣朝无一介之辅，股肱无折冲之势。方畿之内，简练之臣，皆垂头拓翼，莫所凭恃；虽有忠义之佐，胁于暴虐之臣，焉能展其节"，最后号召大家"此乃忠臣肝脑涂地之秋，烈士立功之会，可不勖哉""州郡各整义兵，罗落境界，举武扬威，并匡社稷：则非常之功于是乎著"。

今日任务：

今天的阅读是从第二十八回《斩蔡阳兄弟释疑 会古城主臣聚义》到第三十三回《曹丕乘乱纳甄氏 郭嘉遗计定辽东》。

这段我们要对四世三公的汝南袁家扼腕叹息，真个是"呼啦啦大厦倾"，而且是满门尽灭。

我们回顾一下袁绍的出场。汉灵帝死，何进等人欲杀"十常侍"，"进曰：'谁敢与吾正君讨贼？'一人挺身出……进视之，乃司徒（三公之一，三公为：司马、司徒、司空）袁逢之子，袁隗之侄，名绍字本初，现为司隶校尉"（第二回）。寥寥几句就交代了袁绍的起点有多高。后曹操发矫诏以讨董卓，袁绍引兵三万，离渤海来与曹操会盟，各镇诸侯亦起兵相应，公推绍为盟主，众皆曰"非本初不可"。这是袁绍的一次高光时刻，看看袁绍就职这场面，"次日筑台三层，遍列五方旗帜，上建白旄黄钺，兵符将印，请绍登坛。绍整衣佩剑，慨然而上"（第五回），好不威风啊！后袁绍得冀、青、并、幽，统一了整个河北，他的身边也有很多有才干而且忠心耿耿的谋士，如田丰、沮授等，但最后如何？"绍翻身大叫一声，又吐血斗余而死"（第三十二回）。长子袁谭"引兵出城，与曹军相敌……曹洪奋威突阵，正迎袁谭，举刀乱砍，谭竟被曹洪杀于阵中"（第三十三回）。外甥高干走投无路往投单于不成，"寻思无路，只得去投刘表。行至上洛，被都尉王琰所杀，将头解送曹操"（第三十三回）。次子袁熙、三子袁尚逃至辽东，被公孙康"刀斧手拥出，就坐席上砍下二人之头，用木匣盛贮，使人送到易州，来见曹操"。至此，累世公卿的袁家满门皆亡。

然，一把好牌打成这样绝非偶然。我们单用"纳谏"来比较曹操和袁绍：田丰狱中上书谏绍要静守以待天时，绍因怒，欲斩田丰。我们再来看看曹操，操占冀州后先统计户口，而崔琰说，"'丞相不急存问风俗，救其涂炭，而先校计户籍，岂本州士女所望于明公哉？'操闻言，改容谢之，待为上宾"。此种情况在这几回中比比皆是。

这几回中，讲到了三国中以少胜多的最重要的战役之一，就是"官渡之战"，然而曹袁之战绝不是一战决胜负的，可见的大小战役有近 20 次。

思考 & 讨论：

如果我们带着一种胜败心、一种反思的精神来读此部分，有何体会？

【《三国演义》共读 Day 6】

前情提要：

上回我们读到刘、关、张三兄弟终于相会，刘备新得赵云，关公又得了关平、周仓二人，这个团队"部领马步军校共四五千人"，初具规模，欢喜无限（第二十八回）。江东这边，"小霸王"孙策身中毒箭，又怒斩于吉，二十六岁便撒手人寰。孙策的弟弟孙权继承了父兄基业，由张昭辅佐内事，周瑜处理外事，并招贤纳士，谋图大业（第二十九回）。曹操以少胜多，取得了官渡之战的胜利，为消灭袁绍、统一北方奠定了坚实的基础。袁绍死后不久，四世三公的汝南袁氏最终走向衰落，退出了争霸舞台。

今日任务：

今天的阅读是从第三十四回《蔡夫人隔屏听密语　刘皇叔跃马过檀溪》到第四十回《蔡夫人议献荆州　诸葛亮火烧新野》。

这部分内容主要围绕刘备的崛起展开。刘备早已看出袁绍这人不是做大事的料，趁着打汝南的机会，离开了袁绍。接着被曹操复仇打败了，垂头丧气之际，孙乾建议投奔刘表。于是，刘备带着大部队到达荆州，投奔了刘表（第三十一回）。刘备在荆州一待就是八年，期间被蔡瑁屡次设计陷害，但均化险为夷（第三十四回）。后有单福（即徐庶）来出谋划策，击败了曹仁的部队（第三十五、第三十六回）。在徐庶的离别推荐下，刘备决定前往隆中，寻找卧龙先生诸葛亮，接下来就有了"三顾茅庐"的千年佳话（第三十六至第三十八回）。刘备在得到诸葛亮以后，事业迎来了新转机（第三十九、第四十回）。

这部分内容出现了刘备事业上最重要的助手——诸葛亮。刘备眼中的诸葛亮"身长八尺，面如冠玉，头戴纶巾，身披鹤氅，飘飘然有神仙之概"。刘备前两次访诸葛亮，都没有遇到，第三次带着关羽、张飞一同前往，终于见到了诸葛亮。年仅 27 岁的诸葛亮向 46 岁的刘备献上了"三分天下"的政治蓝图,为刘备势力的崛起指明了方向。

思考 & 讨论:

诸葛亮三言两语就能理清纷乱的时局,他本人也有未卜先知的能力,那么他为何要刘备"三顾茅庐"之后才出山呢?

拓展阅读:

刘备三顾茅庐,诸葛亮为刘备分析了天下形势,提出先取荆州为家,再取益州成鼎足之势,继而图取中原的战略构想。两人的对话相当经典,西晋史学家陈寿在《三国志》中写了《隆中对》来还原二人的谈话内容。《隆中对》是千古名篇,在中国古代的战略思想中具有典范价值。感兴趣的书友可以找原文来读一下,也欢迎大家分享对原文的朗诵,感受一下诸葛亮的高瞻远瞩和远见卓识。

【《三国演义》共读 Day 7】

前情提要:

上一期我们读到了刘备三顾茅庐,喜得卧龙先生诸葛亮相助,确定了事业发展的新方向(第三十七、第三十八回)。孙权为报父仇,率兵袭取夏口,用降将甘宁为先锋,攻杀黄祖。黄祖兵败将亡,被甘宁射杀。孙权大仇得报,将其首级献祭于亡父灵前(第三十八、第三十九回)。刘表病死,蔡瑁假写遗嘱,立次子刘琮为荆州之主。蒯越等人劝刘琮投降曹操,曹操因此得到了荆州(第四十回)。

今日任务:

今天的阅读是从第四十一回《刘玄德携民渡江 赵子龙单骑救主》到第四十八回《宴长江曹操赋诗 锁战船北军用武》。

这部分内容可谓相当精彩。首先是第四十三回中有一场非常经典的辩论值得一看，那就是"诸葛亮舌战群儒"。诸葛亮为联合孙权共拒曹操，奉命出使东吴劝说孙权，与东吴的主降派展开了一场激烈的辩论。这场辩论可以说是教科书式的，面对东吴谋士的轮番攻击，诸葛亮运用举例论证、比喻论证、引言论证、对比论证、归谬反驳、反唇相讥等多种论证方法各个击破。最终，诸葛亮以少胜多，取得了这场辩论的胜利。

这部分内容的另一大看点就是周瑜和诸葛亮的多次交锋。诸葛亮巧妙地改动了《铜雀台赋》中"二乔"二字的含义，使得周瑜决定迎战曹操（第四十四回）。周瑜一方面同意与诸葛亮联合抗曹，另一方面又担心诸葛亮之才会对东吴产生威胁，与其斗智斗勇，于是就有了诸葛亮的"草船借箭"（第四十六回）。

此外，这部分还包含了赤壁之战前夜的各种布局。周瑜使出了借刀杀人、反间计等各种计谋，一步步巧妙布局，让曹操上钩，为后期赢得赤壁之战的胜利打下了基础（第四十五回、第四十七回）。

本次阅读任务中出现了诸葛亮与周瑜的交锋。这两人的特点如下。诸葛亮：神机妙算，运筹帷幄，非常善于说服别人（舌战群儒），也很擅长在战争中用各种奇谋（草船借箭）。周瑜：年轻潇洒，豪放自信，有卓越的军事才干，还勇敢善战（三江口初捷的布置指挥），足智多谋，反间计就是在他夜探曹军后定下的，实施过程步步紧逼，精密周到。

思考 & 讨论：
分析诸葛亮和周瑜之性格。

【《三国演义》共读 Day 8】
前情提要：
上一期我们读到刘备一行在长坂坡遭到曹操夜袭，与部将、家眷失散。赵云单骑救主,七进七出救下阿斗,连斩曹操五十多员大将,威震长坂坡。随后,张飞在长坂桥一声大喝,惊退曹操百万大军。刘备率残兵来到江夏。危急之时,诸葛亮去东吴舌战群儒,并巧用激将法促成孙刘联盟,合力抗曹(第四十一至第四十四回)。周瑜夜探曹操水寨,利用蒋干巧设"反间计",除掉了曹营水军都督蔡瑁、张允(第四十五回)。诸葛亮草船借箭十万,应对了周瑜的刁难(第四十六回)。曹操接受了庞统的"连环计",将战船钉在一起与东吴交战,袁绍的旧将焦触、张南自告奋勇前去挑战,却被吴将韩当、周泰所杀。周瑜见曹操的黄旗被风吹倒,想起一事,口吐鲜血昏倒(第四十七、第四十八回)。

今日任务:

今天的阅读是从第四十九回《七星坛诸葛祭风 三江口周瑜纵火》到第五十七回《柴桑口卧龙吊丧 耒阳县凤雏理事》。

这部分内容的第一大看点是孙刘联军以少胜多取得了赤壁之战的胜利,曹操败走华容道。这部分跟上一次的内容联系比较紧密。"火烧赤壁"之所以能成功得益于周瑜、诸葛亮的各种精心布局,建议大家结合起来看(第四十九、第五十回)。

这部分内容的第二大看点是诸葛亮"三气"周瑜。"一气":赤壁之战第二年,周瑜去夺取荆州,在南郡与曹仁的大战中了毒箭,被诸葛亮调赵云趁机先占了南郡等地,周瑜火气攻心,箭伤破裂(第五十一回)。"二气":周瑜与孙权设下美人计,准备骗刘备至吴而扣下,逼诸葛亮交出荆州;诸葛亮将计就计,使周瑜"赔了夫人又折兵",周瑜再次病发(第五十五回)。"三气":周瑜想用"假途灭虢"之计突袭荆州,又被诸葛亮识破,率兵攻打失败(第五十六回)。

周瑜智勇双全,却在与诸葛亮的多次交锋中惨败。诸葛亮可以说是他一生的宿敌。他心高气傲的性格，使他无法接受这样的失败，最终只得留下"既生瑜，何生亮"的叹息，撒手人寰（第五十七回）。

思考 & 讨论：

试从"官渡之战"和"赤壁之战"曹操的表现，分析曹操性格中的优势和不足。

拓展阅读：

"官渡之战"和"赤壁之战"都是历史上有名的"以少胜多"的战役。曹操是这两次战役中的主要角色，但却收获了截然不同的结局。"官渡之战"中的曹操以少胜多，"赤壁之战"中的曹操却以强败弱。他败走华容道之时，险些丧命，作者用"三笑""一怒""一求""一恸"几个动作，展现了一代枭雄的性格特点。大家可以特别留意第五十回，作者对曹操的动作描写非常传神，"于马上仰面大笑""坐于疏林之下，仰面大笑""在马上扬鞭大笑""忽仰天大恸""捶胸大哭"……一系列夸张的动作，把曹操的形象、性格体现得淋漓尽致。

【《三国演义》共读 Day 9】

前情提要：

上一期我们读到第五十七回，有多少人为周瑜的英年早逝而扼腕叹息，又有多少人为小乔今后的生活而唏嘘不已。好在周瑜身后留有两男一女，"长男循，次男胤，权皆厚恤之"（第五十七回），各位看家可在后续书中留意一下看周瑜后代是否有其父风采。

今日任务：

今天的阅读是从第五十八回《马孟起兴兵雪恨　曹阿瞒割须

弃袍》到第六十五回《马超大战葭萌关 刘备自领益州牧》。

为什么我们这样断呢？因为这一部分有一个大关节，就是刘备终于取了西川，站稳了脚跟，三国鼎立之势成真正的定局。

大家都知道曹操挟献帝于许昌，特别是官渡之战后，取得了青、幽、冀、并四州，占据了大半个中国，长江以北地区尽属曹操。孙权承父兄之业，稳稳地占据了江东这一庞大的地盘，人多且富。唯有刘备，顶着个"皇叔"的名头，走到哪里也善拢民心，但却始终无立锥之地。

回顾刘备的发展过程，真是一部心酸史。他前后大概投过六七人，先是投了陶谦，有了刘备"三让徐州"这个比较有名的故事；后徐州被吕布夺走，曹操让刘备和他一起进攻吕布，事败，只好投奔曹操；之后又投靠过袁绍、投靠过刘表。"三顾茅庐"得遇诸葛亮，又联吴抗曹，借得荆州得以喘息。但不管怎么样，荆州毕竟是从孙权那儿借的，人家东吴天天盯着要，且荆州只是一州而已，如何容得下刘皇叔匡扶汉室的雄心及今后的百万雄兵呢？

本期所读章节跌宕起伏，很多桥断颇为精彩，第五十八回马超逼得曹操割须弃袍，第五十九回曹操用计离间马超、韩遂，第六十回张松过目不忘与杨修唇枪舌剑，第六十一回勇赵云截江夺阿斗，第六十三回庞统中乱箭死于落凤坡，第六十四回请大家关注杨阜之母和赵昂之妻两位忠义女子，第六十五回刘玄德终取西川。

思考 & 讨论：
试分析此三国鼎立之势各方之优势。

拓展阅读：
在六十一回说到曹操在许都威福日甚，长史董昭进言要加"九锡"，你道"九锡"为何物？它是身份的一种象征。"锡"字实为"赐"

字，两字的假借在古文中十分常见。那么是哪九锡呢？车马（可以坐什么车和用什么马拉车）、衣服（可以穿衮冕之服）、乐悬（可以用多少编钟）、纳陛（凿殿基为登升的陛级，纳之于檐下，使登升者不露身）、虎贲（音 bēn，可以用多少近卫军）、朱户（家里大门可以漆成红色）、秬鬯（音 jù chàng，指香酒）、铁钺（能诛有罪者）、弓矢（特制的红、黑色的专用弓箭）。

【《三国演义》共读 Day 10】

前情提要：

上期读至第六十五回，刘备占了西川，三国鼎立，已成可相互制衡之势。乱世之中，除了地盘以外，人才可谓是第一生产力，我们看看这时三方的人才结构，曹操文有荀彧、荀攸、程昱、贾诩等，武有曹仁、曹洪、夏侯惇、夏侯渊、张郃、许褚、徐晃、张辽、李典、乐进等。刘备文有诸葛亮等，武有关羽、张飞、赵云、马超等。孙权文有张昭、鲁肃、顾雍等，武有吕蒙、甘宁、周泰、韩当、程普、黄盖、蒋钦、潘璋、凌统、陆逊等。曹、刘、孙虽性格不同、行事各异，但礼贤下士这一点确实都做得到位。

今日任务：

今天的阅读是从第六十六回《关云长单刀赴会 伏皇后为国捐生》到第七十三回《玄德进位汉中王 云长攻拔襄阳郡》。

本期要读的内容绝对是惊心动魄、跌宕起伏，第六十六至第七十三回，曹操被册封为魏王（第六十八回），刘备进位汉中王（第七十三回），孙权独据江东自称吴侯。此几回中，有两大关键希望大家在阅读中稍加留意，一个是人物性格的描写，还有一个是战争的描写。

在人物性格上，我们要注意的有：（1）关羽，关云长单刀赴会（第六十六回）。（2）张鲁，这个人没什么本事，但是他有一件事做得真可见他的品质，在大势已去之时，从人劝其把粮仓府库都烧了,张鲁曰:"我向本欲归命国家,而意示得达。今不得已而出奔,仓廪府库,国家之有,不可废也。"将国家利益置于个人得失之上,让人深以为敬。(3)杨松,极贪财物,卖主求荣,反被曹操斩于市曹。告诫我们人要有气节,切不可失了根本。(4)左慈和管辂,一个是能腾云驾风、穿山透石、藏形变身的异士;一个是能掐会算,既可知人生死也能知天下大事的能人。(5)杨修,杨修死于第七十二回,"身死因才误,非关欲退兵",这给了聪明人警示,要学会韬光养晦。

在战争上,我们可以关注这样几场大战:一是曹操取汉中。先取阳平关,又下南郑,再占汉中,曹操的几员大将张郃、夏侯渊、许褚、徐晃的仗打得着实精彩(第六十六回)。二是张辽合淝战孙权,杀得是江南人人害怕,闻张辽大名,小儿也不敢夜啼(第六十七回)。三是甘宁在濡须口劫曹营,在曹营内纵横驰骤,不折一人一骑(第六十八回)。四是刘备与曹操的汉中争夺战,看点极多。张飞VS张郃,张飞智取瓦口关(第七十回);老将黄忠、严颜VS张郃(第七十回);黄忠VS夏侯尚、韩浩;严颜VS夏侯德;黄忠、法正VS夏侯渊;赵云单枪匹马三入曹营救出黄忠、张著,无人敢阻,自此得号"虎威将军"。最终曹操弃汉中而走,刘备受文武官员拜贺,成为汉中王。

思考 & 讨论:

汉中争夺战中真正的指挥官是孔明和曹操,二人体现了怎样的个人特质,为后续的故事桥段留下怎样的伏笔?

【《三国演义》共读 Day 11】
前情提要:

上一期我们读到第七十三回,这一段可谓是惊心动魄,以曹操、刘备、刘权为主角的三国局面进入鼎盛。这几回主要写的是曹操与刘备的角力。其中有猛张飞智取瓦口隘，诸葛亮智取汉中，关云长攻拔襄阳郡，刘备终于在汉中称王。

今日任务：

今天的阅读是从第七十四回《庞令明抬榇决死战 关云长放水淹七军》到第八十一回《急兄仇张飞遇害 雪弟恨先主兴兵》。

我们将以完全不同的心情来感受主人公的命运。我们会看到叱咤风云的英雄也好、奸雄也罢，在万般期待中徐徐拉开大幕，又无奈地谢幕。庞德被关羽"喝令刀斧手推出斩之"（第七十四）；关羽、关平败走麦城，为孙权所俘后，左咸进言，"若不即除，恐贻后患"，父子皆遇害于此（第七十七回）；王甫、周仓见关公父子首级，一个大叫一声堕城而死，一个自刎而亡（第七十七回）；江东第一谋臣、智勇双全的吕蒙被关公附体，七窍流血而死（第七十七回）；一代枭雄曹操杀了华佗后，病势愈重，在做了最后的叮嘱之后，长叹一声，泪如雨下，气绝而亡，享年六十六岁（第七十八回）；曹魏名将、大将军夏侯惇病死（第七十九回），曹丕为其挂孝，以厚礼殡葬，终得善终；张飞本欲为兄长关羽报仇，但却被二宵小"以短刀刺入飞腹，飞大叫一声而亡"（第八十一回）……真个是千古风流人物，一时多少豪杰，都随滚滚长江奔流到海不复回。

在此几回目中，除了能感受到英雄末路时的凄凉与悲壮，我们亦可读到很多流传千古的故事：如第七十四回庞德抬榇示忠心；第七十五回关云长刮骨疗毒，吕蒙用计夺荆州；第七十六回关云长败走麦城；第七十八回华佗为曹操所杀，《青囊书》失传；第七十九回曹植七步成诗；等等。

这几回是整部书转折的大关节。除了在第八十回曹丕废汉献帝登了帝位，国号大魏，以及刘备改元章武即皇帝位外，我们还能看到一代人渐渐隐去，又一代人粉墨登场。司马懿足智多谋，关、张后代关兴、张苞如初生牛犊，曹操长子曹丕初登大宝，陆逊（孙策之婿）崭露头角……江山代有才人出啊！

思考 & 讨论：

孔明评关公语"关公平日刚而自矜，故今日有此祸"，我们该如何评价关羽的性格？张飞一代猛将、赤胆忠心，但却常醉酒鞭笞士卒，最终也是死于此，我们该如何看待张飞之死？

【《三国演义》共读 Day 12】

前情提要：

上一期我们看到在历史的风云变幻中你方唱罢我登场，曾经的辉煌与灿烂终化成墓碑上的铭文、勾栏瓦肆里讲唱的传奇。话说上一回，刘备失了关羽、张飞二弟，统精兵七十万御驾亲征，孙权及东吴百官尽皆失色、面面相觑。为何东吴如此惊慌失措？因为偌大的东吴真的是没有统兵之人了。

今日任务：

今天的阅读是从第八十二回《孙权降魏受九锡 先主征吴赏六军》到第八十六回《难张温秦宓逞天辩 破曹丕徐盛用火攻》。

此段我们重点读两场战争，一场是蜀吴之战，一场是蜀魏之战。

我们先来看第一场蜀吴之战。为什么我们说东吴真的是没人了呢？先来看看第一阵容，没几个认识的：左都督主帅孙桓时年25岁，右都督为虎威将军朱然，主将李异被关兴一刀劈于马下，谢旌被张苞一矛刺死，谭雄被张苞斩首沥血祭了死马，崔禹被张苞生擒后斩杀，孙桓引败军受困于彝陵。接下来东吴只能把老将韩当、周泰、潘璋（冤家路窄在一农户家遇到关兴，被取心沥血祭祀了关公）、凌统派出去了，连患着痢疾的甘宁都不得不带病从征（被沙摩柯一箭射中头颅，坐于大树下而死）。我们再来看看刘备这边，真可谓生猛啊：吴班、关兴、张苞、张南、冯习外加老将黄忠（尚食肉十斤，臂开二石之弓）。然而蜀汉这一大好局面被一个人的出现终结了，这个人就是新生代东吴又一任大都督——陆逊，人还是那帮人，但将却不再是那个将，陆逊火烧七百里连营，来了个大反转，刘备托孤白帝城。

第二场战争是蜀魏之战，如果说上一战重在陆逊的"打"，那这一战重在孔明的"谋"，魏主曹丕起五路大军欲趁刘备新亡伐蜀。大家细看看是哪五路，而孔明又是如何破的。因马超乃西凉人士，遂使马超守西平关（一路）；遣魏延用疑兵之计迷惑孟获（二路）；用李严与孟达的生死之交将其牵住（三路）；调赵云守阳平关，利用地势阻住曹真（四路）；最后一路使邓芝陈利害于吴，吴蜀再次联合，魏主曹丕终大败而回。

思考 & 讨论：
列出此时魏、蜀、吴三国的文臣武将。

【《三国演义》共读 Day 13】
前情提要：

话说我们上回读到了故事的大转折，老一代英雄纷纷谢幕，新生代力量崭露头角。蜀吴之战、蜀魏之战打得天翻地覆，三方均投鼠忌器，互相勾连又互相争斗。不管胜负如何，大战之后都需休养生息、相机而动。接下来，是三国故事中可以独立成章的一个小插曲，诸葛丞相保后主刘禅于成都，事无大小，皆亲自从公决断，两川之民，忻乐太平，军需器械应用之物无不完备，米满仓廒，财盈府库。诸葛丞相正考虑着兵强马壮了打谁，一个小人物登场了，"建兴三年，益州飞报，蛮王孟获，大起蛮兵十万，犯境侵掠"（第八十七回），于是就上演了妇孺皆知的"七擒孟获"。

今日任务：

今天的阅读是从第八十七回《征南寇丞相大兴师 抗天兵蛮王初受执》到第九十一回《祭泸水汉相班师 伐中原武侯上表》。

这几回主要讲了七擒七纵孟获的故事。哪七擒七纵呢？

一擒一纵（第八十七回）：这一回写了孟获之形状，"头顶嵌宝紫金冠，身披缨络红锦袍，腰系碾玉狮子带，脚穿鹰嘴抹绿靴，骑一匹卷毛赤兔马，悬两口松纹镶宝剑"，真是好不威风。怎奈"孟获抵敌不住，被魏延生擒活捉了"，这是"一擒"。孟获不服，"两川之地，皆是他人所占土地，汝主倚强夺之，自称为帝。吾世居此处，汝等无礼，侵我土地，何为反耶？"诸葛丞相放了他，这是"一纵"（私认为孟获说的是实情）。

二擒二纵（第八十八回）：孟获本欲靠泸水之险和蜀人受不过酷热不战而胜，奈何天算不如人算啊，蛮将董荼那等受丞相不杀之恩，将孟获绑了来见孔明。孟获这次不降的理由就有点牵强了，"某虽肯降，怎奈洞中之人未肯心服"，于是孔明又把他放了。

三擒三纵（第八十八回）：这一回孟获竟是自不量力用弟弟孟优使诈，想里应外合，结果反中了孔明之计，好不容易逃到泸水河边，被马岱扮作蛮兵给擒了。这一次孟获不认输的理由就有点拎不清自己几斤几两了，"此乃吾弟贪口腹之故，误中汝毒，因此失了大事。吾若自来，弟以兵应之，必然成功"，理由虽烂但孔明又放了他。

四擒四纵（第八十九回）：孔明排兵布阵,孟获等人踏入陷坑，被魏延引军一个个拖出，用索缚定。这一回，孟获倒是没找什么理由，"若敢再放吾回去，必然报四番之恨"。孔明又放了他。

五擒五纵（第八十九回）：彼时孟获已经没什么去处了，只好去投了秃龙洞朵思大王。到此洞有两条路，朵思大王封了好走的一条路，另一条路上无可饮之水又有瘴气，还有四个"毒泉"——哑泉、灭泉、黑泉、柔泉，本以为可借地利而却丞相之兵。奈何天不灭人灭，孟获之兄孟节帮孔明破了这四泉，而孟获又被内鬼二十一洞主杨锋所擒。这一次孟获有点无理取闹了，扬言说自己要回到祖居的银坑山中再战，如再受擒当子子孙孙倾心服侍。于是孔明又把他放了。

六擒六纵（第九十回）：这一回孟获之妻祝融夫人亲自出马，其"背插五口飞刀，手挺丈八长标"。又请八纳洞主木鹿大王来助阵，但都被孔明给破了。无奈之下，孟获又犯了自作聪明的毛病，让自己的弟弟把自己和祝融夫人绑了来诈降。这种小把戏一眼就被孔明看穿，令刀斧手绑了。这回孟获不服的就有点不要脸了，"此是我等自来送死，非汝之能也"。不服就不服，孔明又把他给放了。

七擒七纵（第九十回）：这次孟获请了"藤甲军"，怎奈藤甲涂有桐油，不耐火，又为孔明所破。这一次孟获终垂泪言曰："七擒七纵，自古未尝有也。吾虽化外之人，颇知礼义，直如此无羞耻乎？"

通过七擒七纵，诸葛亮终于成功平定南中（就是今天的云南及四川部分地区）。

思考 & 讨论：
为什么孔明要七擒七纵而不是杀孟获？

【《三国演义》共读 Day 14】
前情提要：

上一回我们读了一个小插曲：七擒孟获；留了个小作业：为什么诸葛亮不杀孟获，实际上在书中诸葛亮自己已经给出了答案，他要用"蛮人治蛮"，如置官吏有"三不易"（第九十回）。诸葛亮要内部稳定，南方稳定了他才有可能去实现更大的理想——伐魏平吴，恢复汉室。其所思所虑可见于《出师表》，此乃诸葛亮的泣血之作，其间可见忠心耿耿、殚精竭虑。

平了川南，又恰逢诸葛亮所忌惮的司马懿遭贬，千载难逢的大好机会，诸葛亮怎能错过？于是就有了诸葛亮三出祁山。一场精彩绝伦的诸葛亮和司马懿之间的较量拉开大幕。

今日任务：

今天的阅读是从第九十二回《赵子龙力斩五将 诸葛亮智取三城》到第九十八回《追汉军王双受诛 袭陈仓武侯取胜》。

第九十二回的看点是诸葛亮出师大捷，得安定，入南安，攻天水。我们一看诸葛亮排兵用计，二看赵云宝刀不老，三看小将驰骋疆场。但在这一回里最让人唏嘘的就是西凉大将韩德父子五人一战皆亡，真让人肝胆皆裂。

第九十三回的看点主要是姜维姜伯约，姜维不仅可以将计就计赚得诸葛亮，而且枪法好得连赵云都惊叹不已。虽然诸葛亮不是用计而是使诈，实在有点上不得台面，但不管怎样姜维还是降了。自此诸葛亮有了接班人，蜀汉也完成了新老间的无缝衔接。这一回还有一个好看的就是诸葛亮骂死王朗，这得是多大的气性呀！

第九十四回的看点是诸葛亮用计破了羌人的铁车。诸葛亮累获全胜，但真正的较量才刚刚开始。魏主曹叡启用了司马懿，加为平西都督，其上任三把火，第一把火就把诸葛亮进中原的最有利之人孟达给灭了。

第九十五回的看点是两个故事，一个是"失街亭"，一个是"空城计"，高手过招煞是好看。结果是诸葛亮退回汉中，一出祁山以失败而告终。

第九十六回是个过渡章节，无甚大的波澜。诸葛亮回到汉中，罪己，自请降职，养精蓄锐。魏和吴打了一仗，结果大败，这就给诸葛亮再出祁山提供了窗口。

第九十七回，诸葛亮再上《出师表》，起三十万精兵再出祁山（出发前赵云二子来报丧，真真痛煞读书人也），径奔陈仓道口（回望第九十六回，司马懿道，"臣已算定今番诸葛亮必效韩信暗度陈仓之计，臣举一人往陈仓道口"）。大战一触即发，先是靳祥说郝昭不成，再又是王双劈了谢雄、斩了龚起、伤了张嶷，蜀军受挫，后姜维诈降、费耀自刎算是扳回一局。

第九十八回煞是好看。魏军主帅虽是曹真，但真正的指挥者实为司马懿，两方你来我往、兵来将挡，上演了一场智慧与速度的较量。列位可细细读之，如有兴趣还可以画一张双方的布阵图，看看诸葛亮是如何取陈仓和散关的。

思考 & 讨论：
第九十七回罕见地写了几次"孔明大怒"，试析孔明的心态变化。

【《三国演义》共读Day 15】
前情提要：
上一次的阅读可谓看点颇多：七旬赵子龙再建奇功，力斩五将（第九十二回）；诸葛亮用计赚姜维，有了自己的接班人（第九十三回）；"马谡失街亭""空城计""挥泪斩马谡"等耳熟能详的故事一一上演（第九十五、第九十六回）；第九十七回令无数赵云粉丝痛心，常山虎将赵云病逝，蜀国上下皆哀痛；紧接着孙权称帝，联合蜀国伐魏，诸葛亮第三次出祁山（第九十八回）。

今日任务：
今天的阅读是从第九十九回《诸葛亮大破魏兵　司马懿入寇西蜀》到第一百零五回《武侯预伏锦囊计　魏主拆取承露盘》。

本次的阅读重点还是诸葛亮与司马懿之间的多次斗智。

看点一：诸葛亮出祁山的后续。上一回我们已经读到了孔明第三次出祁山。这部分我们将看到出祁山的后续及结局（第一百至第一百零四回），这里有诸葛亮和司马懿两大军事家的精彩对决。"六出祁山"实质上是诸葛亮为夺取关中，进图中原，在渭水流域对魏军的多次进攻作战。这场战争时间长达7年之久，虽苦心筹谋，但最终因国力不济等原因，致师劳而功微。

看点二：秋风五丈原。第一百零四回，诸葛亮病危，禳星不成，遂将生平所学传授给姜维，并做好身后的军事安排。建兴十二年八月，诸葛亮病逝于五丈原，时年五十四岁。"出师未捷身先死，长使英雄泪满襟"，诸葛亮对于蜀汉政权可以说是"鞠躬尽瘁，死而后已"，甚至在他死后都以锦囊计杀魏延，护蜀国周全（第一百零五回）。自刘备"三顾茅庐"以后，诸葛亮的一生都在为蜀汉筹谋、奔走。刘备去世后，他对内勤修政事，发展生产，七擒孟获平定南方叛乱，获得了一个稳定的后方；对外与吴交好，六出祁山，北伐征魏，意图完成问鼎中原的大业。只可惜，大业未成，就在五丈原相星陨落，可悲可叹。

思考&讨论：

鲁迅曾说："《三国演义》至于写人，亦颇有失。以致欲显刘备之长厚而似伪，状诸葛之多智而近妖。"大家在阅读过程中有没有这样的感受呢？欢迎交流讨论。

【《三国演义》共读 Day 16】

前情提要：

上一期我们读到诸葛亮病逝于五丈原，六出祁山的北伐战争也因诸葛亮的离世而告终。

随后一段时间，三国各自罢兵，休养生息。曹叡耽于声色，在许昌大兴土木，建造宫殿，劳民伤财，怨声不绝；又欲长生不老,派马钧赴长安拆取汉武帝时修建的柏梁台上之铜人、承露盘,众官谏诤,曹叡不听。

今日任务:

今天的阅读是从第一百零六回《公孙渊兵败死襄平　司马懿诈病赚曹爽》到第一百一十三回《丁奉定计斩孙綝　姜维斗阵破邓艾》。

随着一众帝王、将军、谋士的下线,从本期阅读内容开始,我们会看到很多新面孔,三国之间的斗争还在继续。本期的主要看点是后起之秀姜维、邓艾之间的精彩对决以及魏国、东吴政权内部的更替。

看点一:姜维和邓艾的对决。蜀将姜维继承了诸葛亮遗志,继续北伐,进图中原。夏侯霸投靠姜维时曾提到,"魏国新有二人,正在妙龄之际,若使领兵马,实吴、蜀之大患也"。这里提到的二人,一个是钟会,另一个就是邓艾。邓艾幼年丧父,素有大志,人生的转折点在于受到了司马懿的赏识。这个有点口吃的青年,文武双全,深谙兵法,在曹魏西边战线与姜维交战多年,可以说是姜维一生的克星。

看点二:魏国政权的风云巨变。魏景初三年春,曹叡病死,临终前将幼子曹芳托付给司马懿,并封曹真的儿子曹爽为大将军,总摄朝政(第一百零六回)。司马懿以谋反罪将"曹爽兄弟三人并一干人犯,皆斩于市曹,灭其三族"。曹芳封司马懿为丞相,令他和两个儿子司马师、司马昭同领国事,魏主政归司马氏(第一百零七回)。司马懿病逝,司马师、司马昭掌管魏国大权(第一百零八回)。司马师常常带剑上殿,所有大事皆自行决断,并不启奏曹芳。曹芳想除掉他,于是写下血诏,密传宫外,不想被司马师搜出。事情泄露,夏侯玄等人被诛灭三族。随后,司马昭废曹芳为齐王,另立高贵乡公曹髦为帝(第一百零九回)。司马师眼瘤发作,不治身亡,死前将国事交给弟弟司马昭。曹髦封司马昭为大将军。从此，魏国大权均归司马昭（第一百一十回）。

看点三：东吴政权的更替。江东霸主孙权病逝，孙亮即位（第一百零八回）。大将军孙綝飞扬跋扈，吴主孙亮与全纪密谋除掉孙綝。全纪的母亲泄了密，全纪全家被杀，孙亮被废为会稽王。孙权的第六子孙休即位后，与老将军丁奉定计斩了孙綝（第一百一十三回）。

思考 & 讨论：

三国后期，战场上值得一看的大将非姜维和邓艾莫属，大家可以分析一下，这二人分别有怎样的性格特点和作战优势？

【《三国演义》共读 Day 17】

前情提要：

上一次我们读到了第一百一十三回，魏国主政尽归司马氏，当年曹操控制汉室的手段，现在竟然被司马氏用在了自己子孙身上，也是因果轮回。江东霸主孙权撒手人寰，东吴失去了最强有力的领导，开始了疯狂内斗。姜维继承了武侯诸葛亮的遗志，继续进图中原，与魏国将领邓艾斗智斗勇。

今日任务：

今天的阅读是从第一百一十四回《曹髦驱车死南阙 姜维弃粮胜魏兵》到第一百二十回《荐杜预老将献新谋 降孙皓三分归一统》。

这是我们最后一次的阅读任务，三国的故事也将迎来大结局。姜维继承诸葛亮的遗愿，多次与魏作战，但由于蜀帝刘禅昏庸，徒劳无功，蜀汉被灭。随后，司马炎夺了曹魏政权，建立了晋朝。最后，东吴灭亡，三国归晋，天下统一。

这一期的内容也有很多看点，值得一读。

看点一：邓艾偷渡阴平。司马昭派钟会、邓艾各起大军，浩浩荡荡杀向蜀国。钟会先取了汉中，却被姜维挡在了剑阁外（第一百一十六回)。邓艾父子准备偷渡阴平,取成都。钟会不以为然,"笑艾不智"。然而为什么说"偷渡阴平"是个奇招?一方面阴平是一条非常险峻的道路,一般人不敢过,诗中是这样描写的"阴平峻岭与天齐,玄鹤徘徊尚怯飞";另一方面,姜维被钟会牵制,若回头支援成都,则钟会亦会灭蜀。只要邓艾偷渡阴平成功,姜维无论怎么选择,蜀国都难逃被灭。"偷渡阴平"可以说是邓艾军事生涯的巅峰一战,直接让邓艾成了灭蜀第一功臣(第一百一十七回)。

看点二:二士争功,两败俱伤。这个桥段发生在第一百一十八、第一百一十九回,所谓"二士"指的是邓艾(字士载)和钟会(字士季),他们的字里面都有个"士"字。司马昭遣钟会、邓艾分路伐蜀。钟会取了汉中;邓艾偷渡阴平,取了成都。灭蜀后,钟、邓争功,姜维从中用计,邓、钟二人相继被杀,姜维也死于乱军之中。事实上,早在邓艾偷渡阴平后,看到诸葛亮题的一个石碣,上面的词句已经暗示了这一悲剧的结局,"二火初兴,有人越此。二士争衡,不久自死"。这里的"二火"指的是司马炎,"二士"即邓艾、钟会。诸葛亮虽逝,却早已料到后世之事。若孔明在世,邓艾未必能偷渡阴平,当然这是后话了。

此外,还有"武侯显圣定军山"(第一百一十六回)、刘禅"乐不思蜀"(第一百一十九回)等精彩内容。

思考 & 讨论:

《三国演义》中的君主、谋士、将领都很有特点,阅读过程中有哪些人给你留下了深刻的印象呢?

最后为大家附一张以时间为主线的思维导图,帮助大家回顾《三国演义》的主要情节和人物,也欢迎大家分享自己对本书的总结。

(导读人:孙莉玲 武秀枝 蒋辰)

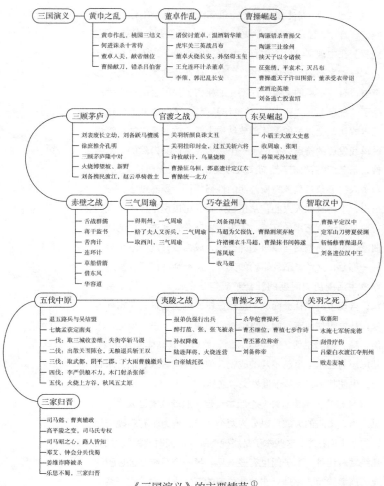

《三国演义》的主要情节[1]

参考阅读：

罗贯中.《三国演义》.人民文学出版社.2017年版.

---

[1] 图片来源：https://zhuanlan.zhihu.com/p/352273419?utm_id=0。

《红楼梦》，是中国文学史上最伟大、最复杂的作品。其作者曹雪芹，也是中国文学史上最伟大、最复杂的作家。《红楼梦》在中国文学史上占有举足轻重的地位。这不仅在于它艺术成就之高超、流传范围之广泛，还在于这本来就是一部奇书，有说不尽的玄机、探不完的秘密，并因之而在后世产生了"红学"和"曹学"。单就作品而言，《红楼梦》的伟大艺术成就是全方位的。从情节结构上看，改变了以往长篇小说单线发展的特点，创造了一个宏大完整而又自然的艺术结构，条条经纬清晰了然而又犬牙交错；从人物塑造上而言，众多人物形象各具独特而鲜明的性格特征，跃然纸上，呼之欲出，不朽且深入人心；从语言上看，可以说是代表了我国古典小说语言艺术的高峰，不仅入木三分，就连其中的诗词曲赋，也既能做到与叙事融为一体，成为故事展开不可分割的一部分，又活灵活现、恰如其分；从社会性而言，反映了作者生活的历史时期的社会矛盾与各个社会阶层的生活现状，再现了封建社会面临的重重危机，也生动描写了市井万象；从思想性而言，始终贯彻着中国思想史上占主要地位的儒、释、道的主线，并且以人物、故事将其具体表现出来。其思想与艺术上卓越不凡的成就，使其焕发着永远的艺术魅力，也使其始终傲然于世界文学之林。

《红楼梦》流传有许多个版本，但一些珍藏本世人再难一见。当下出版的大致可以分为两个系统，一为带有脂砚斋批语的八十回抄本，这些本子是脂砚斋等人不同时期评阅过的，几经辗转传抄，本子间也有些差异。另一个系统是经过程伟元、高鹗续写、整理、删补并刻印的百二十回本，这个系统去除了脂砚斋等人的批语，部分回目名称也与脂评本名称有出入，两个系统的优劣是非一直是红学家们争论的话题。除此之外，人物的命运究竟如何，书到底有没有写完，后四十回是否还能面世，也一直是人们争论不休的话题。

《红楼梦》
曹雪芹

书评

满纸荒唐言，一把辛酸泪

——孙莉玲

对于《红楼梦》这样一部著作，我们只能用"伟大"来形容它。此书自乾隆年间出于北京，虽然作者说此书的年代、背景无据可考，但这是一本实实在在的写实小说，把封建王朝中以贾家为代表的家族兴衰写得淋漓尽致。此后200多年的时间里，有无数的红学家、曹学家从各个角度来研究、品评《红楼梦》，或赏读、或评议、或题咏、或指点、或研究、或著述、或索引，各类文章、著作可谓汗牛充栋，大概没有别的哪一部文学作品可以引起这么多人如此热切的关注吧。不仅是研究者，《红楼梦》几乎成了所有中国人的必读书目，人们在阅读中可以产生鲜明的对人物的喜好以及哀叹唏嘘，也会因后四十回的遗失而惋惜，或因此而产生对后四十回人物命运的无限遐想。《红楼梦》值得反复读，每读一次,我们都会有不同的发现。《红楼梦》值得在不同的年龄阶段读,每一段人生经历都会加深我们对人物命运的理解。毛主席说:"《红楼梦》不仅要当作小说看,而且要当作历史看""这本书,你要看五遍才有发言权"。

一、《红楼梦》的作者

一部书当然首先要搞清楚作者是谁,他的生卒年,他的人生经历与生活背景,因为这些毫无疑问的是与著书的年代背景、所倾注的思想感情、所反映的时代特征息息相关的。然而,《红楼梦》这本书的作者却一直如谜一般。关于《红楼梦》的作者,一直有多种提法。俞樾说:"《红楼梦》一书,世传为明珠之子而作",清人徐柳贾说:"小说《红楼梦》一书即记故相明珠家事",1917年钱静方写《红楼梦考》成了这一派的代表,他说:"宝玉固全书之主人翁,即纳兰侍御也。"他认为"黛玉葬花一段,亦从其词中脱卸而出。"这里的"词"指纳兰性德的《饮水词》。

胡适二十来岁写《藏晖室札记·小说丛话》,谈到《红楼梦》的作者时说:"《石头记》作者不知何人,然决非曹雪芹……"他依据的是《红楼梦》的楔子,即在此书开端第一回有云:"列位看官,你道此书从何而来?说起根由,虽近荒唐,细谙则深有趣味,待在下将此来历注明,方使阅者了然不惑……"此段拉拉杂杂地写了石头、写了空空道人,而且还有名有姓地写了吴玉峰、孔梅溪和曹雪芹,使人以为曹雪芹不是唯一的作者,以至于有一种观点认为,曹雪芹和所列诸人一样,只是一个"编辑",在其之前已有了原书。1921年,胡适写《红楼梦考证》时,关于《红楼梦》的作者,他写道:"大概石头与空空道人等名目都是曹雪芹假托的缘起,故当时的人多认这书是曹雪芹做的。"这说明尽管关于

《红楼梦》的作者有多种考据,但时人多认为作者就是"曹雪芹"。此时,胡适也已经认同了曹雪芹是《红楼梦》的作者,认为吴玉峰与孔梅溪同是故设疑阵的假名,而且查到《随园诗话》中有一条"康熙间,曹练亭为江宁织造……其子雪芹撰《红楼梦》一部,备记风月繁华之盛。"《随园诗话》作者袁枚是乾隆时的,离曹雪芹不远,他写《红楼梦》是曹雪芹作的,是可以作为依据的。现在的通行本大都已经基本接受了《红楼梦》的作者是曹雪芹,而且从脂砚斋等人的评注中我们可以知道,其实在作者去世前《红楼梦》已经成书且有百二十回。提及此,所有的红学爱好者无不既因不能见其完整而心中大恸,又怀有一丝幻想,希望有一天从残垣断壁中发现完整的抄本。

曹雪芹何许人也?其祖上原是汉人,很早就入了满洲旗籍,一直居于"包衣"的奴才地位,但跟随主子征战南北立有战功,特别到康熙时,曹玺的妻子孙氏为康熙的乳母,曹寅为康熙的伴读。曹家深得康熙皇帝的宠幸,六下江南中四次就住在曹家。从曹雪芹的曾祖曹玺开始,经祖父曹寅到父亲、叔叔,几代皆任江宁织造、两淮巡盐监察御史等官职。雍正上台后,为巩固自己的势力,便打击政敌,曹家也在其内。雍正五年,曹雪芹的叔父曹𫖯被雍正帝以织造亏空、转移财产等罪名革职入狱,次年正月,雍正帝又下令对其家族进行抄家。这次抄家后曹家还没有落到困苦非常的境地,所谓"百足之虫,死而不僵",其在北京还保留少数财产,于是举家由南方迁往北京,勉强维持着小康生活。乾隆继位后,对雍正的某些政策有所改变,曹家似乎解除了政治犯的罪名。可是乾隆四年,宫廷内的斗争又祸及曹家,家境日益败落。在乾隆十几年,曹雪芹"举家食粥酒常赊",贫居在北京西郊一带,靠卖画和朋友们接济度日。就是在这艰苦岁月里,他呕心沥血地进行着不朽巨著《红楼梦》的创作。可惜由于伤痛幼子的早逝，加之生活贫困，曹雪芹未满五旬即去世了，时间大约是乾隆二十七年或二十八年，真正是"千古文章未尽才"。

二、《红楼梦》的故事

要说《红楼梦》的故事，得把它分为前八十回和后四十回来说。先说前八十回。从第一回《甄士隐梦幻识通灵，贾雨村风尘怀闺秀》至第八十回《美香菱屈受贪夫棒，王道士胡诌妒妇方》止。后四十回，现在通用的是程伟元、高鹗的续本，乾隆五十六年、五十七年先后以木活字排印行世，第八十一回的回目是《占旺相四美钓游鱼，奉严词两番入家塾》，第百二十回的回目是《甄士隐详说太虚情，贾雨村归结红楼梦》，其思想性和艺术性较原著已大相径庭，然与其他同时或后来的续书相比，则自有其存在之必要，故至今仍能附原著以传。王蒙在《话说〈红楼梦〉后四十回》中是这样讲的："虽然红楼梦不是推理小说，造谜与破谜的道理却有相通之处，精彩的谜语令人感到惊叹，往往是在亮出谜底之前，这样红楼梦前八十回之伟大，自然使我们为后四十回之轶散而长叹。同样前八十回之伟大，也完全可能成为后四十回写不下去、写不完、写出来了也大不如前的根本原因。"

《红楼梦》以贾史王薛四大家族的兴衰主线，但故事没有直接写家族的兴衰，而是围绕着许多女子的命运展开。虽然我们不能看到故事的最终结局，但实际上，通过金陵十二钗正册、副册、又副册的判词和十二支曲子，已经交代了最重要的女性角色的命运，这也是小说结构特殊的地方，把故事结局放到前面来写。第五回实际是这部近百万字小说的真正的开头：宝玉倦怠，欲睡中觉。贾母命人好生哄着。宝玉做了一个梦，梦到了一个叫作太虚幻境的地方，在那里他看到十数个大厨，皆用封条封着，只见那边厨上封条上大书七字云"金陵十二钗正册",下边二厨则又次之,写着"金陵十二钗副册",又一个写着"金陵十二钗又副册"。他一一打开,在每册里都会看到一幅画,后写有几句诗。那些诗,是他一生中碰到的女性的命运。如正册头一页上便画着两株枯木,木上悬着一围玉带;又有一堆雪,雪下一股金簪。也有四句言词,道是"可叹停机德,堪怜咏絮才。玉带林中挂,金簪雪里埋"。宝玉虽不解,但后人读此处时,至少可以看出这是林黛玉和薛宝钗的人物命运。"玉带林"反过来读就是"林黛玉",而金簪就是宝钗,"雪"是薛的谐音,两株枯木就是两个女子的命运结局。蒋勋先生讲此章时说:"第五回要一看再看,以后读到后面任何一章,你都翻回来去印证第五回的结局。一部小说一开始就把结局告诉读者,这很冒险,因为如果知道结局,读者很可能就不想看下去了。可《红楼梦》告诉我们,结局不是最重要的,人怎么一步一步走向那个结局才重要。"

　　《红楼梦》的故事本身大家都太熟悉了。毛主席说这本书至少要读五遍,私以为读这五遍至少是这样一个过程:读完第一遍,我们可以记住很多主角的名字,知道讲的是贾宝玉与林妹妹、宝姐姐的爱情故事,会和别人讨论喜欢哪一个不喜欢哪一个,知道贾史王薛四大家族的利益勾连,一荣俱荣一损皆损。读过两遍后,我们感受到故事没那么简单,而是很复杂,至少可以看到三条线索,一条是宝黛爱情线,一条是贾史王薛四大家族的兴衰线,还有一条是刘姥姥三进荣国府这条线。读过三遍后,脑子里就开始画大观园的平面图,去理顺贾府中的人物关系及性格,会去勾连四大家族间的人物关系。读过四遍后,我们就会对《红楼梦》中的诗词曲赋感兴趣,会因此而去揣摩人物的性格、推测人物的命运,会把对人物的关注扩大到更大的范围,包括贾家的男人、贾家的仆人、贾家的客人和贾家的外人,会去总结四大家族兴衰的原因并由此而有一些感悟。读过五遍后，我们就会去考据，贾宝玉就是曹雪芹吗？为什么宁国府会娶一个养生堂抱来的女婴做孙媳妇？为什么贾母不跟大儿子贾赦住，而是随二儿子贾政住？贾元春到底是怎么死的？贾家的故事到底与历史上哪个政治事件有关？太多的疑问，时而柳暗花明，时而疑窦重重，引得我们想继续读下去。

三、《红楼梦》的文字

《红楼梦》的语言艺术不能用"遣词造句"来评价，其语言艺术之美是立体的，是不可模仿的，其文字与人物、与故事是浑然一体的。就是因为其不可模仿性，才有了前八十回和后四十回的强烈落差与反差。

首先是整体美。悲和喜、动和静、冷和热、藏和露、疏和密、张和弛，作者充分运用和发挥了艺术的辩证法，使其达到对立统一、互相结合、彼此衬托、映照生辉的艺术效果。如第十六回，回目是《贾元春才选凤藻宫，秦鲸卿夭逝黄泉路》，在大喜大庆的同时却是极痛极悲。一边是：三四个管家喘吁吁跑进仪门报喜，"咱们家的大姑奶奶封为凤藻宫尚书，加封贤德妃"；另一边是：茗烟道"秦大爷不中用了"。一生一死何其强烈。再如第十九回《情切切良宵花解语，意绵绵静日玉生香》，上半阕写花袭人，下半阕写林黛玉。一边是：袭人说出三件事，要宝玉依了才肯留下来，一是要宝玉不得再说化烟化灰的混话，二是在老爷面前好歹做出个爱读书的样，三是再不许谤僧毁道；另一边是宝玉要跟黛玉靠在一个枕头上，黛玉便把自己枕的推给宝玉，起身又再拿了一个，二人对着脸儿躺下，宝玉替黛玉解闷，讲了个黛山林子洞小耗子的故事。一礼一情何其突出。

再就是风格美。《红楼梦》的辞藻并不华丽鲜艳，相反，它很朴素，跟日常生活一样朴素，然而就是在这种日常生活般的语言中却展现了极为深广的社会内容。通过得体、合适的语言塑造人物形象是曹雪芹的高明之处。我们看看这一段，不用说也知道这些话是出自谁之口，"难道我也有什么'罗汉''真人'给我些奇香不成？就是得了奇香，也没有亲哥哥、亲兄弟弄了花儿、朵儿、霜儿、雪儿替我炮制。我有的是那些俗香罢了。"（第十九回）我们再看这一段描写，真是精彩。"刘姥姥只听见咯当咯当的响声，大有似乎打箩柜筛面的一般，不免东瞧西望的，忽见堂屋中柱子上挂着一个匣子，底下又坠着一个秤砣般一物，却不住的乱幌。"刘姥姥，一个农村老妪，在她的眼里，所有一切都跟农家的家务事有关，这是多么形象的关于"自鸣钟"的描写呀！

其语言之美还体现在对俗语的运用上。秦可卿对凤姐说："你如何连两句俗语也不晓得，常言'月满则亏，水满则溢'，又道是'登高必跌重'，如今我们家赫赫扬扬，已将百载。一日倘或乐极悲生，若应了那句'树倒猢狲散'的俗语，岂不虚称了一世诗书旧族了？"不仅形象生动地反映了社会生活的某些客观规律，而且它本身也是红楼梦故事情节发展的一条重要线索。

另外其文浅意深，具有寓意美。比如《红楼梦》中的诗词曲赋，不仅仅是判词预示了诸钗最后的命运，《芙蓉女儿诔》《葬花吟》其实也已经暗伏了黛玉之死。再比如《红楼梦》里一个鲜活的形象——刘姥姥。她第一次进贾府，走到宁荣街是这样描写的："来至荣府大门石狮子前，只见簇簇轿马，刘姥姥便不敢过去，且掸了掸衣服，又教了板儿几句话，然后蹭到角门前。"一个"蹭"字让刘姥姥紧张迟疑、小心翼翼的形象以及走路的情态跃然于纸。

其语言之美还表现在情趣盎然和人物语言上。就拿酒令来说，史湘云行的酒令是这样的"江间波浪兼天涌，须要铁锁缆孤舟"，而薛蟠薛大傻子的酒令是这样的"一个蚊子哼哼哼，两个苍蝇嗡嗡嗡"，这样符合人物身份的例子在整部著作中随处可见。

四、《红楼梦》的评点

可以说，20世纪中国的学术文化名人及作家大多都曾撰写过红学论著或文章，王国维、蔡元培、陈独秀、胡适、鲁迅、茅盾、吴宓……这样超豪华的研究阵容，为我们留下了丰富又宝贵的文化遗产。毛主席在言谈著述中，可以随意称引；茅盾可以倒背如流；张爱玲对不同版本中的不同字句可以凭直觉感觉出来；巴金的激流三部曲也深深地吸取了《红楼梦》的文学养分。

鲁迅先生评《红楼梦》："经学家看见易，道学家看见淫，才子看见缠绵，革命家看见排满，流言家看见宫闱秘事。全书所写，虽不外悲喜之情，聚散之迹，而人物事故，则摆脱旧套，与在先之人情小说甚不同。"

王国维先生著《红楼梦评论》："吾国之文学中，其具厌世解脱之精神者，仅有《桃花扇》与《红楼梦》耳。《红楼梦》一书，与一切喜剧相反，彻头彻尾之悲剧也。苟知美术之大有造于人生，而《红楼梦》自足为我国美术上之唯一大著述。"该书共五章，从美学的角度，谈及《红楼梦》之人生、之精神、之美学价值、之伦理价值。先生的美学思想深受叔本华的影响，所以没有一定的美学功底是很难看懂这本小册子的。

蔡元培先生作《石头记索隐》，开篇言道："《石头记》者，清康熙朝政治小说也。作者持民族主义甚挚。书中本事，在吊明之亡，揭清之失。"蔡先生认为，《红楼梦》"横看成岭侧成峰"，最表面一层，谈家政而斥风怀，尊妇德而薄文艺；进一层，则纯乎言情之作，为文士所喜；再进一层，则言情之中，善用曲笔。

何见吊明之亡而揭清之失？蔡先生认为红字影朱字，"朱者，明也，汉也"，所谓贾府，即伪朝也，"其人名如贾代善、贾代化，谓伪朝之所谓化，伪朝之所谓善也"。《石头记》叙事，自明亡始。第一回所云"这一日三月十五，葫芦庙起火，烧了一夜，甄氏烧成瓦砾场"即指甲申三月间明愍帝殉国，北京失守之事。

胡适先生著《红楼梦考证》，批判了"全为清世祖与董鄂妃而作，兼及当时的诸名王奇女"，批判了蔡子民先生清康熙朝政治小说论，批判了俞樾《小浮梅闲话》中所主张的《红楼梦》实记的是明珠之子纳兰容若事。胡先生实为曹学、版本学之源。他提出做《红楼梦》的考证，只需根据可靠的版本与可靠的材料，考评这书的著者究竟是谁，著者事迹家世，著书的时代；这书曾有何种不同的本子，这些本子的来历如何。

俞平伯在《〈红楼梦〉底风格》中曰："我以为《红楼梦》作者底第一大本领，只是肯说老实话，只是做一面公平的镜子。这个看去如何容易，却实在是真真的难得。看去如何平淡，《红楼梦》却成为我们中国过去文艺界中第一部奇书。"

端木蕻良这样评《红楼梦》中的贾宝玉："贾宝玉的走向真的这面，而且殉了真，是他经历了一个市侩的阶级之后，是他看破了红尘之后。他看破了这个市侩的集团，一切的龌龊丑恶，害人害己，丧尽天良的行为，戕伤人性的道统，才更反映出林妹妹的一片真情的可贵。"

周汝昌先生从考据学的角度研究《红楼梦》，他说："《红楼梦》现象，是中国大文化的一种显相，绝非文学艺术的观念所能阐释。"周汝昌先生更加系统、全面、深入地论证了曹家与贾家的图谱及对应关系，将曹学发扬光大，"没有这个大背景，雪芹的一切将成为不可解释"。

现在流行讲书，爱听讲书的朋友在各大平台很容易找到"蒋勋讲《红楼梦》""刘心武讲《红楼梦》",他们各自从不同的角度又有了新演绎。因这些材料各位在网上很容易获得,我就不赘述了。

读《红楼梦》有哪些讲究?其实我也是半瓶子咣当,在此只能分享下自己的体会:要有一个好的著本——我选了人民文学出版社的读本;一本好的诗词解读——蔡义江先生的《红楼梦诗词曲赋评注》;比较全面的考据研究——周汝昌先生的《红楼梦新证》。如果你还想进一步了解,就再读鲁迅先生的《中国小说史略》,王国维先生的《红楼梦评论》,蔡元培先生的《石头记索隐》,胡适先生的《红楼梦考证》,俞平伯先生的《红楼梦辩》。但这些书如果你读的少于五遍,基本上是读不懂国学大师眼中的《红楼梦》。时下,蒋勋先生讲《红楼梦》和白先勇先生《细说红楼梦》,我也很推荐,他们更多地从文本本身去解读,而非以考据的态度来做文章,更有助于现在的读者去体会著作所表现的社会生活以及人性美的光辉。山东大学马瑞芳老师在喜马拉雅上有讲前八十回和后四十回,讲得很好,是对文本、考据以及文化的综合讲解。

最后,我想用"满纸荒唐言,一把辛酸泪。都云作者痴,谁解其中味"来作为本文的结尾。四大名著我虽独爱红楼,但我依然没有读懂,恍若梦里。

说不尽的《红楼梦》
——回归,说说文本

——孙莉玲

上一篇重点是从整体来推荐千古巨著《红楼梦》。我自少年就读《红楼梦》,最早是读人物和故事,记住的是林妹妹的小性儿、宝姐姐隐而不露的心机。后来曾经陷入过一段时间的考据，时时处处与曹雪芹的家世去对照，元春省亲对应的是不是就是康熙南巡，贾政对应的到底是曹顒还是曹頫，贾母对应的是不是曹寅的夫人孙氏，等等，大概纠缠了我有五年的时间。再后来读《红楼梦》，读文化，吃什么茶，穿什么纱，建什么园子，作什么题对。现在读《红楼梦》，读的是家里家外，读的是生活，读的是沧桑变化，反倒是更多回归到了文本。蒋勋说"《红楼梦》是可以读一辈子的书，我们不只是在读《红楼梦》，我们在阅读自己的一生"。今天就回归文本，从三个方面说说《红楼梦》讲了一个什么样的故事。

一、《红楼梦》的神话架构

《红楼梦》是一部故事性很强的小说，既可以通篇看作一个故事，贾史王薛四大家族由盛而衰，"陋室空堂，当年笏满床，衰草枯杨，曾为歌舞场"。亦可截取很多的片段，各为一幕。如《憨湘云醉眠芍药裀，呆香菱情解石榴裙》就是一帮十几岁的少年因着过生日，趁着家长不在家，没了管束，划拳行令，满厅中红飞翠舞、玉动珠摇，直喝到醉卧石凳、香梦沉酣。但就是这样一个故事性小说，很多读者在初接触这本书时会说读起来有些吃力，私以为，可能很大一部分原因是其中的"神话"。曹雪芹架构了一个神话，由超现实引领进入写实。这本书最大的特点之一，或说它的奇妙之处，就是神话与人间、形而上与形而下，可以来来去去、来去自如，读者不觉奇怪，好像太虚幻境、警幻仙姑、茫茫大士、渺渺真人……真有这么回事。然后一降回到人间，贾琏、王熙凤、宝玉、黛玉……也觉得是真有其人。它的神话架构笼罩全书，具有重要的象征性，也给予写作极大的支撑与自由。《红楼梦》的神话不仅起到了总架构的作用，而且对于这样一本残书，如能读懂其中的神话部分，基本也就了解了本书的大结局。书中的神话大抵集中在这样几个章节：

"你道此书从何而来？"本书开头应该算是一个楔子，交代了这本书的来历，然而这并不只是作者虚构了一个故事而使"朝代年纪、地舆邦国，却反失落无考"，而是在神话和许多名字、数字的背后交代了一种文化和命运。这本书本名《石头记》，女娲氏炼石补天于大荒山无稽崖，炼成高经十二丈、方经二十四丈的顽石三万六千五百零一块。娲皇用了三万六千五百块，只剩了一块未用，便弃在青埂峰下。这块石头心里有好多的忧郁。一日，有一僧一道在此石边高谈阔论，说到红尘中的荣华富贵，此石听了不觉打动凡心，虽一僧一道劝诫其红尘到头只一梦而已、万境归空。然此石凡心已炽，苦求再四。僧人大施幻术将石头变成一块鲜明晶莹的美玉。后来不知又过了几世几劫，因有个空空道人访道求仙，从这大荒山无稽崖青埂峰下经过，忽见一大石上字迹分明，编述历历，刻的是此石即蒙茫茫大士、渺渺真人携入红尘，历经离合悲欢、炎凉世态的一段故事。细读此段，我们肯定会疑惑何以一僧一道可以走在一起？大士乃佛教，真人乃道教，不伦不类，风马牛不相及，然，此确为全书之思想文化，即"儒释道"实为中国三大主流之文化思想，千百年来一直是中国文化思想的源头。以贾政、贾雨村为代表的儒家文化，强调的是"入仕"哲学，读的是四书五经，要的是为官做宰；而以宝玉为代表的"逆子"，追求的是人性和领悟。我们再来看看这一组数字：高经十二丈确指一年十二个月，又总应十二钗；方经二十四丈确指一年的二十四个节气，又照应副十二钗；娲皇补天用石三万六千五百块确指一年三百六十五天，合周天之数；只单单的剩了一块未用，脂砚斋批"剩了这一块，便生出这许多故事。使当日虽不以此补天，就该去补地之坑陷，使地平坦，而不得有此一部鬼话"。我认为恰恰是这一块说明每一个人都是一个独立的个体，都有属于自己的人生。以为作者还想借这些数字告诉我们这个故事实际上是来自现实之中的存在，亲历的这些女子、这些悲欢离合就在每一个"风刀霜剑严相逼"的春秋。再来看看一山一石取名之意，脂砚斋批：大荒山，荒唐也；无稽崖，无稽也。青埂峰三个字下虽无脂批，但确为"情根"之意，光情还不行，还要加一个根字，可谓是情根深重。

"假（贾）作真（甄）时真（甄）亦假（贾）。"继"石头记"之后，作者在第一回里又接继了一个神话故事，这块石头沾了灵气，变成了一个神——赤瑕宫的神瑛侍者。但这个神话故事不是来自僧道这样的神龙见首不见尾的人物，而是来自姑苏城阊门外十里街仁清巷葫芦庙旁住着的一家乡宦，姓甄，名费，字士隐。作者真可谓煞费苦心，刚刚还"空空""渺渺"的不着边际的"超现实"，突然间把我们拉回一街一巷一庙的"超级现实"。甄老爷的梦是这样的：梦至一处，不辨是何地方。忽见那厢来了一僧一道，且行且谈。谈的是什么事儿呢？西方灵河岸上三生石畔有绛珠草一株，时有赤瑕宫神瑛侍者，日以甘露灌溉，这株草便得久延岁月，后来既受天地精华，复得雨露滋养，遂得脱却草胎木质，得化人形，仅修成个女体，终日游于离恨天外，饥则食蜜青果为膳，渴则饮灌愁海水为汤。因这神瑛侍者凡心偶炽，欲下凡造历幻境，故绛珠仙子愿以一生眼泪还甘露之惠。妙，所谓三生石上旧精魂也，神瑛侍者岂非茜纱公子？绛珠仙子之绛珠岂非眼泪？清，觅情，贯愁也；奇，赤瑕宫岂非曹雪芹之悼红轩，贾宝玉之怡红院也。梦里未必知是梦，梦醒未必明因果。这一僧一道在现实中再次出现，才是甄士隐真正的一声霹雳，大觉之时。这一日，士隐抱女英莲即见一僧一道，"那僧则是癞头跣足，那道则跛足蓬头，疯疯癫癫"，"好防佳节元宵后，便是烟消火灭时"一语成谶。倏忽是元宵佳节，先是英莲走失，后有葫芦庙炸供起火接二连三将一条街烧成瓦砾场。这一日，甄士隐挣挫来到街前，忽见一跛足道人，疯癫落脱，麻履鹑衣，口中念着的便是那《好了歌》，士隐心中彻悟，遂作《好了歌注》，将道人肩上褡裢抢了过来，同了疯道人飘飘而去。天上的一僧一道在现实中就是癞头和尚和跛足道人，而这二人在每个人物的大关节处总是从天而降，包括宝钗的冷香丸的配方是一僧给的，黛玉的不得见哭声及外姓亲友是一僧说的，就连贾瑞的"风月宝鉴"也是一道给的，最后宝玉也是随着一僧一道去了，"落了片白茫茫大地真干净"。

"千红一窟（哭），万艳同杯（悲）。"大家对《红楼梦》是一部残书是有着比较广泛共识的，差不多都认为前八十回基本上是曹雪芹原作，后四十回是高鹗等人补的。红学的爱好者纷纷因其残而引以为憾，我也曾因不能见故事之大收束而扼腕。但近年来，反倒对此看得淡了，"天下事了犹未了，何妨以不了了之"。更何况，以作者之聪慧、之大智早已将人物之命运、家族之兴衰、政治生活之走向，草蛇灰线处处设巧。这也是作者的了不起之处，一部小说最害怕的是读者先知道了结局而失去了阅读的兴趣，恰恰就是伟大的曹雪芹，竟然在主角还未尽数登场的时候，就已经在第五回《开生面梦演红楼梦，立新场情传幻境情》中写了故事的大结局，至此，《红楼梦》的整个神话架构完成。这一日，因东边宁府中花园内梅花盛开，贾珍之妻尤氏乃治酒请贾母等赏花。一时宝玉倦怠，在贾蓉之妻秦可卿房内午憩。那宝玉刚合上眼，便随着一个仙女到了一处所在，这便是"太虚幻境"，两边一副对联"假作真时真亦假，无为有处有还无"。这里其他的按下不表，单说说宝玉在薄命司见到了一排排的大柜子，打开一看，里面有很多册子，他先翻开"又副册"一册，只见首页上画着一幅画，又非人物，亦非山水，不过水墨渲染的满纸乌云浊雾而已，后有几行字迹，写道是：霁月难逢，彩云易散。心比天高，身为下贱。风流灵巧招人怨，寿夭多因诽谤生。多情公子空牵念。脂砚斋在此做批注：恰极之至！"病补雀金裘"回中与此合看。不用多解释，我们也知道这里写的是晴雯。霁月乃晴，雯乃彩色之云，生为丫鬟下人实为下贱，长相似林姑娘实为一风流人物，病补雀金裘说明心灵手巧，终因受人诽谤被撵出大观园而寿夭，病中宝玉虽有探望，但终是连最后一面都不得见，空留多情公子牵念。我觉得在这本书中晴雯是最幸运的，因为她"死"在了曹雪芹的笔下，"晴雯拭泪，把那手用力拳回，搁在口边，狠命一咬，只听'咯吱'一声，把两根葱管一般的指甲齐根咬下"，"咬"字这个细节写得不能再好了。后面的金钗们死得死、散的散、出家的出家、被掳的被掳，都没有晴雯之死写得好了。有晴雯之死印证晴雯之判词，可想后面副册、正册人物之判词与人物之命运大抵是相合的了。这一章回中不仅有判词，还有《红楼梦》的十二支曲子，第一支曲子是个引子，"演出这怀金悼玉的《红楼梦》"，第二支是钗黛合一的，后面的各对应一正钗，最后一曲"飞鸟各投林"既是通部女子一总，亦是家族命运、人物命运之收尾，"好一似食尽鸟投林，落了片白茫茫大地真干净"。

二、《红楼梦》的青春故事

"大观园"实际上是一个青春王国，从年龄上说，虽不能确定其中的主人公几岁几岁，但大体上不过就是十二三岁的年纪。我们在书中可以找到一些关于年龄的描写。先从林黛玉说起，以黛玉为基准做个加减法。贾雨村应聘做林府西宾时，书中写到"今只有嫡妻贾氏，生得一女，乳名黛玉，年方五岁"。后"堪堪又是一载的光阴，谁知女学生之母贾氏夫人一疾而终"，贾母因心疼这个外孙女遣了船只来接,也就是说黛玉进贾府时也不过六七岁的光景,这也是合了情理的。因为年龄小才有了宝黛同住贾母住处之碧纱橱的安排,两人同吃同住一起长大,真真是"郎骑竹马来,绕床弄青梅"。这是第三回,时光如梭,他们渐渐长大,长到多大了呢?接着看第四回,薛宝钗出现了,因为要去"待选",就是官中要选女官,她哥哥薛蟠又惹了人命官司,故一家子上京。书中写到"这薛公子学名薛蟠,字表文龙,今年方十有五岁",薛姨妈还有一女"比薛蟠小两岁,乳名宝钗",也就是说这时的宝钗也就只有十三岁。这帮儿女住进大观园时,最小的惜春想来也就是八九岁的年纪,那帮丫头大一点的如袭人应该也就是十六七岁的样子,所以从年龄上说大观园是一个青春王国是完全合适的,现在我们常常被电视剧里的人物带歪了,总觉得王熙凤应该是三十岁的年纪,可书中明确交代,贾琏二十二岁,凤姐应该不会超过二十岁,因此在这样一个青春王国里上演着故事。

小儿女之间的恋爱。宝玉与黛玉之间是典型的小儿女间的恋爱,一个耍小性子,一个赔不是,一会儿恼了一会儿好了,一会儿你知我心我视你为唯一知己,一会儿又一个要死一个要化成灰。看看第二十回《王熙凤正言弹妒意,林黛玉俏语谑娇音》里的这一段,因为史湘云来了,宝玉和宝钗两个一起来至贾母这边:

> 正值林黛玉在旁,因问宝玉:"在哪里的?"宝玉便说:"在宝姐姐家的。"黛玉冷笑道:"我说呢,亏在那里绊住,不然早就飞了来了。"宝玉笑道:"只许同你顽,替你解闷儿?不过偶然去他那里一趟,就说这话!"林黛玉道:"好没意思的话!去不去管我什么事?我又没叫你替我解闷儿,还许你从此不理我呢。"说着,便赌气回房去了。宝玉忙跟了来,问道:"好好的又生气了,就是我说错了,你到底也还坐在那里,和别人说笑一会子,又来

自己纳闷。"林黛玉道:"你管我呢!"宝玉笑道:"我自然不敢管你。只没有个看着你自己作贱了身子呢。"林黛玉道:"我作贱坏了身子,我死,与你何干?"宝玉道:"何苦来?大正月里,死了活了的。"林黛玉道:"偏说死,我这会子就死。你怕死,你长命百岁的,如何?"宝玉笑道:"要像只管这样闹,我还怕死呢?倒不如死了干净。"黛玉忙道:"正是了,要是这样闹。不如死了干净。"宝玉道:"我说我自己死了干净,别听错了话赖人。"

这真真是笑到流眼泪,我们哪一个不是从小儿女的爱情里走来的,哪一个不曾是没事找事型的,心中总是有一个"敌人",那个让自己异常敏感的敌人。就此下去,两个人也许很快就和好了,偏偏这时候宝钗来了,把宝玉推走了。这真是火上浇油了。黛玉越发的气闷。但是没两盏茶的工夫,宝玉回来了,仍是打叠起千百样的款语温言来劝慰。

只见黛玉先说道:"你又来作什么?横竖如今有人和你顽,比我又会念,又会作,又会写,又会说笑,又怕你生气,拉了你去,你又作什么来?死活凭我去罢了!"宝玉听了,忙上来悄悄的说道:"你这么个明白人,难道连'亲不间疏,先不僭后'也不知道?……"林黛玉啐道:"我难道为叫你疏他?我成了个什么人了呢?我为的是我的心。"宝玉道:"我也为的是我的心。你难道就知道你的心,不知道我的心不成?"黛玉听了,低头一语不发,半日,说道:"……分明今儿冷的这样,你怎么到反把青肷披风脱了呢?……回来伤了风,又该饥着吵吃的了。"

闹了恼了,哄了笑了。但总之所有争吵的话题都不了了之,当然不知道哪天可能又会被翻出来。这时大多是说不清楚的,总是以生活中的关心来顾左右而言他。女孩子嘛，永远不会承认自己有错，错的都是别人，也总是这样以"我是关心你"来承认自己确实有点小题大做。而男孩子呢，情窦初开之时，女孩子不管做什么都是美好的，无理取闹是小性，无事生非是娇憨，真应了"因为在意才会留意"。

男孩子间的拳脚。《红楼梦》中的青春不仅仅是女孩子与女孩子间的，女孩子与男孩子间的，也有男孩子与男孩子间的，被说得最多的应该就是宝玉与秦钟间的关系。秦钟常常被认为是宝玉的第一个同性伴侣，但我却大不以此为然。其实青春期的孩子之间的关系，更多的是单纯的好感抑或是一种依恋。今天带大家看一个典型的校园打架事件，似乎跟二十世纪八十年代我的中学里的场面没什么大不同，教室里，课本、黑板擦、扫帚，甚至书包都成了武器，满天飞。欣赏一下这一段，纯男孩子的世界，第九回《恋风流情友入家塾，起嫌疑顽童闹学堂》。可巧这日老师有事回家去了，安排了作业让大家做。想想那时的我们，哪个不盼着老师出个差、开个会，或者生个小病也行啊，那种自习课就成了自由的天堂，乱哄哄闹腾腾，交头接耳的有，说谁跟谁好的有，看小说的有，一起约着上厕所的有，激动时站到桌子上手舞足蹈的有，反正就是没几个做作业的。贾宝玉的学堂里是这样上演的：

谁知贾菌年纪虽小，志气最大，极是淘气不怕人的。他在座上冷眼看见金荣的朋友暗助金荣，飞砚来打茗烟，偏没打着茗烟，便落在他桌上，正打在面前，将一个磁砚水壶打了个粉碎，溅了一书黑水。贾菌如何依得，便骂："好囚攮的们，这不都动了手了么！"骂着，也便抓起砚砖要打回去。贾兰是个省事的，忙按住砚，极口劝道："好兄弟，不与咱们相干。"贾菌如何忍得住，便两手抱起书匣子来，照那边抡了去。终是身小力薄，却抢不到那里,刚到宝玉秦钟桌案上就落了下来。只听哗啷啷一声,砸在桌上,书本纸片至于笔墨之物撒了一桌,又把宝玉的一碗茶也砸得碗碎茶流。贾菌便跳出来,要揪打那一个飞砚的。金荣此时随手抓了一根毛竹大板在手,地狭人多,哪里经得舞动长板。茗烟早吃了一下,乱嚷:"你们还不动手!"宝玉还有三个小厮:一名锄药,一名扫红,一名墨雨。这三个岂有不淘气的,一齐乱嚷:"小妇养的!动了兵器了!"墨雨遂掇起一根门闩,扫红锄药手中都是马鞭子,蜂拥而上。贾瑞急的拦一回这个,劝一回那个,谁听他的话,肆行大闹。众顽童也有趁势帮着打太平拳助乐的,也有胆小藏在一边的,也有直立在桌上拍着手儿乱笑,喝着声儿叫打的,登时间鼎沸起来。

好一幅男孩子打架的场面。这里不得不说的是会打架的孩子不一定是坏人,比如贾菌,据后推测,贾家败了之后,东山再起的除了贾兰,应该还有贾菌。俗话说"三岁看到老",贾兰行事稳妥,不冒进不惹祸,自有他立身之本。贾菌却热血仗义、敢作敢为,这样的性格长大了绝对不会错。

三、《红楼梦》的礼俗秩序

《红楼梦》是一部大百科全书,它不仅叙述了大家族的兴衰,而且通过这个家族的生活反映了一个时代,反映了那个时代的政治、经济、文化还有礼俗。今天想跟大家从"悲"和"喜"两个角度来看看《红楼梦》中那个朝代的礼俗。我们就选第十三回《秦可卿死封龙禁尉,王熙凤协理宁国府》来说说贵族的丧礼,选第五十三回《宁国府除夕祭宗祠,荣国府元宵开夜宴》看看贵族的仪礼。

丧礼中的面子。第十三回内容最少但却是考据学者们最津津乐道的。只因秦氏之死与判词中一美人自缢差距实在太大，又因在此处，脂砚斋批"此回只十页，因删去天香楼一节，少却四五页也"，又言"'秦可卿淫丧天香楼'，作者用史笔也。老朽因有'魂托凤姐''贾家后事'二件，嫡是安富尊荣坐享人能想得到处？其事虽未漏，其言其意则令人悲切感服，故赦之。因命芹溪删去"。对此我们不去作考据，只看贵族的丧礼文化。书中第十四回是这样描写秦氏的送殡场面：

> 那时官客送殡的，有镇国公牛清之孙……不可枚数。堂客算来亦有十来顶大轿，三四十小轿，连家下大小轿、车辆不下百十余乘。连前面各色执事、陈设、百耍，浩浩荡荡，一带摆三四里远。走不多时，路旁彩棚高搭，设席张筵，和音奏乐，俱是各家路祭。第一座是东平王府祭棚……现今北静王水溶，年未弱冠，生得形容秀美……自己五更入朝，公事一毕，便换了素服，坐大轿鸣锣张伞而来。至棚前落轿，手下各官两旁拥侍，军民人众不得往还。一时只见宁府大殡浩浩荡荡，压地银山一般从北而至。（第十四回）

就这么小小的一段，我们就可以看出人死了也是分等级的，贾珍出于对秦氏不正常的情感，希望给秦氏一个十分隆重的丧礼，但我更相信这不仅仅是出于情感的需要，更是政治的需要，他需要一个与宁国府面子相称的丧礼。于是为儿子捐了个六品官，有了六品这个名分，再加上宁国府的政治勾连，国公们的子孙来了，四个王爷府也来设了祭棚，尤其点出北静王是给足了贾府的面子，不仅亲设路祭，而且还请宝玉来见，又把腕上一串圣上亲赐的念珠赠予宝玉。我们看宝玉诣见北静王时是脱去孝服的，而北静王来祭是公事毕，换了素服来的，这充分说明当时什么场合、见什么人、着什么装是非常有讲究的。

仪礼中的规矩。前面说了丧礼，我们再来看看贵族的仪礼。《红楼梦》中的仪礼非常讲究。元妃省亲，即使是作为祖母的贾母也是要跪迎的，父亲是要隔着帘子叩头的；贾母吃饭时谁布菜、谁捧盅、谁奉茶是有规矩的；贾宝玉上学、放学经过父亲的房门口，即使父亲不在也是要行礼的；贾母设宴，小姐们是坐着的，而王熙凤即使有再大的权势作为媳妇也是要站着的。而最集中表现贵族祭祀仪礼的还是在第五十三回《宁国府除夕祭宗祠，荣国府元宵开夜宴》：

已到了腊月二十九日了，各色齐备，两府中都换了门神、联对、挂牌（这和现在的传统差不多），新油了桃符（桃符现在已经很少见了，是木制的，在旧制建筑中依然可见），焕然一新。宁国府从大门、仪门、大厅、暖阁、内厅、内三门、内仪门并内塞门，直到正堂，一路正门大开，两边阶下一色朱红大高照（我们现在还有点灯笼的传统），点的两条金龙一般。

次日，由贾母有诰封者，皆按品级着朝服，先坐八人大轿，带领着众人进宫朝贺，行礼领宴毕回来，便到宁国府暖阁下轿。诸子弟有未随入朝者，皆在宁府门前排班伺候，然后引入宗祠……

只见贾府人分昭穆（即始祖居中，左为父即为昭，右为子即为穆），排班立定。贾敬（是目前贾家文字辈最长者，也是本应世袭宁国公的）主祭，贾赦（袭了荣国公之爵）陪祭，贾珍（宁府长房长孙）献爵，贾琏贾琮献帛，宝玉捧香，贾菖贾菱展拜毯，守焚池。青衣乐奏，三献爵，拜兴毕，焚帛奠酒，礼毕，乐止，退出。

众人围随着贾母至正堂上。影前锦幔高挂，彩屏张护，香烛辉煌。上面正居中悬着宁、荣二祖遗像，皆是披蟒腰玉；两边还有几轴列祖遗影。贾荇、贾芷等从内仪门挨次列站，直到正堂廊下。槛外方是贾敬、贾赦，槛内是各女眷（男女是分开的），众家人小厮皆在仪门之外。

每一道菜至，传至仪门，贾荇、贾芷等便接了，按次传至阶上贾敬手中。贾蓉系长房长孙，独他随女眷在槛内，每贾敬捧菜至，传于贾蓉，贾蓉便传于他妻子，又传于凤姐、尤氏诸人，直传至供桌前，方传于王夫人。王夫人传于贾母，贾母（现贾家辈分最高者）方捧放在桌上。邢夫人在供桌之西，东向立，同贾母供放。直至将菜饭汤点酒茶传完，贾蓉方退出下阶，归入贾芹阶位之首。

凡从文旁之名者，贾敬为首；下则从玉者，贾珍为首；再下从草头者，贾蓉为首。左昭右穆，男东女西。俟贾母拈香下拜，众人方一齐跪下，将五间大厅、三间抱厦、内外廊檐、阶上阶下两丹墀内，花团锦簇，塞的无一隙空地。鸦雀无闻，只听铿锵叮当，金铃玉珮微微摇曳之声，并起跪靴履飒沓之响……

至次日五鼓，贾母等又按品大妆，摆全副执事进宫朝贺，兼祝元春千秋。领宴回来，又至宁府祭过列祖，方回来。受礼毕，便换衣歇息。所有贺节来的亲友，一概不会。只和薛姨妈、李婶二人说话取便，或者同宝玉、宝琴、钗、玉等姊妹赶围棋抹牌作戏。王夫人与凤姐是天天忙着请人吃年酒。那边厅上院内皆是戏酒，亲友络绎不绝。一连忙了七八日才完了。早又元宵将近，宁荣二府皆张灯结彩。十一日是贾赦请贾母等，次日贾珍又请，贾母皆去随便领了半日。王夫人和凤姐儿连日被人请去吃年酒，不能胜记。

至此，对于祭祀的仪礼说得已经够细了，无须多言，自能体会其礼仪之繁缛、之庄重以及其不可僭越性。

有统计说，如果以千年计，在欧洲最畅销的书是《圣经》。如果以百年计，我想中国最畅销的书非《红楼梦》莫属。蒋勋说："我是把《红楼梦》当佛经来读的，因为里面处处都是慈悲，也处处都是觉悟。"我们会在自己"最不喜欢"的人身上看到他的处境，会在喜欢的人身上看到人性里的自然；会在曾经嘲笑的人身上看到他之所以为他的无奈，会在欣赏的人身上看到美好。也许从前读《红楼梦》，我们只看到里面的主角，如宝玉、如黛玉、如宝钗；若干年过去，我们可能会更多关注那些小人物，如夏金桂、如小红、如龄官。儿时我们讨厌迂腐而又刻板的贾政，同情生活在大观园里的少年；若干年后，我们自己已经走出青春王国，成了那个觉得孩子总是不务正业的父母。《红楼梦》读久了，会觉得自己也在梦中，有时候喜欢黛玉的孤傲，有时候理解宝钗的现实，有时候又放任自己恣意湘云的直率，有时候甚至能看到自己身上的王熙凤的计算和尤三姐的抗争。因此，需要让《红楼梦》一直在自己的床头，每天睡前读一段，每次都会感受不同。不必搞清楚这本书到底从何而来、因何而起，也许也不需要搞清楚结局如何、因何而去，它就是说不完的《红楼梦》。

导读：

导言：

《红楼梦》有很多版本，我们选的是人民文学出版社的百二十回版本，没有选脂砚斋评的八十回本，是因为不管如何诟病百二十回中的后四十回，它也已经成为更广大读者广泛接受的一个版本，另外，我们读故事总是喜欢有一个结局，没有收束的结尾不符合我们的阅读习惯。人民文学出版社的百二十回本以《脂砚斋重评石头记（庚辰秋月定本）》为底本，若干缺文均依其他脂本或程本补齐，第六十四、第六十七回缺文用程甲本补配，后四十回用程甲本为底本。全书的校注工作是由冯其庸先生总负责，由中国艺术研究院红楼梦研究所完成的，是一个完整且做了大量校勘的本子。每一页还有大量的注释，涉及典章故实、职官名称、服饰陈设、古代建筑、琴棋书画、释道迷信、医药占卜、方言俗语以及较生僻的字词等，是一个很适合普通读者阅读的本子。闲话少说，让我们一起去大荒山无稽崖走一遭，也随石头一起入红尘，在那富贵场中、温柔乡里享受几日，跟着主人公去经历经历那乐极悲生、人非物换，终究是到头一梦、万境归空。

【《红楼梦》共读 Day 1】
今日任务：

今天的阅读从第一回《甄士隐梦幻识通灵，贾雨村风尘怀闺秀》到第五回《游幻境指迷十二钗，饮仙醪曲演红楼梦》。这前五回是看懂本书的大关节，一人一物都关涉着大预设和大伏笔。我们至少要注意这样几个必须关注的地方，然后才能读懂整个故事。

一是这部天书的由来。作者自云，曾历过一番梦幻，后将真事隐去，而借通灵之说，撰此《石头记》。为何要将真事隐去？实乃为避文字之祸也。作者因为经历了繁华，后又一技无成、半生潦倒，就开始思考人生，故用"梦"用"幻"来提醒阅者。此书从何而来？女娲补天炼五彩石，只有一块无用，后被茫茫大士、渺渺真人带到人间。后不知过了几世几劫，空空道人在大荒山无稽崖青埂峰下经过，忽见一大石上字迹分明，乃石头历尽离合悲欢的故事，于是将其抄录下来，成了此书。曹雪芹真的是太厉害了，明明自己是作者，却偏偏弄出块石头。这块石头可是厉害了，它可以是作者，可以是神瑛侍者在人间的化身，可以是宝玉脖子上戴的那个"劳什子"，也可以一下子跳出故事成为一个摄像机，记录下贾宝玉身边发生的一切，这是在中国古代小说中是最了不起的一种叙事方法。

二是谐音。《红楼梦》不是神话故事，它讲的是人生百态、富贵贫穷，所以在第一回下半篇作者很快把故事拉回到人间，于是出现了两个人，一个是甄士隐（真事隐），一个是贾雨村（假语存），讲了甄家的衰亡和贾雨村的兴起。在这一段我们要认识的是"谐音"。除了两个人的名字之外，也处处是谐音。甄士隐住在哪里？十里街（势利街）仁清巷（人情巷）。他的老丈人叫什么？封肃（风俗）。他家的仆人叫什么？霍启（祸起）。他家的丫鬟叫什么？娇杏（侥幸）。他的女儿叫什么？甄英莲（真应怜）。我们再看看贾雨村，姓贾名化（贾话），胡州人（胡诌），表字时飞（时机到了会飞黄腾达）。在这一回中，作者也第一次对人生的命运进行了预示，"惯养娇生笑你痴，菱花空对雪澌澌。好防佳节元宵后，便是烟消火灭时"，28个字预示了甄家在元宵节后会毁于一把火，也预示了英莲会改名为香菱（菱花），而且要遇到薛（雪）蟠。"谐音"是整部小说非常有意思的地方，一个名字把一个人的性格、命运刻画得入木三分。

三是交代本书的主要发展线索贾家的昨天和今天——冷子兴演说荣国府（第二回）。正是通过冷子兴之口，我们对贾家一目了然。冷子兴一句"如今的这宁荣两门，也都萧疏了，不比先时的光景"，道出了贾家在荣宁二公在时的荣耀与此时"百足之虫，死而不僵"的下坡路，"如今的儿孙，竟一代不如一代了！"冷子兴不仅把宁荣二府如今当家的几位评价了一遭，更是说出了贾政之妻王夫人生了一个衔玉的公子，唤作"宝玉"，"如今长了七八岁，虽然淘气异常，但其聪明乖觉处，百个不及他一个。"而贾雨村也提起了金陵城内，钦差金陵省体仁院总裁甄家也有一个宝玉。自此，天上人间就都万物互联在一起了，为我们开启了一个实实在在的人间故事。这一章节异常关键，如果看官们觉得枯燥，那么后面的章节以及贾家的人物关系就很难看懂了，而且会觉得书中人物的年龄混乱，因为这一回中，冷子兴明确说了贾宝玉七八岁，贾琏二十来岁，看官们便可以此为坐标来推断全书中主人公们的年龄,这也能够更好地帮助我们理解主人公们的行事作风与性格。作者为什么安排冷子兴来演说宁荣二府?一来从第三者的角度可以简明且客观地介绍。二来冷子兴有足够的"小道消息"来源,因为他的老婆是王夫人的陪嫁周瑞家的女儿。大家再辅以门子的"护官符"(第四回),就能把贾史王薛四大家族的姻亲关系弄得明明白白了。

四是交代了贾家的命运和主要人物的大结局。这就是《游幻境指迷十二钗,饮仙醪曲演红楼梦》(第五回)。《红楼梦》作为一本残书留给世人多少遗憾,但是如果我们能读懂第五回,就会对贾家的结局以及主要人物的命运有一个大致的了解,敢把结局写在故事刚刚开始时也只有曹雪芹一人了。宝玉到了太虚幻境,在"薄命司"里只见有十数个大厨,都用封条封着,封条上都是各省的地名,只见一个大厨上大书"金陵十二钗正册",还有副册以及又副册。宝玉先将又副册厨打开,拿出一本看了两页,恰就是晴雯和袭人。接着又打开副册,其中写到的便是香菱(英莲)。最后才打开正册,里面就是黛玉、宝钗等"金陵十二钗"了。一幅画、四句判词就对人物的性格及命运做了交代。如果大家还没有看懂,可以再认真看看还是这一回中警幻仙姑新制的《红楼梦》十二支曲子。

五是交代了本书的主旨,即在散落于前五回的各种歌赋。集中于第五回的判词和十二支曲子自不必多说了。除此之外,我们不能不认真阅读的还有"无材可去补苍天"的偈子和"满纸荒唐言,一把辛酸泪。都云作者痴,谁解其中味!"交代了作者写作时泣血的心情(第一回);跛足道人的《好了歌》和甄士隐的《好了歌注》道尽了兴衰荣辱的世间百相;还有一副楹联"假作真时真亦假,无为有处有还无",暗示了故事写作手法——假托,以及人生命运的无常(第一回、第五回)。

思考 & 讨论：

第五回正册、副册、又副册以及《红楼梦》曲子暗示了相关人物怎样的命运？

【《红楼梦》共读 Day 2】

前情提要：

上一次我们读了前五回，如果让我以一个字来概括前五回，我会用一个"借"字。

借神话和石头来让本书的故事及年代不可考。

借甄士隐与贾雨村一败一兴来暗示世事无常。

借冷子兴之口演说荣国府来交代本书主要线索贾家的曾经与现在。

借贾家女儿的遗孤林黛玉的眼睛来描写贾家的庭院、陈设、规矩并让贾府中的主要人物一一登场。

借贾宝玉梦游太虚幻境来暗示故事未来的大结局以及主要人物的命运。

今日任务：

今天的阅读是从第六回《贾宝玉初试云雨情，刘姥姥一进荣国府》到第十三回《秦可卿死封龙禁尉，王熙凤协理宁国府》。这几回里不能忽略的，一是埋下了一个穷苦人家的老太婆刘姥姥这条线，她将见证贾家的衰败，并会在贾家败落后对贾家有大作为；二是宝钗来了，从此开始了宝黛钗间的感情纠葛；三是秦可卿之死这条线，由此拉开了贾家走向衰亡的大幕。

刘姥姥一进荣国府（第六回）。在这儿作者转得真是极好，"按荣府一宅人合算起来，人口虽不多，从上至下也有三四百丁；虽事不多，一天也有一二十件，竟如乱麻一般，并无个头绪可作纲领。正寻思从那一件事自那一个人写起方妙，恰好忽从千里之外，芥荳之微，小小一个人家，因与荣府略有些瓜葛，这日正往荣府中来。"很显然，刘姥姥是故事展开的一条线索，而且很巧妙地把贾府的人口数量、家室规模等做了交代。这个芥荳之微人家的老太太就是到贾府来见凤姐"打秋风"的刘姥姥。书中有这样一段："刘姥姥会意，未语先飞红的脸，欲待不说，今日又所为何来？只得忍耻说道……"。此处在脂评本里有一批："老妪有忍耻之心，故后有招大姐之事。作者并非泛写，且为求亲靠友下一棒喝"。这一次凤姐给了刘姥姥二十两银子并一吊钱。此回的结语是"得意浓时易接济，受恩深处胜亲朋"，可见后四十回说巧姐嫁给了地主的儿子是有失偏颇的。

如果说林黛玉进贾府是以一个大的路线描写荣宁二府的建筑结构，那么细心的读者会注意到周瑞家的送宫花的路线（第七回）就是描写贾政这边的房屋结构。以王夫人的住处为出发点，出东角门至东院就可以到薛姨妈和宝钗住的梨香院，借周瑞家的引出了宝姑娘怎么制作"冷香丸"。之后周瑞家的带着薛姨妈送姑娘们的宫花先到王夫人正房后头的小抱厦，这里住的是迎、探、惜三姐妹，接着穿夹道就是李纨的住处，与小抱厦最近，方便照料三姐妹。从李纨后窗下过，越过西花墙，出西角门就是凤姐的院子。穿过穿堂就到了贾母的房中，此时的宝玉和黛玉依然住在贾母这儿。

《红楼梦》回回相扣，但每一章回又都可以独立成篇。比如此间焦大骂"爬灰的爬灰，养小叔子的养小叔子"；比如宝钗的锁"不离不弃，芳龄永继"与宝玉的玉"莫失莫忘，仙寿恒昌"，怎么能让黛玉不介怀（第八回）？还有顽童闹学堂（第九回），打得真是好看，这也是《红楼梦》里难得的对男孩子世界的描写。还有就是贾瑞对凤姐起淫心，一而再，再而三地被凤姐捉弄，最后死在了"风月宝鉴"里。

再有一回，是为历来红学家研究最多但却是整部书所有章节中文字最少的一回，就是第十三回《秦可卿死封龙禁尉，王熙凤协理宁国府》。秦可卿之死可问出很多个为什么。秦氏究竟出身如何，一个从育婴堂抱回的女婴如何可以成为宁府长孙媳，贾家不在乎门当户对吗？秦可卿真是病死的吗？如果真是病死的，为何秦氏的判词里画着高楼大厦，有一美人悬梁自缢；为何脂评本里有"'秦可卿淫丧天香楼'，作者用史笔也。老朽因有'魂托凤姐''贾家后事'二件，嫡是安富尊荣坐享人能想得到处？其事虽未漏，其言其意则令人悲切感服，故赦之。因命芹溪删去"？那么，删掉的又是什么内容？此处作批之人为何人，怎么就能够如此影响作者？如果作者是史笔，焦大骂"爬灰的爬灰"，指的是不是贾珍与秦氏，而这二人在曹家又对应何许人？秦氏托梦凤姐"三春去后诸芳尽，各自须寻各自门"。这里的"三春"指的是贾家三小姐探春吗？为何脂砚斋在此批"此句令批书人哭死"？最后贾家是不是真的应了秦氏所言"'登高必跌重'。如今我们家赫赫扬扬，已将百载，一日倘或乐极悲生，若应了那句'树倒猢狲散'的俗语，岂不虚称一世的诗书旧族了"这样的结局？

思考＆讨论：

思考秦可卿的身世与死亡之谜。

【《红楼梦》共读 Day 3】

前情提要：

上一次我们读到第十三回，如果让我以一个字来概括，我会用一个"情"字。

贾宝玉与袭人、与太虚幻境中警幻之妹名兼美字可卿的是云雨情，宝玉也被警幻称作是"天下古今第一淫人"。

秦可卿与贾珍本是公公与儿媳，却出了乱伦之事，这是奸情；

贾瑞百般献殷勤于王熙凤，求的不过是风月之情。

王熙凤之于刘姥姥，本是两个不相干的人，但却给二十两银子接济，这是人情，也是埋下的恩情。

贾宝玉与林黛玉两小无猜，第一次见面就是"这个妹妹我见过"，这是三生石上结下的不了情。

所以，《红楼梦》怎一个"情"字了得。

今日任务：

今天的阅读是从第十四回《林如海捐馆扬州城，贾宝玉路谒北静王》到第二十二回《听曲文宝玉悟禅机，制灯谜贾政悲谶语》。为何止在了这一回？因为这段主要是围绕着元妃省亲展开的，自二十三回，场景转换，众姐妹及贾宝玉就搬进了大观园，开启了一个青春王国的生活。

如下几个看点是绝不能错过的。

第一个算得上是王熙凤的高光时刻，处理秦可卿丧事及协理宁国府，具体做法大家仔细看第十四回，那可真叫一个"威重令行，杀伐决断，不畏辛劳，井然有序"。卯正二刻便过来了。卯正二刻相当于现在的几点？六点半。那个时候的小媳妇还得梳妆打扮，想来五点多就得起来了。几点钟下班？"戌初烧过黄昏纸，我亲到各处查一遍，回来上夜的交明钥匙"。戌初相当于现在的七点，七点过来后还得各处查一遍，下班至少也得是八九点钟了。就这样，在铁槛寺稍带脚的还从老尼那弄了三千两银子，不过这事做的着实是埋下了祸根，也应是凤姐日后之罪状。

第二个算得上是贾府的高光时刻，元妃省亲。第十六回，元春"晋封为凤藻宫尚书，加封贤德妃"，于是"宁荣两处上下里外，莫不欣然踊跃，个个面上皆有得意之状，言笑鼎沸不绝"。后又有恩旨"凡有重宇别院之家，可以驻跸关防之处，不妨启请内廷銮舆入其私第"。也就是说众嫔妃如果家里有条件可以申请回家一趟。我们看电视剧都知道后宫即前朝,这哪里仅是骨肉亲情之事,更是后宫的地位和在前朝的面子。什么是"驻跸关防"?跸是帝王出行威严清道,驻跸指帝王后妃在宫外的停留驻扎;关防是防卫的意思。书中此段还借贾琏乳母赵嬷嬷之口说了一段往事,"嗳哟哟,那可是千载希逢的!那时候我才记事儿,咱们贾府正在姑苏扬州一带监造海舫,修理海塘,只预备接驾一次,把银子都花的淌海水似的!"有这句话垫底,大家就不难想象后面从东府花园起转至北边专门辟出三里半造了个大观园,万两银子专门往姑苏请教习、采买女孩子,两万两置办花烛彩灯并各色帘栊帐幔,更不消说那土木砖瓦、金银器皿,"别讲银子成了土泥,凭是世上所有的,没有不是堆山塞海的,'罪过可惜'四个字竟顾不得了"。最后,终于有了次年正月十五上元之日恩准贾妃省亲。费这么大周章,元妃在贾府一共待了多久?太监传话"只怕戌初才起身"。前面我们说过"戌初"是晚上七点,后又有执事太监启道"时已丑正三刻,请驾回銮",此时是第二天的凌晨二点四十五。满打满算回家待了七个小时。

此外还有几处。一处是大观园试才题对额(第十七回至第十八回,这是两回合成一回的一个章节),我们把贾宝玉的题额梳理一下就可见其在四书之外的才华:"曲径通幽处"、"沁芳"、"绕堤柳借三篙翠,隔岸花分一脉香"、"有凤来仪"、"宝鼎茶闲烟尚绿,幽窗棋罢指犹凉"、"杏帘在望"、"稻香村"、"新涨绿添浣葛处,好云香护采芹人"(其实这一句我一直认为大有深意,云是否为似湘云之人?此处的芹是否就是作者名字中的芹?)、"蓼汀花溆"、"蘅芷清芬"、"吟成豆蔻才犹艳,睡足酴醿梦也香"、"红香绿玉"等。

再有一处,是我非常喜欢的第十九回《情切切良宵花解语,意绵绵静日玉生香》。前半段写袭人劝宝玉要读书上进,后半段写宝玉和黛玉的两小无猜，其细腻让人一读再读，其自然让人不由自主，其灵动让人犹在眼前。还有就是我很喜欢的一个人物史湘云终于在这里出场了"只见史湘云大笑大说的,见他两个来,忙问好厮见"（第二十回）。无须更多着墨,一个"大笑大说"已让其形象跃然眼前。再有就是第二十二回,"没缘法转眼分离乍,赤条条来去无牵挂"让宝玉悟禅机,以及元妃娘娘送出灯谜之爆竹,这一一响而散之物让贾政心内沉思。这几处都是非细读不可的。

思考 & 讨论：

大家可以跟着政老爹的脚步画一画大观园的建筑图,再试着想想宝玉题额联处后来定了什么名？是谁的住所？

【《红楼梦》共读 Day 4】

前情提要：

上一次我们读到第二十二回,如果让我用一个字来概括,我会用一个"盛"字。

秦可卿出殡之盛（第十四回）。除了贾家的排场,还有参加出殡的官客,王四家,国公六家,郡王、侯、伯等大小轿子车辆不下百余乘,北静王水溶甚至亲来路祭。

贾元妃省亲之盛（第十七—第十八回）。自正月初八日,就有太监出来先看方向,又有巡察地方总理关防太监各处设边防、挡围幙,外面又有工部官员并五城兵备道打扫街道、撵逐闲人,直到十五日五鼓,贾母等按品服大妆。

省亲别墅建造之盛。只见园中香烟缭绕,花彩缤纷,说不尽的太平气象。贾妃见了也默默叹息奢华过费。

再就是暗含的四大家族曾经之盛。贾家接驾太祖皇帝银子花得淌海水似的。但凡外国人来,都是王家养活,也预备接驾一次。江南甄家接驾四次，银子成了土泥，凭是世上所有的，没有不是堆山塞海的。

然，有涨就有落，这乃世间万象之基本规律，在第二十二回之灯谜中，我们似乎和贾政一样嗅出了"登高必跌重"的味道。

今日任务：

今天的阅读是从第二十三回《西厢记妙词通戏语，牡丹亭艳曲警芳心》到第三十一回《撕扇子作千金一笑，因麒麟伏白首双星》。且说贾元春在宫中忽想起大观园景致，自己幸过之后，必不敢使人进去骚扰，遂下了一道谕，命宝钗等只管在园中居住，不可禁约封锢，命宝玉仍随进去读书。由此开启了一场青春盛宴。

今日导读自不能去细说那样个性鲜明、意兴盎然的场景，须自己去读去品方能体会其中的高妙之处。比如说第二十三回，宝玉拿《会真记》（就是唐元慎的传奇小说《莺莺传》，后来元代王实甫改成杂剧《西厢记》，这里应该是《西厢记》）给黛玉看，黛玉不到一顿饭的工夫就将十六出俱已看完，看完了书，却只管出神。这不就是我们小时候背着父母老师偷看琼瑶的小说那痴痴迷迷的样子吗？还有大家熟悉的宝玉和凤姐被魇的第二十五回，但有一个小细节大家一定没怎么注意过，宝玉拿刀弄杖、凤姐手持一把明晃晃的钢刀，大家顾了这儿顾不了那儿时，独有薛蟠"更比诸人忙到十分去：又恐薛姨妈被人挤倒，又恐薛宝钗被人瞧见，又恐香菱被人臊皮，知道贾珍等是在女人身上做功夫的，因此忙的不堪。忽一眼瞥见了林黛玉风流婉转，已酥倒在那里"。这可真是只有曹雪芹才能如此见缝插针地把一个次要人物都写得如此活灵活现。还有第二十六回《蜂腰桥设言传心事，潇湘馆春困发幽情》，黛玉一系列的小动作红了脸、拿袖子遮了脸、翻身向里装睡、坐在床上理头发，以及话语"人家睡觉，你进来作什么""我没说什么呀"……唉呀呀，真是把情窦初开写得如复刻的一般。

再有两个关于贾府丫鬟的小故事也非常值得我们关注。一个是红玉，后来改了名字叫小红，口齿伶俐的"这个奶奶""那个奶奶"的深得王熙凤赏识，留在了自己身边，这个小丫头后来在凤姐落难时会有大作为。第二十七回在脂批评中有评语"红玉今日方遂心如意，却为宝玉后伏线""且系本心本意，狱神庙回内方见"。再就是晴雯撕扇，晴雯把一把扇子跌折了反倒跟袭人怄气，宝玉为了哄她，把自己的扇子拿与她撕，还一把夺了麝月的扇子来撕，还要把扇子匣子搬出来给她撕，也可见晴雯这个性子后面是要吃大亏的（第三十一回）。

从后来故事发展的伏笔来说，今日阅读的内容中大家需格外关注《撕扇子作千金一笑，因麒麟伏白首双星》（第三十一回），这里的白首双星到底指的是谁？是当下的史湘云与卫若兰还是贾宝玉与史湘云？再就是我们需花大力气去读《葬花吟》（第二十七回），我们读小说时遇到诗词往往会略过，但《红楼梦》中却有许多不能不读的诗词曲赋，前面我们说了第五回不能不读，那么这一回也是不能不读，由此我们可以更好地理解林黛玉有怎样的境遇。

思考 & 讨论：

细读第二十七回中的《葬花吟》，试理解林黛玉有怎样的境遇。

（可参考脂评本和蔡义江先生的《红楼梦诗词曲赋评注》）

【《红楼梦》共读 Day 5】
前情提要：

前面读到了宝玉并众姐妹入住大观园，今儿谁恼了，明儿谁又跟谁怄了气。公子们听曲斗蟀,小姐们伤春悲秋,丫鬟们女红针黹,老爷们豪赌嫖妓,下人们偷懒取巧,婆子们搬弄嚼舌。人世百态在大观园内外上演。

今日的回顾前情,我也想学那脂砚斋给上次的作业《葬花吟》做个批注,虽不能及其万分之一。

  花谢花飞花满天,红消香断有谁怜?
  ——触景生情,自叹身世坎坷
  游丝软系飘春榭,落絮轻沾扑绣帘。
  闺中女儿惜春暮,愁绪满怀无释处。
  ——前一句是写景,后一句是由景生情
  手把花锄出绣闺,忍踏落花来复去。
  ——这一句画面感极强,一幅伤春悲秋的美人图
  柳丝榆荚自芳菲,不管桃飘与李飞;
  ——这是对世态炎凉、人情冷暖的愤懑
  桃李明年能再发,明年闺中知有谁?
  ——这是抒发对未来的不确定感,以及无法主宰自己的命运的感叹
  三月香巢已垒成,梁间燕子太无情!
  ——照此句,在宝玉出事前两人的婚事应该已定,而且是在宝玉出事的那年春天就定下了
  明年花发虽可啄,却不道人去梁空巢也倾。
  ——宝玉应该是在秋天下狱,看这句似是黛玉没能等到宝玉回来
  一年三百六十日,风刀霜剑严相逼,
  ——这是对长期迫害着自己的冷酷无情的现实的控诉
  明媚鲜妍能几时,一朝飘泊难寻觅。

花开易见落难寻,阶前闷杀葬花人,
——此四句以落花喻人,以落花象征红颜薄命
独倚花锄泪暗洒,洒上空枝见血痕。
杜鹃无语正黄昏,荷锄归去掩重门。
——此处是写黛玉葬花的过程,以及如何回
青灯照壁人初睡,冷雨敲窗被未温。
怪奴底事倍伤神,半为怜春半恼春:
怜春忽至恼忽去,至又无言去不闻。
昨宵庭外悲歌发,知是花魂与鸟魂?
花魂鸟魂总难留,鸟自无言花自羞。
愿奴胁下生双翼,随花飞到天尽头。
天尽头,何处有香丘?
——此一大段应是黛玉辗转反侧时的思量,有回忆,有惆怅
未若锦囊收艳骨,一抔净土掩风流。
质本洁来还洁去,强于污淖陷渠沟。
——此四句表现不愿受辱被污、不甘低头屈服的孤傲
尔今死去侬收葬,未卜侬身何日丧?
侬今葬花人笑痴,他年葬侬知是谁?
试看春残花渐落,便是红颜老死时。
一朝春尽红颜老,花落人亡两不知!
——伤心一首葬花词,似谶成真自不知。安得返魂香一缕,起卿沉痼续红丝?"花落人亡两不知",应该是指黛玉死宝玉不知,宝玉如何黛玉至死不知

今日任务:

今天的阅读是从第三十二回《诉肺腑心迷活宝玉,含耻辱情烈死金钏》到第四十一回《栊翠庵茶品梅花雪,怡红院劫遇

母蝗虫》。这里有几个大故事和几个小故事,大故事包括金钏之死、宝玉被打、结海棠社,以及刘姥姥二进荣国府,几个小故事包括宝玉终于向黛玉表白"你放心"、史太君大观园宴饮以及栊翠庵品茶等,活色生香。最要紧处要数宝玉被打、众姐妹结社作诗和刘姥姥二进荣国府。

宝玉因何被打?还记得第二十八回的蒋玉菡吧,是个唱小旦的,小名琪官。席间,宝玉将玉玦扇坠解下来赠予琪官,琪官将系小衣的一条大红汗巾子解下来递与宝玉。琪官本是忠顺王府养着的,三五日不见了,忠顺王府派人到贾府来要人,再加上贾环告黑状说宝玉强奸金钏未遂致其投井死了,真是火上浇油啊!要看打得如何,看官们去看第三十三回吧。这也是红学家们讨论得比较多的一回。比如贾母说"只是可怜我一生没养个好儿子,却教我和谁说去",暗表贾政并非贾母亲生而是过继的;"我和你太太宝玉立刻回南京去",暗表贾家实就是江宁织造曹家;等等。

秋爽斋偶结海棠社可以算群钗的才艺表演。诗社的发起人是探春,一呼众人皆应,李纨自荐做掌坛。第一件事就是起别号;第二件事是定罚约;第三件事是各司其职,一个副社长负责出题限韵,一个负责监场,后来又请凤姐作了监社御史(第四十五回);第四件事是拟定每月两次一会。第一社就在秋爽斋,咏海棠,限"门盆魂痕昏"韵。第二社名为湘云做东,实是宝钗买单,拿了七八十斤的螃蟹(后来刘姥姥算了个经济账,就这些螃蟹就值二十多两银子呢)。忆菊、访菊、种菊、对菊、供菊、咏菊、画菊、问菊、簪菊、菊影、菊梦、残菊一共凑了十二个题目。众姊妹诗作得如何?且看第三十八回,黛玉夺魁菊花诗,宝钗的螃蟹咏独领风骚。自贾母到王熙凤再到宝玉及众姐妹嬉笑打闹,好不热闹。

刘姥姥二进荣国府已和第一次大不一样了,和众人已经是熟了很多,带来没舍得卖的头一起的枣子、倭瓜并些野菜,可见姥姥是个有心之人。姥姥本是要赶回去的，但竟真地投了二奶奶王熙凤的缘留住一宿，偏又被老太太贾母知道了，正想有个积古之人说说话，就住了两三天。这时刘姥姥是七十五，比贾母还大着几岁。贾母是歪在榻上，一个纱罗裹的美人一般的丫鬟在那里捶腿，而刘姥姥扛着几十斤重的菜赶路来到贾府。此一比真是天上地下呀。刘姥姥在大观园里看的西洋景我们不说，还是单回到凤姐与刘姥姥的缘分。大姐发起热来，刘姥姥给了个主意说怕是遇见什么神，烧了纸钱送了祟，大姐果然安稳睡了。更有甚者，凤姐竟要刘姥姥给自己的女儿取个名字，一来借寿，二来压得住，于是大姐就有了"巧哥儿"这个名字，万事从巧字上来，遇难成祥、逢凶化吉。再有我们看凤姐给刘姥姥准备带走的是"堆着半炕的东西"。除了各种物品，还有一百零八两银子。最后在辞别贾母时，鸳鸯又给准备了一个包袱，有衣服、面果子、药以及两个银子。宝玉还把在妙玉那吃茶的成窑钟子给刘姥姥带回去了。还记得第一次来吗？是二十两银子外加一吊钱。

思考 & 讨论：
海棠社中众人所作的诗作体现了他们怎样的性格与才情？

【《红楼梦》共读 Day 6】
前情提要：

上一次我们阅读的章回虽有金钏之死、宝玉挨打等情节，但总体来说是欢乐的，属于贵族家庭的日常欢乐。贾母是欢乐的，有众小辈承欢膝下；王熙凤是欢乐的，上有贾母王夫人撑腰，下有丫头婆子讨好；贾宝玉是欢乐的，不用去上学，整天在姐妹堆里厮混；众姐妹也是欢乐的，结社赋诗、画画一展才情；就连外来客刘姥姥也是欢乐的，开了眼长了见识，还得到了生活的救济。接下来我们继续贾府的日常。

今日任务：

今天的阅读是从第四十二回《蘅芜君兰言解疑癖，潇湘子雅谑补余香》到第五十一回《薛小妹新编怀古诗，胡庸医乱用虎狼药》。有几个场面是非常有意思的。

第一个是曹雪芹一改一般作者的写法，在第四十二回让钗黛两个情敌和好了。在这一回，两个女孩在一起，宝钗对林黛玉进行了一番教育，且黛玉暗服，从此成了推心置腹的好姐妹。起因是林黛玉行酒令时用了《西厢记》《牡丹亭》中的句子。难道因为这次推心置腹两个人就可以冰释前嫌吗？所以我们特别需要分析的两个人的心理。

第二个是四十三回，贾母找乐子，大家凑份子给王熙凤过生日，这个凑份子的过程实在是好看，我们可以再想想是否也有过这种尴尬。有自愿出的，有不得不出的，有不想出但是不敢不出的，有找个法子让别人代出的，有耍滑不出的，真是非常有意思。

第三个是凤姐庆生之日却撞破了贾琏和鲍二老婆的丑事，于是上演了一出杀妻的闹剧。这一出大家去看第四十四回就可以了，我想让大家留意的是贾母作为长辈是如何各打五十大板的。贾母是怎么帮自己的孙子开脱的？是"贾母笑道"，老太太以一"笑"显示风淡云清，"什么要紧的事！小孩子们年轻，馋嘴猫儿似的，那里保得住不这么着"。老太太是怎么劝慰平儿的？"你出去告诉平儿，就说我的话：我知道他受了委曲，明儿我叫凤姐儿替他赔不是。"老太太又是怎么给凤姐面子的？老太太骂贾琏，"下流东西……脏的臭的，都拉了你屋里去。为这起淫妇打老婆，又打屋里的人，你还亏是大家子的公子出身，活打了嘴了……乖乖的替你媳妇赔个不是，拉了他家去，我就喜欢了"。多么睿智的老太太，值得学习的地方太多了。

第四个场面是宝玉冒雨来看黛玉（第四十五回）。首先我们看到的是宝二爷到林妹妹这来是不用事先通传的，丫鬟刚说宝二爷来了，一语未完宝玉已经进了门。什么样的感情可以说来就来？只有跟黛玉，宝玉去宝姐姐那儿一定是要事先通传一声的。再看宝玉进屋时一连串的问话："今儿好些？吃了药没有？今儿一日吃了多少饭？"可见这一天未见，宝玉有多少个担心。接下来我们看二人的对话，宝玉是穿蓑带笠来的，活像一个渔翁，说也给黛玉弄一套，黛玉随口就是"我不要他。戴上那个，成个画儿上画的和戏上扮的渔婆了"，说完把自己也羞得脸飞红。再就是宝玉走时，黛玉把书架上的玻璃绣球灯递与宝玉照亮。这已经不仅仅是热恋的爱情了，是全身心的情感的倾注了。

还有很多场面也煞是好看，如鸳鸯宁愿剪了头发当尼姑或者一刀抹死也不嫁给贾赦（第四十六回），既表明了自己绝不苟且攀附的心意，也说明这大老爷是多么的不堪，这也为之后鸳鸯的命运埋下了雷；再就是赖大家因儿子当了官，请贾母等过去坐坐，这便引出了一个人——柳湘莲，薛蟠调戏柳湘莲，然柳湘莲素性爽侠，不拘细事，酷好耍枪舞剑，并非优伶一类，把薛蟠痛打了一顿。这既写出了柳湘莲的为人，实也为后文尤三姐的故事埋下了千里伏线；香菱学诗一段实在值得细读（第四十八回），黛玉真是一个好老师，有理论："什么难事，也值得去学！不过是起承转合，当中承转是两副对子，平声对仄声，虚的对实的，实的对虚的，若是果有了奇句，连平仄虚实不对都使得的。""词句究竟还是末事，第一立意要紧。若意趣真了，连词句不用修饰，自是好的，这叫做'不以词害意'。"有学习方法："我这里有《王摩诘全集》，你且把他的五言律读一百首，细心揣摩透熟了，然后再读一二百首老杜的七言律，次再李青莲的七言绝句读一二百首。肚子里先有了这三个人作了底子，然后再把陶渊明、应场、谢、阮、庾、鲍等人的一看，你又是一个极聪敏伶俐的人，不用一年的工夫，不愁不是诗翁了。"这就是说作诗，一要有灵性，二是书读百遍其意自现。再后面薛宝琴的出场（第四十九回），琉璃世界白雪红梅，姊妹们更是个个争奇斗艳，想来再高超的画家也无法复刻那样的场面；芦雪广争联即景诗以及咏红梅，还有薛宝琴新编怀古诗，都是多么美好的画面。不可多得，因为后面我们再难看到贾家平顺时期这些无忧无虑的儿女了。

思考 & 讨论：

读第四十五回林黛玉作《秋窗风雨夕》，试看大观园的女诗人是如何描写秋窗、秋雨、秋夜、秋情的。

【《红楼梦》共读 Day 7】

前情提要：

上一次我们读到的内容可以说让人打心眼里欢喜。至此，大观园众美集结也终于是完成了，以宝玉为纽带，我们看，有嫡亲的迎、探、惜姐妹，有姨、姑表亲的宝钗、黛玉、湘云等，有嫡堂嫂（媳）的李纨、凤姐、秦可卿等，外亲有薛宝琴、邢岫烟、李纹、李绮，还有一帮如紫鹃、香菱、晴雯、袭人、莺儿等玲珑剔透的丫鬟。真个是青春飞扬、诗情飘逸、流光溢彩、粉雕玉琢。

今日任务：

今天的阅读是从第五十二回《俏平儿情掩虾须镯，勇晴雯病补雀金裘》到第五十九回《柳叶渚边嗔莺咤燕，绛云轩里召将飞符》。大家要珍惜这最后的欢乐飞扬的场面，再后面贾家内外将会是烽烟四起。

第五十二回固然有晴雯病补雀金裘这一精彩片段，可我想提醒大家注意的是一个小细节。薛宝琴说八岁时随父亲到了真真国（无法考证这真真国到底为何处），见一外国女孩并请她手书了一首自己写的诗。宝玉想看看，宝琴推说在南京收着呢，大家也就作罢。独有黛玉说："你别哄我们。我知道你这一来，你的这些东西未必放在家里，自然都是要带了来的，这会子又扯谎说没带来。"说得宝琴红了脸，低头微笑不语。太过伶俐，又不知收藏，再与第七回周瑞家的送宫花"还是单送我一人的，还是别的姑娘们都有呢？""我就知道，别人不挑剩下的也不给我"比着看，这许多年来上上下下不知得罪了多少人。反观宝钗，我们见金钏死后她劝王夫人"姨娘是慈善人，固然这么想。据我看来，他并不是赌气投井。多半他下去住着，或是在井跟前憨顽，失了脚掉下去的。他在上头拘束惯了，这一出去，自然要到各处去顽顽逛逛，岂有这样大气的理！纵然有这样大气，也不过是个糊涂人，也不为可惜。"（第三十二回）听听，这睁着眼睛说瞎话的本事！

我们说《红楼梦》反映了当时的贵族与市井各种文化，描写了上流与末流各色人等，那么，不能不认真细读的当然就有反映贵族祭祀文化的第五十三、第五十四回。先是开宗祠，着人打扫，收拾供器，打扫上房，以备悬供遗真影像；然后是各门要打点送各处的礼物，以及打压岁的金银锞子；到光禄寺去领皇上的春祭恩赏；各家定请吃年酒的日子；乡下的庄头来送进项；腊月二十九，换门神、联对、挂牌、油桃符等；三十，有诰封者进宫朝贺，行礼领宴；回来后，祭宗祠，祭过宗祠就是小辈们给长辈们行礼，献屠苏酒、合欢汤、吉祥果、如意糕等；初一，进宫朝贺，兼祝元春千秋，领宴回来又至宁府祭祖；然后就是请人吃年酒，一直要到十五；至十五，又是摆酒席，挂各色佳灯，放爆竹，唱大戏，听书，吃元宵，举行家宴；各家请吃酒一直到正月底。

第五十五和第五十六回，我们要看的主角是探春。凤姐小月了，李纨协理家中之事，但李纨是个尚德不尚才的，王夫人便命探春同李纨裁处,后又请了宝钗来托她各处小心,于是这就引出了"敏探春兴利除宿弊"。然而,任何的改革都是从触动了一部分人的利益开始的。先给探春来了个下马威的就是她的生母赵姨娘。起因是赵姨娘的兄弟死了,赵姨娘想像袭人的娘死了一样要赏银四十两,探春认为不合规矩,于是赵姨娘当着一众人的面把探春一通数落,把探春气得脸白气噎,但探春也着实不是省油的灯,跟赵姨娘掰扯起来一句不落下风,这一顿杀威棒打下去就没人敢不服了。接下来探春一是把买办给姑娘们买头油的二两银子蠲了,二是对大观园里的花草田亩树木搞了承包制。

后面几回我们也要留意些细节,比如第五十七回紫鹃说林妹妹要回苏州了,宝玉的反应可以与后四十回宝玉成亲对应着看。宝玉到底会与哪个定亲,我们也可以在凤姐以及薛姨妈的言谈中找到端倪。此段过后,贾府真是乱成一团了。因老太妃薨逝,有品级的都要去守丧,先是家里没了主事的家长,再就是梨香院的十二个小戏子分到了各房一点不省事,园内烧纸钱、折柳采花(现在可是承包制了)、与老婆子们拌嘴扭打。这还都是小事,且往后看,真是外面的还没来,就先从内里乱起来了。

思考 & 讨论:

如何评价探春的行事作风以及对赵姨娘的态度?

【《红楼梦》共读 Day 8】

前情提要:

上一次我们说到贾府内部开始出现各种危机,先是凤姐小月后又添了下红之症,不能理事,探春、李纨、宝钗组成三人领导小组总理大观园各种事物。老太妃薨逝,贾母等有品级的(不仅是贾母、王夫人、邢夫人,就连贾蓉之妻也是有品级的)几乎倾巢而出，也给了一众不省事的丫头婆子们无法无天的机会。

今日任务：

今天的阅读是从第六十回《茉莉粉替去蔷薇硝，玫瑰露引来茯苓霜》到第六十九回《弄小巧用借剑杀人，觉大限吞生金自逝》。贾家的乱象继续，人命案又出了一桩。

第六十回可以说是一场"散打"，这原因也跟个绕口令似的。蕊官因与芳官要好，托春燕给芳官带一点蔷薇硝擦脸，被贾环看见了，贾环就让芳官给他一半，芳官不想给蕊官给自己的，自己平时用的也没有了，麝月就说让芳官随便拿些什么给他，芳官就包了些茉莉粉给贾环，贾环献宝似的赶紧给彩云送去，彩云识得这是茉莉粉，贾环觉得这也是好的本没想生事，可赵姨娘闹着非去吵一出子，贾环自己不敢去还顶嘴说赵姨娘怕探春自己也不敢去，这就戳了赵姨娘的肺管子了，飞也似的往园中去了……翠墨、蝉姐儿、艾官、夏婆子、芳官、柳家媳妇、柳五儿、柳家的侄子、赵姨娘的内侄钱槐、门上小幺、迎春房里的小丫头莲花、司棋、林之孝家的、凤姐、平儿、袭人、宝玉、玉钏儿、赵姨娘、探春、彩云、秦显家的，因着鸡零狗碎闹将起来……要知战况如何，列位看官自去看看第六十、第六十一回便知。

接下来的热闹皆因生日而起。当下原是宝玉生日已到，而且和宝琴、岫烟同日（此间还借闲聊说出了谁跟谁是一天的生日，比如黛玉是二月十二，跟袭人是一天生日）。大家可以细看一下第六十二回的开头是如何写宝玉生日的规定动作的。因着这一天也是平儿的生日，大家起了兴致便凑了分子，设宴在芍药栏中红香圃三间小敞厅，喝酒、行令、划拳、联句，大家看划拳这一段写得真是形象，"湘云等不得，早和宝玉'三''五'乱叫，划起拳来。那边尤氏和鸳鸯隔着席也'七''八'乱叫划起来。平儿袭人也作了一对划拳，叮叮当当只听得腕上的镯子响。"

是不是很颠覆我们对这些姑娘小姐的印象?

此间几处经典画面"憨湘云醉眠芍药裀":"果见湘云卧于山石僻处一个石凳子上,业经香梦沉酣,四面芍药花飞了一身,满头满脸衣襟上皆是红香散乱,手中的扇子在地下,也半被落花埋了,一群蜂蝶闹穰穰的围着他,又用鲛帕包了一包芍药花瓣枕着"。"寿怡红群芳开夜宴":怡红院的人自不必说,把宝、黛、探等全请来了。玩的跟白天不一样,是抽花名,宝钗签上是牡丹,"任是无情也动人";探春签上是杏花,"得此签者,必得贵婿";李氏一枝老梅,"竹篱茅舍自甘心";湘云是一枝海棠,"只恐夜深花睡去"……其余自不多言,大家自己去看第六十三回。

乐极生悲,正玩笑不绝,忽见东府来报"老爷宾天了",贾敬死了。因家中无人把尤氏的继母尤老娘和两个妹妹接了来,由此引出了尤二姐、尤三姐的故事。

思考 & 讨论:
六十四回至六十九回的主角是尤二姐、尤三姐,你是如何看待这两个人物的?

【《红楼梦》共读 Day 9】
前情提要:
上一次的任务中我们留的是很重要的尤二姐、尤三姐的故事。这两个人物前后出现只有五回,但却是《红楼梦》中的重要角色。一边是给贾敬发丧,一边是打情骂俏、勾勾搭搭,实在是不像话。尤二姐先是跟贾珍、贾蓉父子有聚麀之诮,后来又和贾琏搞在了一起,做了二房。尤二姐是许了人家的,许的是皇粮庄头张家,指腹为婚,后来张家遭了官司败落了,尤老娘就抱怨,要退婚。这尤家嫌贫爱富是写在脸上的。贾琏贪图二姐的美色，将身上有服、停妻再娶、严父妒妻都置之度外了，一块"汉玉九龙珮"定情，由此尤二姐开始滑向死亡。贾琏在小花枝巷内买了一所房子，择了黄道吉日，一乘小轿把二姐抬来，把自己积年的体己一并搬了与尤二姐，就这样过起日子来。后事露，凤姐用计把尤二姐接进荣国府（第六十八回），让尤二姐受尽各种屈辱，最后落得个吞金而逝（第七十回）。

尤三姐这个人物形象被各种版本改得面目全非，现行程高本把她写成了贞洁烈女，然而从字里行间我们能够感受到尤三姐也和她姐姐一样是个被玷污的可怜的小女子，而造成她们不幸命运的根本还是"贫穷"——不得不依附贾珍生活。尤三姐这个形象是很有思想力度的。在第六十五回对尤三姐有细节描写，我们可以看到三姐那放荡泼辣实际上是破罐子破摔，仗着自己风流标致，偏要打扮得出色，做出浪态，哄得贾家父子俩垂涎落魄、迷离颠倒。尤二姐是甘于那种滥情的生活，而三姐却做着漂白了灵魂就漂白了名声的可怜美梦，看上了柳湘莲。柳湘莲以"鸳鸯剑"作为定礼。后来柳湘莲跟宝玉做"婚前调查"，知道三姐儿是贾家东府的就反悔了，"东府里除了那两个石头狮子干净，只怕连猫儿狗儿都不干净，我不做这剩王八"，尤三姐听到要退亲，将鸳鸯剑项上一横，可怜"揉碎桃花红满地，玉山倾倒再难扶"。

今日任务：

今天的阅读任务从第七十回《林黛玉重建桃花社，史湘云偶填柳絮词》到第八十回《美香菱屈受贪夫棒，王道士胡诌妒妇方》。曹雪芹的原作到此为止。贾家的败落已尽显端倪，而显示贾家由盛到衰的除了气象，还有诗词中的悲凉与寂寞。

曾几时我们都为大观园儿女们的才情所感动，她们起诗社、咏海棠、赞菊花，然后瞅着这个走那个亡的，诗社已经散了一年了。如今正是初春时节,黛玉以一首古风《桃花行》重启诗社，便改"海棠社"为"桃花社",以柳絮为题填词,宝钗的《临江仙》、宝琴的《西江月》、探春的《南柯子》、黛玉的《唐多令》、宝玉的《蝶恋花》颇多惆怅与悲伤。"一任东西南北各分离",太多的命运漂浮;"飘泊亦如人命薄,空缱绻,说风流",太多的缠绵悲戚;"几处落红庭院,谁家香雪帘栊",太多的沮丧破败;"韶华休笑本无根,好风频借力,送我上青云",太多的势力心机。我们即使不看原文大概也能将词与人作一对应。

第七十一回,贾政外放了三四年终于回京了,此处点出"今岁八月初三日乃贾母八旬之庆"(想着上次刘姥姥二进荣国府时刘姥姥是多少岁?七十五岁,而且还比贾母大了几岁,所以这应该是七八年的时间过去了)。贾母过生日真的成了贾家最后的热闹,收礼收得贾母后来都烦了,也不过目,只说让凤姐收了,改日闷了再瞧。至二十八日这天,来祝寿的有南安王太妃、北静王妃、众公侯诰命一众人等。接下来我们看看家里发生了什么事,园中正门与各处角门都未关,老婆子们只管分菜果,尤氏都分派不动,因发落了邢夫人陪房的亲戚,邢夫人把气发在凤姐身上,凤姐身子不大好,也只敢背里哭红了眼睛。司棋把姑舅兄弟带进大观园偷情。有脸的婆子们各处开赌,奶妈拿了二姑娘的首饰去当。贾琏央着鸳鸯把贾母暂时查不着的金银家伙偷出来去押个几千两银子(七十二回),夏太府又打发小内监来索贿,风光百年的贾府竟到了这个地步。接下来就发生了抄检大观园的事(七十四回),真是应了探春那段话:"你们别忙,自然连你们抄的日子有呢!你们今日早起不曾议论甄家,自己家里好好的抄家,果然今日真抄了。咱们也渐渐的来了。可知这样的大族人家,若从外头杀来,一时是杀不死的,这是古人曾说的'百足之虫,死而不僵',必须先从家里自杀自灭起来,才能一败涂地!"这段话真是信息量太大了,大家可以仔细琢磨琢磨。接着就是坐实甄家犯了罪,抄了家,甄家几个女人来贾家,气色不成气色、慌慌张张的。宝钗搬出了大观园，贾母开夜宴觉得人已是甚少了，桂花阴里，呜呜咽咽又发出一缕笛音，夜静月明，笛声悲怨，众人都不禁有凄凉寂寞之意。凹晶馆联诗也只剩了黛玉和湘云两个无父母的孤女，终以"寒塘渡鹤影，冷月葬诗魂"来悲凉收尾。

  第七十七回，晴雯被撵出大观园，最后凄凉死去。但晴雯是幸福的，因为她死在了曹雪芹笔下，而且还有贾宝玉作《芙蓉女儿诔》来祭奠。接下来就是薛蟠娶了夏金桂，看香菱的判词我们就知道香菱命不久矣，"自从两地生孤木，致使香魂返故乡"（第七十九、第八十回）。迎春嫁给了孙绍祖，"金闺花柳质，一载赴黄粱"（第七十九回）。

思考 & 讨论：

  曹雪芹的原作至此就读完了，你们对人物的命运有怎样的猜测？

【《红楼梦》共读 Day 10】

前情提要：

  前面我们已经读完了曹雪芹写的《红楼梦》前八十回。其实在八十回前贾家已是悲声四起。先是江南的甄家犯了事被抄了家，假（贾）作真（甄）时真亦假，江南的甄家实指贾家。除了这一暗指，实际的贾家也是一系列的异兆悲音，贾珍庆十五设宴，换盏更酌之际，忽听那边墙下有长叹之声却四面无人，一阵风越过墙去，恍惚听得祠堂内槅扇开阖之声，令人毛骨悚然。贾母中秋家宴上呜呜咽咽传来的笛声让人越发凄凉。晴雯死、迎春死，我们似乎也嗅到了一种死亡的气息。按道理，后面的故事将向着"为官的，家业凋零；富贵的，金银散尽；有恩的，死里逃生；无情的，分明报应；欠命的，命已还；欠泪的，泪已尽……

看破的，遁入空门；痴迷的，枉送了性命。好一似食尽鸟投林，落了片白茫茫大地真干净"的结局去走。前八十回唱的是青春的赞歌、社会的挽歌、人性的悲歌（马瑞芳评），但续写的后四十回很多是程朱理学的旧调，本来活灵活现的人物变得没了光彩。不过虽有很多地方看官们不满意，但私认为程高本的功大于过，后人也作了其他很多续本，但均不如程高本。程高本大体还是有着曹雪芹原著的基本样子，尽量写出了前八十回预示、暗示的人物结局，着实是不容易的，而且有一些情节写得还是不错的。

今日任务：

今天我们安排的阅读任务比较多，看官们可以根据自己的情况适当安排3~5日阅读。我们从第八十一回《占旺相四美钓游鱼，奉严词两番入家塾》一直到第百二十回《甄士隐详说太虚情，贾雨村归结红楼梦》。我们在读时要带着比较的态度来读，与前八十回的文字、与前八十回留下的线索比较着读，最好还能结合脂评本中脂砚斋、畸笏叟等人的批语来读，批语在后三十回遗失的情况下提供了曹雪芹原初的描写与构思，只有这样我们才能真正读懂《红楼梦》。后四十回的阅读任务留给各位看官，在此，简列几条后四十回与前八十回区别较大处，提示各位看官，更多线索还需大家自己去细看。

第一，刘姥姥确应该有第三次进荣国府的，但绝对不是救了巧姐又做媒把巧姐嫁给了地主家的儿子。第六回刘姥姥家里过不下去了到贾府求助，甲戌本眉批："老妪有忍耻之心，故后有招大姐之事，作者并非泛写，且为求亲靠友下一棒喝。"这里留下了将来刘姥姥招巧姐为孙媳的线索。一句"忍耻"，实际已经交代王熙凤的独生女儿巧姐将在贾府败落之后被狠心的舅舅和奸兄卖到妓院，而且是已经接客的雏妓。否则一个堂堂国公府的孙小姐给穷苦人家做媳妇，怎么还得"老妪有忍耻之心"？

第四十一回，巧姐见板儿手中的佛手，也要佛手，庚辰本夹批："小儿常情，遂成千里伏线。"小说写："忙把柚子与了板儿，将板儿的佛手哄过来与他才罢。""（板儿）又忽见这柚子又香又圆，更觉好玩，且当球踢着玩去，也就不要那佛手了。"小说的这些描写旁边庚辰本有夹批："柚子，即今香圆之属也，应与缘通。佛手者，正指迷津者也。以小儿之戏，暗透前后通部脉络，隐隐约约，毫无一丝漏泄，岂独为刘姥姥之俚言博笑，而有此一大回文字哉？"可见板儿最后娶巧姐已在其二进荣国府时埋下了伏笔。

第二，关于宝玉与黛玉、宝钗的婚姻。后四十回是贾母、王夫人、薛姨妈、凤姐一起偷梁换柱在宝玉与宝钗大婚之时逼死了黛玉，而我们看看脂评留下的线索。第五十五回，凤姐儿笑道："……宝玉和林妹妹他两个一娶一嫁，可以使不着官中的钱，老太太自有梯己拿出来。"这说明二玉的婚姻在贾府里已经不是一个需回避的话题，是几乎落定的。后四十回，在宝黛钗的婚事上大家有什么样的变化和嘴脸呢？先是袭人，一会儿去潇湘馆跟林姑娘来了一场妻妾如何相处的对话，一会儿大清早就跑到潇湘馆去探听消息；然后是薛姨妈，终于落实了她自己家在京城有那么多房子非要住在贾家的真实目的；再就是前八十回一直呵护宝黛爱情的凤姐成了大调包的执行者。最不可思议的当然还是贾母，来了个大变脸，对黛玉变得狠辣、冷酷，那个放爆竹都要把黛玉搂在怀里，喊着"心肝儿肉"的外祖母，此时言语里竟完全不顾自己唯一女儿留下的遗孤，"别的事都好说，林丫头倒没有什么"，这里委实太不相符了。那真实情况应该如何呢？第二十回宝玉正和宝钗说笑，忽见人说："史大姑娘来了。"己卯本夹批："妙极！凡宝玉、宝钗正闲相遇时，非黛玉来，即湘云来，是恐泄漏文章之精华也。若不如此，则宝玉久坐忘情，必被宝卿见弃，杜绝后文成其夫妇时无可谈旧之情，有何趣味哉？"从这段评语可以看出,宝玉宝钗成夫妇后并非像有的红学家所说"梦魂不通",隔着一层"帐儿纱",而是有过一段比较和谐的夫妇生活,有一些共同的话题。但尽管如此,宝玉仍不忘黛玉。第二十六回贾宝玉进潇湘馆时看到八个非常有名的字"凤尾森森,龙吟细细",其后甲戌本夹批:"与后文'落叶萧萧,寒烟漠漠'一对,可伤可叹!"说明落叶萧萧、寒烟漠漠是黛玉死后宝玉到潇湘馆悼念时的情景。

第三,宝玉及贾家的结局。后四十回写的是贾宝玉考完就丢了,但是却中了第七名举人,后贾政扶贾母灵柩回南的路上,"抬头忽见船头上微微的雪影里面一个人,光着头,赤着脚,身上披着一领大红猩猩毡的斗篷,向贾政倒身下拜。"那人不是别人,正是宝玉。而我们看看前八十回的批语。第十九回,宝玉在袭人家,袭人看无可吃之物,己卯本夹批:"补明宝玉自幼何等娇贵,以此一句留与下部后数十回'寒冬噎酸齑,雪夜围破毡'等处对看,可为后生过分之戒。"这段评语透露出贾宝玉后几十回生活非常贫穷,哪怕十分粗劣的用来果腹的食物也没有,只能吃腌制的酸菜;寒冬腊月身上也没有御寒的衣服,只能围块破毡。第二十回,宝玉因茶将茜雪轰走,庚辰本眉批:"茜雪至,狱神庙,方呈正文。袭人正文标目曰:'花袭人有始有终'。余只见有一次,誊清时,与'狱神庙慰宝玉'等五六稿被借阅者迷失,叹叹!丁亥夏,畸笏叟。"这条评语说明曹雪芹后三十回写到早年因为一杯茶被贾宝玉轰走的丫鬟茜雪,在贾府败落、贾宝玉到狱神庙之后,她去探望贾宝玉,而花袭人和蒋玉菡也接济了贾宝玉。袭人应该是在贾府没有败落前就嫁给了蒋玉菡,袭人与蒋玉菡的因缘早在大红汗巾和松花汗巾那已经埋下了。最后,我们看在甄士隐的《好了歌注》里有"金满箱,银满箱,展眼乞丐人皆谤"。这应该是贾宝玉的结局,而贾家的结局也绝对不是皇恩浩荡、官复原职,连宝玉都被封了个"文妙真人",而是"陋室空堂，当年笏满床；衰草枯杨，曾为歌舞场。蛛丝儿结满雕梁，绿纱今又糊在蓬窗上"。

思考 & 讨论：

读完《红楼梦》，列位看官有何感悟要跟大家分享？

结语：

曹雪芹千古文章未尽才。多种迹象表明，他生前已经写完了这本盖世奇书，共百一十回，但是后三十回已经湮没，未得流传，成了红迷心中永远的痛。在曹雪芹去世二十多年后的乾隆五十六年，程伟元用木版活字印刷出版了百二十回的《红楼梦》，程伟元说是竭力搜罗，"细加厘剔，截长补短，抄成全部，复为镌板"。因为热爱《红楼梦》，我们希望大家能真正读懂《红楼梦》。

（导读人：孙莉玲）

参考阅读：

1. 鲁迅.《中国小说史略》.人民文学出版社.2022年版.

2. 王国维.《红楼梦评论》.浙江古籍出版社.2012年版.

3. 蔡元培.《石头记索隐》.上海三联书店.2014年版.（附录有钱静方《红楼梦考》）.

4. 胡适.《红楼梦考证》.北京出版社.2016年版.

5. 俞平伯.《红楼梦辨》.文心书店.1972年版.

6. 周汝昌.《红楼梦新证》.中华书局.2016年版.

7. 蒋勋.《蒋勋说红楼梦》.上海三联书店.2012年版.

8. 白先勇.《白先勇细说红楼梦》.广西师范大学出版社.2017年版.

9. 蔡义江.《红楼梦诗词曲赋评注》.团结出版社.1991年版.

畅销好书篇

《设计中的设计》2003年在日本首次出版，之后被翻译成多种语言，在多个国家发行。2006年引入国内，广受设计界人士欢迎。直至今日，这本书仍位列豆瓣热门设计图书 TOP 10 的第一位，作者是原研哉。大家可能不知道"原研哉"，但一定会知道日本银座的松屋百货，原研哉就是它的平面设计者；一定会知道"无印良品"，原研哉是它的艺术指导。原研哉还是前几年闹得沸沸扬扬的小米200万元换logo的主设计师。《设计中的设计》一书目前在国内有两个版本，一个是山东人民出版社2006年版，一个是广西师范大学出版社2010年版。2010版增加了"建筑师的通心粉展""HAPTIC""SENSEWARE""白""EXFORMATION"等章节，字数由16万字扩充到了40万字。有意思的是，两版的中文书名虽然都是《设计中的设计》，英文版的书名却由"Design of Design"变为了"Designing Design"。而这种改变正体现了作者的思想："本书在谈论个人设计观的角度，并在集大成的期许下，不断增加文字、图像，最后意外地变成了具有相当分量的一本书"。

《设计中的设计》
———[日]原研哉

书评

打破思维定式

——孙莉玲

推荐这本书的理由可以简单归为以下三点：一是这是一本关于设计的书。原研哉有独特的设计语言，其独特性在于对材质的运用、在"白"中的设计，以及作品中所表现出的谦和和不着任何痕迹的努力。二是这是一本关于"创新思维"的书，不仅设计中需要创新，我们在生活中时时都需要突破窠臼去发现一些触碰心灵的东西，就如同作者在前言中写到的，"理解一个东西不是能够定义它或是描述它，而是把这个我们认为自己已经知道的东西拿过来，让它变得未知，并激起我们对其真实性的新鲜感，从而深化我们对它的理解"。三是这是一本可以检验自己"是否适合做创意或设计类"工作的书。喜欢或者愿意投入精力阅读哪一类的书实际是对个人学业定向的最可靠的手段，在阅读中我们可以发现非常多的可能与不可能。这本书的文字真的是很文艺、很唯美，这应该归功于作者，但也要归功于译者，二者的完美合作让众多的中国读者在阅读这本书时强烈感受到一个设计师流动的思想和灵魂。其实"设计"离我们并不遥远，我理解的设计不是设计师们的特权，"设计"就存在于我们的生活中，就如同作者给设计所下的定义：思考和感知有着无限多样的方式。设计的实质就是将这无限多样的思考和感知方式，有意识地运用在普通的物体、现象和传播上。下面，重点介绍本书中对我触动最大的几个理念，说不定会和读这本书的其他读者产生思想碰撞和共同的感悟。

一、再设计

先提出几个问题大家一起思考：我们现在用的卫生纸的纸卷芯都是圆的，如果我们把它设计成方的会怎样？我们会买蟑螂药去消灭不受欢迎的小强，但事后我们会发现蟑螂的尸体不时出现在我们不希望它出现的地方，如何化解这种无奈？虽然我们现在很少用火柴了，但你最希望火柴设计成什么样子让我们享受那最后一丝光亮？如果我们有一天老到也需要用纸尿裤了，你是否希望它就如同一条长短裤一样保留一个成年人最后的尊严？

我们在这个社会上生活久了，对于很多事物已经接受了"它原本就应该是这个样子"，而从没有想过，如果它换个样子是否会有完全不一样的体验。这其实就是"再设计"。再设计是对平常物品再做一下设计，需要把熟悉的东西看作初次相见般，令平常变作未知。因为有些事物我们越是确信自己已非常了解，对它的理解也就越不准确。

这种感知与理解并非局限于设计，同样适用于我们对人生的思考，很多事情我们因"司空见惯"而"见惯不怪"，失去了批判和反思的能力；很多时候我们因"习以为常"而觉得"理所当然",失去了同理或共情的良知;很多时候我们因"千篇一律"而"一叶障目",失去了探索和质疑的勇气。万事万物都是由一些基本元素组成的,但不一样的排列组合就可以得到完全不同的物质,也许生活也一样。"再设计"不是什么新花样,只是把我们忽略的一些情感、一些原先认为不那么重要的元素交给理性和明确的意识,并让再创造过程中的灵感去引起一些共鸣。

二、"五感"的觉醒

触觉(haptic)不是用于创造,而是用于让人感觉。一个人有一套努力认知世界的感觉系统——眼睛、耳朵、鼻子、皮肤,以及其他作为感觉接收器的东西。人类的感官是向世界大胆开放的,它们不是被动的器官,而是积极、主动的。大脑中萌发出无限的感觉触须探索着世界。对于每一个物体乃至整个世界每个人都会在头脑中形成一幅独特的画面,"你不是我,你又如何知道我头脑中的画面是怎样的"。我曾经遇到过这样一件事。我陪朋友去买运动手表,他竟然指着那块粉红的要买,我大为惊讶,一个男生为何买一块粉色手表,他却说,"这个灰色很好看",原来他是某些颜色的色盲。这件事对我教育意义很大,每每与人意见相左或产生争执时,我都会想到此事。我们的观点和看法不同也许是因为我们眼中的世界不同,所见不同自然就会产生不同的理解以及基于理解的观点和表达,"对牛弹琴""鸡同鸭讲"大概就是因此发生的。

回到原研哉的设计。他做了一个"触觉展",并为其起了一个副标题——五感的觉醒,我觉得可以把它理解为"对身体的感知的唤醒",这种觉醒很难分清到底"醒"的是哪部分感觉,很多时候感觉是同时发生的。比如说"口舌生津",很多时候我们仅是"看"到（视觉）就会被"酸"到（味觉）。在这次展会上，时尚设计师津村耕佑设计了一组灯笼，灯笼的外围材质使用了植发技术；祖父江慎设计的杯垫就像某个生物研究所的切片，可以看到里面蝌蚪状的东西，也令人想起因表面张力而膨胀、洒溅出来的水；伊东丰雄利用凝胶制作的门把手，给人一种新鲜的触感、深层次的温柔；深泽直人以香蕉、草莓、猕猴桃的肌理来设计果汁的包装盒，触觉本身就会引得我们流口水了！还有几双木屐，有的做了青苔的处理、有的做了松树林的处理，想象一下光脚踩在青苔或者踩在松树林里的感觉，是不是沉睡的脚掌都已经复苏了？这些不同设计师的实验作品都体现了对五感的不同刺激，使人们能够从视觉、触觉、听觉、嗅觉、味觉中获得全新的体验。不难发现，当触觉成为焦点时，意念的领域是多么的宽广。

三、信息的建筑思考方式

信息的建筑思考方式的意思就是大脑中的材料来自各种感觉器官，人在接收这些材料后就会进行组装而且还会形成记忆，当某一相似性出现的时候，一方面各种感官继续接收材料，另一方面曾经的记忆也会被唤醒。记忆不仅带领人主动回忆过去，并在大脑接收到类似外界刺激时陆续想起，还会添枝加叶，以理解新的信息。

这种能激发人们感觉、认知的熟悉的东西，原研哉称作"感件"（硬件、软件、物件……所有带"件"的东西应该都是一种可感的现实存在物吧）。原研哉在书中特别提到了"纸"，他利用纸的肌理及其属性设计了很多令人钦佩的作品，比如长野冬季奥运会开、闭幕式节目表册：用一种白色、松软的纸张做封面，将字用加热的模具压在纸上使字能够陷下去，凹陷下去的地方部分融化，像冰一样呈透明状。再如梅田医院的视觉指示系统，一改我们日常所见的亚克力或金属材料带来的硬邦邦与冰冷的感觉，用白色布料制作，柔软的布料给人以温暖与爱。又如松屋银座的改造工程，我们现在看到的满街建筑挡板最多是在金属上刷上绿色显示绿色生态理念，原研哉却将沿街的立面设计成拉链的形式，随着拉链逐渐拉开，人们可清晰看到该工程的进度，这种动态给人们留下的是无限的期待，而且每个人都会感觉这个工程和"我"是相关的。书中还提到松屋的卡片、购物袋、礼品包装——统一于一个关联的事物中，白色且平实的材料降低了标识的物质性；长崎县美术馆视觉识别系统——波纹荡漾，留下风中的颤抖；SWATCHY集团日本分中心——透明观光电梯的数量与子品牌的数量一样多，你需要选择的不是楼层而是电梯，传播的核心理念是"如何最好地呈现时间"。最后还有一个非常吸引我的就是作为信息雕刻的"书籍"。就书而言，我依然中意于那些以适当重量和质地的材料呈现在面前的信息载体，而不是被压缩在一个卡片中的以数字形式保存的信息载体。希望有机会可以买到一本由原研哉设计封面的书。

四、信息与生命的原项——"白"与"空"

如果将光的所有颜色混到一起，它们就成了白的。如果将油漆或墨水中的所有颜色去掉，它们会变也成白的。"白"是所有颜色的合成，同时又是所有颜色的缺失。"白"是一种颜色，是一种令其他颜色都从其中逃走的颜色；"白"又不仅仅是一种颜色，它蕴含了无限的多样性。原研哉认为，"白不是白的，让白得以诞生的是一种感受白的容纳性"，也就是说，对"白"我们必须打破它是颜色的认知，而将其作为一种理念。这不由得让我联想到中国画的"留白"。清代笪重光说："空本难图,实景清而空景现。

神无可绘，真境逼而神境生。位置相戾，有画处多属赘疣。虚实相生，无画处皆成妙境。"清代画家汤贻汾在《画筌析览》中指出："人但知有画处是画，不知无画处皆画，画之空处全局所关，即虚实相生法。"说的是中国画笔墨未到的空白处同样是有意义的。这与原研哉对"白"的理解与运用颇有异曲同工之妙。中国画中的留白不是"白"，而是"空"。"空"并不意味着"什么都没有"，而是给我们提供了一个更为广阔的思考空间、想象空间。

原研哉在许多创作中将"空"与"白"的作用发扬光大，典型代表是无印良品的理念——"无，亦所有"。丰富往往蕴含在低调之中，这就是无印良品向世界宣传的理念。原研哉设计的以"地平线"为主题的宣传广告，所有画面的中心都是一条平直的地平线，天地交汇的地方也是视野的尽头与极限，空无一物，却蕴含所有。此外，无印良品不主张品牌个性突出或具有特定的美学意识。很多品牌都以诱发消费者产生所谓"这个最好"、"非它不可"的强烈喜好为目的，无印良品的理想却不在此。它想做的，是要带给消费者一种"这样就好"的感觉。"这样就好"真是一种非常美妙的满足感，如果我们可以对任何事物都怀着"这样就好"而不是"这就是我想要的"的态度，生活可以给我们带来无限的可能。"这样就好"是没有框架，是在众多中选择一个合适的；而"这就是我想要的"从一开始就处于强烈的目标和欲望的驱使下，然而欲望是无法满足的，也许我们从目标出发却一辈子也法到达目标。

五、感悟设计师的文字与思想

最后我想把书中非常多的语句摘录下来与大家共享。

给土壤施肥："我已数次使用日本这个词，但我的言论中却不带任何排斥或狭隘的民族主义。事实上，恰恰由于一种全球视角,我们才必须面对这个世界,勇敢地展现我们的本土性。我们不需要为了全球人而丧失我们的个性。在全球背景下,差异就是价值。"我们现在也经常说"越是民族的越是世界的",我们所说的世界性、地球村,大多是指便捷的信息交互方式逐渐打破了时间和空间的概念,但祖先的东西不仅是一个民族的根,也是被其他民族尊重的源。所有文化都有自己的位置。只有把自己放在边缘,才能真正拥有全球化的视角,才能看清自己想看清的大部分。

挖掘"无"的意义:"一眼看去似乎是毫无用处的东西,内涵却很丰富。正因为容器是'空'的,才能收藏东西。这样就其拥有的可能性来说,非常丰富。"我很喜欢一本书叫《非暴力沟通》,初读时我无法理解何为"不带判断的倾听"。后来在与孩子的交流中,我突然发现当我说"这是谁干的"时其实我已经有了预设——"这就是你干的",如果我已经有了预设,那么无论她说什么我都觉得是在找理由和狡辩。

将世界未知化:"不断让人类头脑保持活跃的是未知。我们不会受我们已知的东西激发,而是热切地将世界变成已知……很久以来我一直认为提出问题要比给出答案更重要。创造性就是发现一个从来没被问过的问题。"然而我们在大多情况下,会因为一句"我知道"而把天聊死。无论话题是什么,刚一开头,就会听到无数的"我知道"。确实,我们现在获得信息的方式因网络的存在而非常便捷,但我们真的"知道"了吗?碎片化的阅读和片面化的解读,使世界上每一个事物好像都被切成了一个个小碎片,有时候我们捡到的只是一个碎片但却以为那就是全部。"我知道"是完成式,完成式的句子不会产生想象。而"交谈就是从一些零散的知识开始,围绕着它们一起聊,以此进行彼此的思考。通过将知识的片断与对话和推断进行巧妙的混合,我们就能得到尚未知晓的形象和想法。"

探寻设计的无限可能

——卢欣宇

说到无印良品,你会联想到什么?"设计感""极简主义""品质""文艺"或者是其他?但我想说的是原研哉——无印良品的设计总监,也是我要推荐的《设计中的设计》这本书的作者。对于书名《设计中的设计》,我认为第一个"设计"是名词,是指大众眼中的设计产品;第二个"设计"是动词,是指这些产品背后的设计原则和思考。《设计中的设计》一书对设计师原研哉的设计理念以及思想发展进行了总体的归纳,从设计的各个方面和角度,就"设计到底是什么"这一问题进行了详细系统的介绍和阐述。我推荐的是广西师范大学出版社 2010 年版,全书有 9 个章节,是一本很好读的入门级设计书目。该书从遣词造句到案例讲解都简单明了,非专业出身的人读起来也没有障碍。

一、日常中的设计——再设计与信息构筑论

设计存在于生活的方方面面,"设计得真不错"也常被用于称赞某个作品。但"设计是什么"?这既是职业设计者的根本疑问,也是大众对于"设计"的基本好奇,越是司空见惯的概念反而越难解释清楚。同时生活中能看到太多尴尬的设计:不能同时插两个设备的五孔插座,衣服后面永远扎人的标签,难以清洁到缝隙的键盘,迈不开腿的阶梯,等等。如果这些东西让我们自己设计,又该如何下手呢?一起来看看原研哉的设计思路吧。

日常生活的无限可能。"理解一个东西不是能够定义它或者是描述它,而是把这个我们认为自己已经知道的东西拿过来,让它变得未知,并激起我们对其真实性的新鲜感,从而深化我们对

它的理解",或许这就是原研哉认为的"re-design"的含义。从零开始做出新东西是创造,而将"已知"变为"未知"也是一种创造。他在 2000 年举办的"RE-DESIGN——二十一世纪日常用品再设计"展览,包含 32 位日本顶尖创作者重新设计出的某些很普通的商品,从大家都熟悉的普通生活中探索现代生活的意义,给平常的生活用品添加簇新的解说,并赋予其崭新的生命。在书中,原研哉列出了一部分设计:坂茂从节约角度设计的方形卷纸芯,佐藤雅彦传递交流与沟通理念的出入境章,津村耕佑的受众指向成人的尿不湿,面出薰以"为了纪念日的火柴"为主题的设计作品,等等。原研哉再设计以造型、信息、受众、文化为主要方面,随着实践的不断深入,再设计的内容越来越丰富。

所谓"exformation"是和人们日常熟知的"information"相对的,即探索未知的东西。基于"exformation"的理念,原研哉在书中分享了两个他的教学案例。第一个案例是"四万十川"。在日本,关于四万十川的知识多来源于观光册,而原研哉带领学生们从几个方面对四万十川进行了重新建构,最终给大家留下了完全不同于观光册的关于四万十川的印象。第二个案例是度假地。学生们从度假地给人的常规印象出发,探索新的不寻常的感觉,包括用救生圈、编织袋等材料将普通街道设计成度假村的感觉;基于度假就像冰激凌给人的感觉,探索冰激凌的各种形状,给人以全新的印象;等等。

信息构筑论与感性体。原研哉认为自己从事的是信息传达的工作,即让设计渗透到人的感官当中,让人有所感觉,并产生丰富的联想和印象。设计是信息的组合,是将各种信息收集起来,再有条不紊地建构成一个信息集合体,然后呈现给大众,让人们能够分门别类地进行接收,并从中获取自己想要的信息。人们依靠"五感"从信息集合体中获得各种感觉,这些感觉相互渗透、联系在一起，最终在脑海中形成想象，这种过程可以认为是信息的再构筑。

五感的觉醒。什么是"HAPTIC"？原研哉在设计这个展览的时候就已经为它下了定义——激发人的感知。这是一个针对人类五感的设计展，更像是一个很大的实验室。其中的作品不考虑任何结构和色彩等内容，而是考虑如何刺激和唤醒人的触觉。在展览中，时尚设计师津村耕佑设计了一组灯笼，灯笼的外围材质使用了植发技术；伊东丰雄利用凝胶制作的门把手，给人一种新鲜的触感、深层次的温柔；深泽直人以香蕉、草莓、猕猴桃的肌理来设计果汁的包装盒，让原本冰冷的产品包装有了温度与触感。这些不同设计师的实验作品体现了对五感的不同刺激，使人们能够从视觉、触觉、听觉、嗅觉、味觉中获得全新的体验。

设计实践中，原研哉试图建立一种信息建筑的思维方式，让平面设计不仅能作用于人的视觉，而且能够触动人的所有感官。是什么唤醒了感觉？作者在书中提到了"感件"，它是指任何能激发人们感觉、认知的熟悉的东西。原研哉在书中特别提到了"纸"，他利用纸的肌理及其属性设计了很多令人钦佩的作品。比如长野冬季奥运会开、闭幕式的节目表册，原研哉与造纸厂合作研发了一种白色、松软的纸张，使封面上的字能够陷下去，再将加热的模具压在纸上，纤维凹陷下去的地方会部分融化，呈现像冰一样的透明状，做出了"冰雪之纸"的理想效果，唤醒人们踏雪的记忆。再如在梅田医院的视觉指示系统中，所有的标识都用白色布料制作，柔软的布料展示了温暖与爱，而让白布的标识系统一直保持洁净，可以传递医院十分重视干净卫生的理念。又如松屋银座的改造工程，在沿街的立面上用拉链代表工程进度，让人保持期待的同时，又能准确传达信息。

二、哲学中的设计——空与白

关于原研哉设计作品风格的评论很多,"不落陈规的清新""静谧、平和的视觉呈现"等等。究其根本,都源于创作者对"空与白"的认识和把握。而所谓的"空与白"就是能够连续地吸收和接纳外在事物的东西,一眼看上去什么都没有,其实内涵却非常丰富。"空与白"的特质,使之能容纳更多的东西,拥有无限的可能。

原研哉眼里的"白"不单单是一种色彩,更是从模糊的世界当中分离而出的,从某种程度来讲"白"象征着生命最原始的形式,是一种对待事物一无所知的状态。"空"并不是"什么都没有",而是给我们提供了一个更为广阔的思考空间、想象空间。"空"是一种"素简"的创造力,是刻意把握和控制整体装饰,消除存在感,是一种"与其过度拥有,不如适量抛弃"的思想。

原研哉认为:"在某种程度上,白意味着空。"在日本文化中,"空"和"白"也是经常联系到一起的。比如茶道,日本的茶室面积通常不大,除了带挂轴的画和插花,几乎没有任何装饰,只有简单的榻榻米,人们久坐其中,或聊天,或品茶。为什么茶室会如此设计?因为在这种装饰极少的空间招待客人喝茶时,感受力和想象力会变得异常敏感。它跟简约不同,不是没有东西,而是有很多"可能"的东西,空的简单、白的整洁正是可以滋养精神世界和想象力的肥沃的土壤。

原研哉的"空与白"的设计思想很大程度上受到了日本文化和日本古典美学的影响。书中引用了《如何阅读世界地图》一书中一段十分有趣的关于日本地理位置的描述:"如果你把欧亚大陆拿过来转九十度,让它到上面,就像一个日本弹珠游戏箱,日本列岛在底下,就在球井的位置,错过所有洞口的钢珠都会汇集在球井，也就是日本"。日本位于太平洋的深渊中，截住了所有的文化和体系，就像一个大熔炉，全盘接受了许多种文化。这种状况固然会带来一片混沌，但当日本文化将其融合后，就会形成一种奇异的混合感。这就是最彻底的简单，归零，扬弃所有，但在那一无所有中却蕴含所有。原研哉十分推崇日本文化和日本美学，在《设计中的设计》各个章节基本都提到了如何传达日本之美的话题。他深谙日本文化中"空"的价值。"空"的思想，富有禅宗意韵，而对禅宗的信仰，正是日本文化的一部分。基于日本的自然美学，他提出"白"的理论体系，探寻事物的本源，寻求一种自然的、质朴的"无"。

而童年时期的经历对于原研哉的设计思想也有很大的启发。原研哉从小学习剑道，而日本剑道决定胜负的关键之处就是在实操中搏击双方对避实击虚这一原则的把握和运用。正如原研哉所说，孩提时所学习的剑道，从某些地方而言，就是其灌注在设计作品中的那种感觉，而非使用在绘画中的那些内容。剑道中"间合"的概念，很明显对应着艺术中的空间和间隔。

原研哉在许多创作中将"空与白"的作用发扬光大，典型代表是无印良品的广告。无印良品是日本独创的一个概念性商品品牌，产品主张自然朴素、还原本真，由"空"衍生出自然和谐的造型。在应邀担任无印良品咨询委员会艺术指导之后，原研哉把"空"运用到无印良品的海报设计上，巧妙地运用空的含义，为大众留出了极为丰富的想象空间，随着空间的填充传递着无尽的信息，彰显了"无印良品"这个品牌所含有的灵韵，呈现出了一个看似空无一物却能容纳百川的容器。又如原研哉设计的以"地平线"为主题的宣传广告，所有画面的中心都是一条平直的地平线，天地交汇的地方也是视野的尽头与极限，空无一物，却蕴含所有。为了这组"地平线"的图片，原研哉与摄影师远赴玻利维亚安第斯山中的"乌尤尼盐湖",进行了历时五天的摄影。这一组作品从多个层面诠释了极简的意义,其实也最能够代表原研哉"空无简单,任物自然"的思想,以最简单的设计呈现最深层的设计哲学。

三、设计中的设计——设计史的发展

谢尔提·法兰在《设计史:理解理论与方法》中提道:"设计学与各种学科交叉,是一门来自多学科具有跨学科性质的学科,同时设计概念又在设计实践与学科相互交流中不断变化发展。"回顾设计概念的历史演变,或许有助于我们找到设计的支点。

1936年,尼古拉斯·佩夫斯纳出版了《现代设计的先驱者:从威廉·莫里斯到沃尔特·格罗皮乌斯》,在书中率先使用"设计"这一概念来概括现代主义运动的发展历程,并揭示了现代设计主义的基本特征。原研哉认为现代设计的原点或者说"设计"的思想源流可以追溯到19世纪英国工艺美术运动的理论指导者约翰·拉斯金和威廉·莫里斯提出的反对粗制滥造的机械化大生产的设计思想。那么,为何会产生现代设计呢?因为工业革命为经济带来了活力,但由于机械的落后,产品的造型美感不足,导致部分人产生了不满,从而产生了现代设计。

第一次世界大战结束后不久,欧洲国家相继开始进行设计改革,现代主义的设计风格在实践中被确立,人们开始接受现代艺术文明,不再拒绝机器。现代主义设计利用先进的技术、批量化的生产方式走进了20世纪人们的生活。正如原研哉说的:"约翰·拉斯金和威廉·莫里斯播下了现代设计的种子,并对其进行了培育;二十世纪初的新艺术运动又对这片土地进行了耕耘;这些最终促成了德国包豪斯这棵嫩芽的萌生。"

毫无疑问，工艺美术运动是现代设计的原点，新艺术运动将过去的形式解体，包豪斯则在此基础上创造了新的造型语言。1919年，包豪斯设计学院成立，挑战并重新制定了艺术、设计和建筑的教学方式，使它们朝着更具协作性和跨学科的运营模式迈进，并将技术创新和大规模生产技术纳入教学大纲。它汇集了一群迷人且极具影响力的教师和艺术家，他们并肩工作，共同留下了永久的遗产。原研哉认为包豪斯设计学院引领的设计运动是对工艺美术运动以及19世纪末出现的新艺术运动遗留下来的种种设计问题的整理反思，并在此基础上，提出了理性的解决方案。

1933年，因战争、政治等种种原因，包豪斯设计学院被迫关闭。为了躲避战争，欧洲主要的现代建筑师以及包豪斯设计学院的师生大多移居美国。他们将现代建筑概念与注重经济、利润、实用、便利的美国设计理念结合，生产了大量的实用材料，它们比传统的基于工艺品的材料更高效、更廉价，形成了被称为"国际主义"风格的现代建筑风格。

20世纪60年代，西方世界对工业社会的自我反省进入高峰，人们希望以新人文背景下的真实复杂情感代替单一纯粹的功能主义审美形式。后现代主义思潮应运而生，它试图将技术生产方式从现代主义的逻辑中独立出来。面对后现代主义潮流的涌起。原研哉认为，20世纪80年代，在建筑界、知识界、生产设计界出现的后现代主义，并未成为追逐新奇和利润效益时代的转折点，它只是设计师们利用各种设计造型语言探索现代设计边缘后表现出的一种疲惫下的嬉戏。后现代主义提醒我们在匆忙追赶科技、财富的时候，是否忽视了传统文化中成熟而优秀的思想观念，没有停下脚步仔细思考技术带来的成果是否足够成熟，而只一味地积攒了也许毫无价值的东西。

从现代主义设计的发展历史来看，每一次的技术进步都会推动现代主义设计的向前发展。技术的创新带来了经济增长，同时为设计的发展提供了物质基础。如同原研哉所说，我们当下所面临的是由科学和信息技术进步带来的日新月异的时代环境，在这种状况下，我们可以通过反思工业革命所带来的一系列问题和矛盾，为当下快速的生活节奏敲响警钟，重新思考设计的出发点。

导读

导言：
我们家新买了房子，我要请设计师设计一下！
我这个 PPT 已经做好了，但不太美观，能否帮我再设计一下？
这个小区真不错，设计得很人性化！
苏州博物馆新馆是贝聿铭设计的！
…………

我们在生活中的很多地方都需要"设计"，然而我们除了设计的技能外，可能更需要设计的理念。接下来的 3 天我们一起共读《设计中的设计》。这是一本很好读的入门级设计书，作者是日本中生代国际级平面设计大师原研哉。全书分为"RE-DESIGN""HAPTIC""SENSEWARE""WHITE""MUJI""VIEWING""ZONE QIANMEN""EXFORMATION""WHAT IS DESIGN" 9 个章节，共 470 余页，拿起来也是分量不小的一本书，但由于作者语言精简，且搭配有实用有趣的各种设计案例，图文并茂、生动有趣、引人思考，所以即使是设计的门外汉，也不会觉得晦涩难懂。

本次共读我们选的是广西师范大学出版社 2010 年版（译者朱锷）。此版本还独家收录了"北京前门再造计划视觉系统提案"。

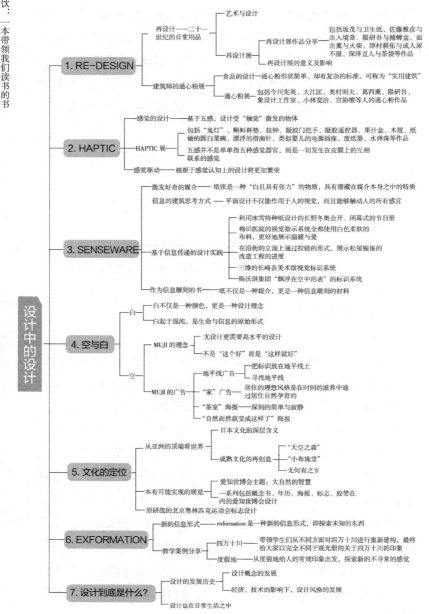

【《设计中的设计》共读 Day 1】

今天阅读第一章至第三章。这部分主要介绍了原研哉的设计实验,包括再设计展、建筑师的通心粉展、HAPTIC 展以及长野冬季奥运会、医院视觉系统、松屋银座、长崎县美术馆、斯沃琪集团的案例。

"再设计:二十一世纪的日常用品"展览,收集了 32 名优秀设计师针对日常用品的再设计提案,包括方形卫生纸、管道形的捕蟑盒、小树枝做成的火柴等,揭示日常生活所具有的无限可能性。

"HAPTIC 展"是一个针对人类五感的设计展,展出了凝胶的门把手、圆白菜的碗、带尾巴的礼品卡等作品,从五感的角度出发,思考如何刺激和唤醒人的触觉。

在具体设计实践中,原研哉试图建立一种信息建筑的思维方式。书中展示了长野冬奥会节目册中具有"冰一般"感觉的纸、梅田医院用布料做成的标识系统、松屋银座的巨型拉链等原研哉的设计案例。

思考 & 讨论:

日常生活中有哪些司空见惯的设计?如果你是设计者,你会从哪些物品入手重设计?

拓展阅读:

在这一部分内容中,作者提到了好几位设计师,今天带大家了解隈研吾、深泽直人、津村耕佑。

隈研吾,严格意义上来说他是一位建筑大师。2020 年东京奥运会主场馆"新国立竞技场",就出自他之手。作为日本当代最著名最有影响力的建筑师之一,中国的长城下的公社·竹屋及三里屯 SOHO、日本的三得利美术馆、1995 年威尼斯双年展日本馆……隈研吾的作品遍布世界各地。

深泽直人,日本著名的产品设计师。本书中提到的他设计的"跳舞的茶袋"和"以水果触感做成的果汁盒",体现了他的"无意识设计"。他为苹果、爱普生、日立、无印良品、NEC、耐克、日本精工株式会所、夏普、Steelcase、东芝等公司进行过产品设计。其设计在欧洲和美国获得了五十多项大奖,其中包括美国 IDEA 奖、德国 IF 奖及"红点"奖、英国 D&AD 奖、日本优秀设计奖。

津村耕佑,日本新生代服装设计大师,曾担任过三宅一生的助手,活跃于产品制作、视频制作、展览策划等领域。除了书中提到的"成人尿不湿",津村耕佑知名度最高的便是他的个人品牌"FINAL HOME"。FINAL HOME 寓意灾难中的最后之家,其中最知名的作品是一款有 44 个口袋的救生衣,除了可存放食物、药品、工具,还可在口袋里塞满羽绒垫保暖,或塞满气垫用于水上漂浮。

【《设计中的设计》共读 Day 2】

今天阅读第四章至第六章。这部分主要介绍了原研哉"空与白"的设计哲学,以及日本的美学文化。

"白"不仅是一种颜色,更是一种设计理念。"白"是所有颜色的合成,同时又是所有颜色的缺失。本书中对"白"的讲述较少,如果对此感兴趣,可以选择读作者的《白》,以更加深入了解其设计思想。

作为无印良品的品牌设计师,原研哉向我们展示了"无,亦所有"的设计理念,重点介绍了以"地平线"为主题的宣传广告。广告中所有画面的中心都是一条平直的地平线,天地交汇的地方也是视野的尽头与极限,空无一物,却蕴含所有。

"空与白"的思想与日本的美学文化也是不谋而合。书中以日本边缘的地理位置阐释了这种美学文化产生的原因,以日本的弹珠游戏箱为例描述日本位于太平洋的深渊中,截住了所有的文化和体系,就像是一个大熔炉,全盘接受了许多种文化。

思考 & 讨论：

设计中的"空"是越多越好吗？如何理解设计中的"简约""留白"和"空"的关系？

拓展阅读：

从 MUJI 出发，书中提到了不少原研哉的商业设计案例，今天就来一起了解 MUJI、银座和斯沃琪集团。

无印良品（MUJI），1980 年在日本创立，后成为日本家喻户晓的商业品牌，并走向了世界。"无印"意为"无记号，无标记"，引申为"没有品牌"；"良品"意为"质量好的物品"；因此"无印良品"意为"没有品牌的好东西"。无印良品的最大特点之一是极简，它的产品拿掉了商标，省去了不必要的设计，去除了一切不必要的加工和颜色，简单到只剩下素材和功能本身。

银座，是日本东京中央区的一个主要商业区，号称"亚洲最昂贵的地方"，象征着日本的繁荣，以充满高级购物商店闻名。这里汇聚着世界各地的名牌商品，街道两旁巨型商场林立，时尚、个性的服饰随处可见，算得上是一个购物者的天堂。作为象征日本现代景点的银座，与巴黎的香榭丽舍大道、纽约的第五大道并列为世界三大繁华中心。

斯沃琪（Swatch）集团，瑞士手表行业的龙头企业之一，由 Asuag 公司和 SSIH 公司重组合并而成。1986 年，斯沃琪集团首推时尚系列腕表，此后，集团不断扩大品牌矩阵，手表品类日益丰富。斯沃琪集团旗下的钟表品牌，按等级分，奢华品牌有宝玑、宝珀、海瑞温斯顿、格拉苏蒂、黎欧夏朵、雅克德罗、欧米茄；高端品牌有浪琴、雷达、联合格拉苏蒂 Union；中端品牌有天梭、美度、雪铁纳、汉米尔顿、宝曼、Calvin Klein；基础品牌有斯沃琪和飞菲。

【《设计中的设计》共读 Day 3】

今天阅读第七章至第九章。这部分主要介绍了前门视觉系统提案、基于 exformation 理念的两个教学案例,以及设计的历史与发展。

前门视觉系统提案主要包括利用轴测制图法绘制前门地图,以及开发中的瓦砾的再利用。

exformation 是一种新的信息形式,用于探索未知的东西。基于这一理念,原研哉在书中分享了他实践于四万十川和度假地的教学案例。展现了完全不同于观光册的关于四万十川的印象;在度假地,用救生圈、编织袋等材料装饰普通街道,用形状各异的冰激凌带给大家度假的感觉;等等。

设计,从人开始使用工具的那一刻便产生了,从现代主义设计的发展历史来看,每一次的技术进步都会推动现代主义设计向前发展。如同原研哉所说,我们当下所面临的是由科学和信息技术进步带来的日新月异的时代环境。在这种状况下,我们可以通过反思工业革命带来的一系列问题和矛盾,为当下快速的生活节奏敲响警钟,重新思考设计的出发点。

拓展阅读:

四万十川,位于日本高知县西部渡川水系的干流,是四国岛的第二大河,与柿田川和长良川并称为"日本三大清流"。四万十川这个名字不免会让人感到莫名其妙。关于"四万十"的含义,有说是阿依努语"极其美丽"的意思,有说是形容支流很多,也有说是因上游的"四万川"和中游的"十川"(或下游的"渡川")汇合而得名,等等。

长崎县美术馆,位于日本长崎县水边之森公园旁,横跨在运河之上,以运河为中心,分为画廊栋和美术馆栋,兼具开放与封闭的特点，被称为"会呼吸的美术馆"。馆内藏品以西班牙和与长崎相关的美术作品最为出名。

前门大街，位于北京城中轴线上，北起前门月亮湾，南至天桥路口，与天桥南大街相连，是北京非常著名的商业街。"卫皇都而拱宸居，隆观瞻以示万邦"，作为明清皇帝前往天坛祭祀时的御道，前门大街又被称为"御道天街"。前门是一个"活着"的历史街区，胡同、院落、居民都是构成前门的必不可少的要素。看似凌乱的空间下，藏着独特的故事。

思考 & 讨论：
设计的目的是什么？什么样的设计是好的设计？

结语：
读完这本书以后，我们可能会发现自己更不懂设计到底是什么了，但正如原研哉在自序里说的，"当你因为读完这本观念设计书而感到越来越不懂设计时，这并不意味你对设计的认识倒退了，而是证明你在设计的世界里又往更深处迈进了一步"。最后，用译者朱锷的一段话结束这篇文章，"每个人都可以做一个设计师，因为你可以设计的不仅仅是一般意义上的'设计'，还有你的生活"。愿你我都成为自己人生的设计师。

（导读人：卢欣宇 孙莉玲）

参考阅读：
1.[日]原研哉.《设计中的设计》.广西师范大学出版社.
2.[日]原研哉.《白》.广西师范大学出版社.
3.朱锷.《原研哉的设计世界》.广西美术出版社.

《小强升职记》是一本关于时间管理的工具书。它以故事的形式，讲述了作为职场小白的小强，在前辈老付的指导下，如何战胜压力、管理时间并实现了个人成长。本书通过小强管理时间，从而提高工作效率的故事，向我们一一展示番茄工作法、四象限法则、猴子法则等多种时间管理工具，不仅生动有趣，而且非常符合我们的实际工作，有很强的指导性和实践性。不同于市面上大多数的工具书，本书采用了讲故事的形式，从系统化的视角帮助我们重新审视管理时间的必要，并以最快的速度帮助我们养成好习惯，战胜拖延症，掌握时间管理的技巧。读者跟随小强的视角，很容易身临其境地感受问题并思考如何解决。这本书曾经被微软中国、腾讯、神州数码、交通银行等大型企业及众多高校列为时间管理培训的必读书籍，被誉为中国本土最实用、最靠谱的时间管理书。作者邹鑫，从2007年开始专注于时间管理领域的实践和知识分享，被认为是中国最有实战经验的时间管理专家。

《小强升职记》

邹鑫

书评

时间管理是投资的眼光而不是无序的消费

——李瑞瑞

时间管理并不是一个新鲜的词，关于如何管理时间、提高效能的书也是长期居于各大排行榜单中，如《时间陷阱》《把时间当朋友》《高效能人士的七个习惯》《清单革命》《搞定》《番茄工作法图解》《奇特的一生》等，不胜枚举。今天为大家推荐的是一本本土化的时间管理书籍《小强升职记》，其故事性给予我们的代入感、其过程性给予我们的进阶感，以及其实践性给予我们的体验感是我推荐这本书的主要原因。

一、关于时间管理的研究与探索

我们总是希望能管理好时间，却往往不小心反被时间控制，成为日夜追赶时间、疲于奔命的人。时间最不偏私,从时长上来说,它每天给予每个人都是公平的24小时,但从效果上来说,有的人创造出了无限的可能,有的人虚度这一生。

人类从未停止对时间的探索,对时间管理的研究也已有相当历史。犹如人类从农业社会演进到工业社会,再到资讯社会,时间管理理论也经历了几代更迭。第一代理论强调利用便条与备忘录,在忙碌中调配时间与精力。第二代理论强调行事历与日程表,反映出已注意到规划未来的重要性。第三代目前正流行的,讲究优先顺序,也就是依据轻重缓急设定短、中、长期目标,再逐日制订实现目标的计划,将有限的时间、精力加以分配,争取取得最高的效率。第三代时间管理法有它可取的地方。但也有人发现,过分强调效率,把时间绷得死死的,反而会适得其反,使人失去增进感情、满足个人需要,以及享受意外惊喜的机会。于是许多人放弃这种过于死板拘束的时间管理法,恢复到前两代的做法,以维护生活的品质。现在又有第四代理论出现。与以往截然不同之处在于,它从根本上否定了"时间管理"这个名词,主张关键不在于时间管理,而在于个人管理。与其强调时间与事务的安排,不如把重心放在维持产出与产能的平衡上。

这次推荐的《小强升职记》,从其书名就可以看出它不是一本关于时间管理的理论书籍,而是很接地气的。主人公之一是"打不倒的小强",要解决的问题是"怎样实现升职"。小强是一名码农,经常忙得不可开交。老付是项目经理,工作井井有条、效率高。老付要将小强培养成他的接班人,于是开始了针对小强的时间管理特训。从记录和分析时间日志开始,小强找到了自己的时间黑洞以及高效时段;通过交流,老付循序渐进地传授给小强一系列时间管理法宝:四象限法则、衣柜整理法(GTD)、如何应对拖延、如何养成好习惯、如何让想法落地等。正能量的小强也一步步战胜压力,学会管理时间,实现成长。因为书名的关系,这本书被大家称为"最容易被错过的时间管理入门经典"。大家不必受到书名影响,看到"升职"这个词就以为是写给职场人的,实际上对任何群体都适用。简言之,这是一本简单、实用的时间管理入门书,借着职场青年成长故事的外衣,从系统化的视角来帮助我们重新审视、实现时间管理,以最快的速度帮助我们养成好习惯、战胜拖延症,掌握时间管理的技巧,从而实现高效地工作、慢节奏地享受生活。

二、时间都去哪了?

如同学习理财的人首先要了解收支情况、知道钱都花在哪儿了一样,学习时间管理同样要先知道时间都花在了哪儿。很多时候,我们以为自己很忙,但在抱怨忙碌的时候也需要想想,我们真的把握好时间了吗?不知大家是否想过一个问题,每天有多少时间是花在"无意义的事情上"? 20%、40%,还是50%?书中觉得自己很忙的主人公小强,也在老付的指引下做了一份时间统计表,统计自己"集中精力工作""无意义浪费的时间"和"真正的休息"的时间占比,结果"无意义浪费的时间"占比竟然高达70%。

这些无意义浪费的时间,就像时间黑洞一样,每天在无意识的情况下,吃掉了我们宝贵的时间和精力,最常见的就是网络时间黑洞。比如打算看一集电视剧,结果一口气追了十集。比如早晨精神饱满地来到图书馆,打开电脑准备开始写课程小论文,却习惯性地拿出手机先刷一下朋友圈,看到朋友分享了一篇有趣的推文,顺手点开看看,又看到一个朋友分享了一家美食店,点开美食App标记一下……等再次想起小论文的时候,也许一个小时已经过去了。相信大多数人都遇到过时间黑洞，不信的话打开手机使用时间看一下，每天刷手机的时间有多少，最常使用的App是哪些。

到底有多少个这样的时间黑洞？我们的时间是如何被浪费掉的？结果不能靠感觉去猜测，需要结合数据进行分析。通过记录时间收支情况，可以大致了解自己时间的投入产出及浪费情况；通过时间日志，可以了解自己使用时间的习惯和高效时段，发现问题后，修正行为，提高自己的时间管理效率；根据职业价值观自测表，将最重要的事情安排在最高效的时间段，通过合理安排任务来提高自己的效率。

书中，老付教给小强很多时间管理方法和工具。其实一个时间管理方法只适合解决某一类或某几类问题。只有明确自己当下想要解决的问题，才能更好地选择对应的方法。

三、必须懂得将事情分类和排序 ——四象限法则

不知大家是否有这种感觉，觉得自己每天都在处理重要又紧急的事情，疲于奔命。书中的小强也曾是这样，直到他接触了四象限法则。时间管理的四象限法则是由著名的管理学家史蒂芬·科维提出的。该理论从重要和紧急两个维度去考虑事情，将时间管理划分为重要而且紧急、重要但不紧急、不重要但紧急、不重要且不紧急四个象限。说到底，四象限法则其实是让我们分清楚事情的轻重缓急。一件事情的重要程度取决于职业价值观，而紧急程度取决于任务的时间底线。我们应该将所有的日常事务放到四象限中分析，并对每个象限内的事务采取不同的处理方法和原则。

第一象限"重要而且紧急"的事情优先级最高，需要立即去做，这也通常是大多数人的首选。有一类人就是每天都在应付这

样的问题，结果疲于奔命，最终只能借助第四类"既不重要又不紧急"的事务来逃避现实，稍微放松一下。在这些人的时间管理中，他们把90%的时间花在第一类事务上，而余下的10%的时间则大部分用在第四类事务上，用在第二和第三类事务上的时间则少之又少，几乎可以忽略不计。这是大部分时间，精力都用于处理危机或问题的人所过的生活。但第一象限永远都不是我们工作的重点！第一象限就是一片雷区，我们学习、工作、生活中的主要压力和危机来自第一象限，因此进入这个象限的次数越少越好。同时，第一象限80%的事务是由第二象限"重要但是不紧急"的事情转化而来的，因此我们要降低进入第一象限这片"雷区"的机会，就要尽可能提前解决第二象限的事情。

第二象限"重要但不紧急"的事情需要有计划地去做！四象限法则的核心就是集中精力处理第二象限的事，包括建立人际关系、撰写使命宣言、规划长期目标、防患于未然等。人人都知道这些事很重要，却因尚未迫在眉睫，反而避重就轻。其实不论大学生、打工人、家庭主妇，还是管理者，只要能确定自己的第二象限事务，而且即知即行，都可以事半功倍。这在时间管理领域称为帕累托原则，即以20%的活动取得80%的效果。高效能人士能够平衡产出和产能的关系，将时间和精力集中在重要但并不紧急的事务上，也就是要事第一，尽量避免陷入第三和第四象限的事务！当第二象限的事务比较复杂时，可以对其进行任务分解和目标描述，如此便可以消除时间管理的三大杀手——信息不够、拖延、预期结果不明确。

第三象限"紧急但不重要"的事情可以交给别人去做。这一象限的事务是我们盲目忙碌的源头。如果自己就是基层执行者，对于非本职任务，可以选择委婉地拒绝。有一些人将大部分时间花在第三象限事务上，却自以为在致力于第一象限事务，殊不知紧急之事只是别人的要事，对别人重要，对自己就不一定了。书中老付提到了应用"猴子法则"走出第三象限。"猴子法则"是威廉姆·翁肯提出的一个时间管理理论。他偶然发现，自己在忙于加班的时候，下属竟然在优哉游哉地打高尔夫，这让他突然领悟到，主管人员之所以时间不够用，一个很重要的原因在于没有做好授权分责，将太多本该下属去做的工作招揽到自己身上。他把工作比喻成随时会跳到你"背上的猴子"。应用"猴子法则"有两个重点，一是明确自己的责任边界，确定这只"猴子"不是自己的。一味好说话只会成为"猴子"的收容站，收得愈多，其他人给得愈多，到最后我们被堆积如山的别人的问题所困扰，甚至没有时间照顾自己的"猴子"。二是为甩掉身上的"猴子"而和原主人沟通时，要注意沟通方式，明确、坚决、不生硬；如果甩不掉"猴子"，要清楚对方对这件事的想法和预期结果，不要不明不白地接下来。

第四象限"不重要且不紧急"的事情尽量别去做！这是一个用于缓冲调整的象限。当我们疲惫的时候，可以通过做一些不重要也不紧急的事情来调整心态和身体，但不能在这个象限里投入太多精力，否则就是在浪费生命！高效能人士总是避免陷入第三和第四象限事务，因为不论是否紧急，这些事情都是不重要的。

当我们采取四象限法则来分析处理日常事务时，应该将主要精力集中在解决第二象限内的事务上。但是当要处理的事项众多或事情比较复杂时，一般人都会感觉到压力山大，此时可以考虑下无压工作术，即 GTD 系统。

四、做事靠系统，不靠感觉——搞定

不知大家是怎样整理衣橱的，是把衣服全部拿出来，按照类别重新放进衣橱，还是想到哪就整理到哪，毫无头绪？大家是

否知道，时间管理也有一个绝招：衣柜整理法。衣柜整理法是中国版的 GTD。GTD 是 getting things done 的缩写，翻译过来就是"把事情处理完"，它是戴维·艾伦提出的管理时间的方法。GTD 要求必须记录下来要做的事，然后整理安排，并使自己一一去执行，其核心理念在于只有将你心中所想的所有的事情都写下来，并且安排好下一步的计划，你才能够心无挂念、全力以赴地做好眼前的工作、提高效率。GTD 的具体做法包括收集、整理、组织、回顾、执行五个步骤，帮助我们建立做事和管理事情的系统。这个系统能够让我们在工作时进入"心静如水"的状态，呈现最好的自我状态。每天遇到的任何事情都可以放入这个循环系统，我们不需要关心每天有多少事或者什么事要做，只需要考虑接下来做什么，脑袋里只装一件事，完成一件再做下一件。为便于读者理解，作者以整理衣柜为例对 GTD 进行了说明，并将其称为衣柜整理法，操作步骤就如同我们整理衣柜里面的衣服。

收集这个环节是衣柜整理法的第一步，即将所有衣物收集到一块，它要我们收集"一切引起我们注意的事情"，把所有要做的事件放到收集篮中，统一在一个地方，在清空大脑的同时可以达到"心如止水"的境界。

整理，即将散落的衣服进行分类。按照流程图，首先要将"收集篮"中的任务进行种类划分，打上"可以执行"或"不可以执行"的标签。"不可以执行"的任务包括 3 类：垃圾（扔掉）、将来某时/也许、参考资料（进行分类归档，确保以后可以找到）。"可以执行"的任务分为 6 类：2 分钟内可以搞定的事情，需要多个步骤并且需要多个部门协调搞定的项目，由多个行动组成的任务，可以直接去做的事，指派给别人完成的事，特定时间做的事。值得一提的是，2 分钟内可以搞定的事情立刻执行是非常好用的原则，比如发一封邮件、给某人一个电话等，"2 分钟原则"就是专门针对这些烦琐小事的。因为一般情况下，2分钟可以使人放松，又不会丢失思路。但如果是超过2分钟的事情，则应先放在收集篮中稍后再处理。当然收集篮中的事不是随意处理的，应该遵循以下几个原则：从最上面一项开始处理，每一件事情都必须获得均等的处理机会，一次只处理一件事情，永远不要将事情再放回收集篮（被迫中断的事情除外）。

组织，即规划空间，将分类的衣物重新储存，选择合适的摆放位置。我们的收集篮里装满了杂事，并且明确了每一件杂事的意义，知道了事情的类型，决定了下一步行动方式。经过二次处理了，我们可以将事情组织到三个清单当中，分别是"将来清单""行动清单""项目清单"。"将来清单"上的内容可能需要过很长时间才会执行，放在最后的位置，每周回顾的时候翻开看看，有没有什么事情可以孵化成行动了。"行动清单"是每天的主要清单，排在最前面，当行动完成之后可以随时从上面划掉。"项目清单"比较复杂，有时还需要随时补充资料，可以用专门的区域来存放和项目相关的一切。

回顾，即对衣物做到心中有数。经过之前的整理组织，做事就会有条理，相应的压力就会变小。但是做到这一步还没有结束。良好的收集习惯加上"3+1"清单系统，基本上已经可以解决日常工作中的忙碌问题，但是要解决盲目问题，我们还需要深思。深思可以孵化杂事、产生灵感、提升高度。选择恰当的深思或者回顾时间很重要，作者推荐每天下班的时候可以对一天的工作进行总结；同时可以根据自己的实际情况安排时间，每周做一次回顾。

执行，即选择最佳方案执行每一个任务。在执行时可以采用番茄工作法，提升做事的专注度和单位时间内的效率。番茄工作法是由意大利的奇列洛创造的，是一种更加微观的时间管理方法。使用番茄工作法的步骤为：选择一个待完成的任务，将番茄时间设为 25 分钟，专注工作，中途不允许做任何与该任务无关的事，直到番茄时钟响起，然后短暂休息一下（5 分钟），结束后开始下一个番茄时间。这个方法适合解决不想做但又必须做的一些枯燥无聊的事情，或者由于长时间连续工作造成的身体不适如腰疼、肩膀疼等问题。

有人说，时间管理不是一种技能，而是一种态度，是对你所有选择的管理。选择当日事当日毕，就不会拖延；选择有的放矢，就不会眉毛胡子一把抓；选择做事专注，就不会轻易被手机抓住眼球……在时间面前，我们永远都有选择！实践书中的方法可以帮我们构建时间管理的核心系统。如果把时间管理比喻成一棵大树，找到时间黑洞和职业价值观是种子，四象限法则、衣柜整理法等时间管理方法则是树苗；战胜拖延、做到要事优先是枝叶；养成一个好习惯，并让想法落地则是开花结果，最终收获高效率、慢生活。

导读

导言：

《小强升职记》这个书名会让我们联想到曾经很火的电视剧《杜拉拉升职记》，会以为这是一本职场角斗或非典型职场秀，就连本书作者邹鑫自己都说，这是一本被书名耽误了的时间管理经典。《小强升职记》推荐指数五颗星。

◇不管你是时间管理小白，还是入门级甚至骨灰级选手，都可以从中获得进阶性收获。

◇这是一本不讲大道理的小故事书。其故事性给予我们很强的代入感，让我们不知不觉中忘记这是在专门研究时间管理。

◇这是一本本土化的职场人的时间管理实践圣经，是一本可复制的时间管理工具书。

◇这本书以对话的形式来呈现时间管理的问题、技巧和困惑，并且随着故事的发展，遇到的问题以及对时间管理工具的使用逐步升级。

◇这本书需要大家边读边思考，边思考边实践，其实践性给予我们的体验感会让我们得到非同一般的收获。

接下来，我们就一起花4天的时间，从时间的觉醒、时间的认知升级、时间管理方法三个方面，一同阅读《小强升职记》（电子工业出版社，2014年4月第1版，2020年5月第23次印刷）。光说不练等于白白浪费时间，所以在每天的共读中，我们特别加入了一些要大家动手实践的内容。相信一起读完这本书的我们，能够改变对时间的感知，实现高效率、慢生活。

【《小强升职记》共读 Day 1】

今天要阅读的是《小强升职记》的第一章。

不知道大家在工作和生活中是否会遇到以下各种利用时间的困惑：工作千头万绪，不知从何开始；整天忙忙碌碌，重要的事却没有完成；各种拖延症……那么阅读本书第一章可以帮助我们走出混沌，认识时间管理的好处和必要性；找到自己的时间黑洞和高效时段；认清自己的时间和职业价值观。

日常生活中经常会遇到各种"时间黑洞"，大多数人真正集中精力工作的时间可能只有10%~20%。在此背景下，小强开始记录和分析时间。通过一周的记录，小强实现了时间的觉醒，认识到时间十分珍贵，分析了自己每段时间的投入产出比，由

小强升职记

1. 时间的认知

- **认识时间黑洞**
  - 花费时间的状态
    - 集中精力工作
    - 无意义浪费的时间
    - 真正的休息
  - 时间黑洞
    - 时间黑洞产生的原因
    - 时间黑洞的危害
- **时间日志**
  - 记录时间日志,避免时间黑洞
  - 分析时间日志,找到高效时间
- **职业价值观**——通过职业价值观测评,可以在最高效的时间分配最重要的事情

2. 时间管理的方法

- **四象限法则**
  - 根据职业价值观,将事情按照重要程度和紧急程度,分别放入四象限,分别为重要且紧急、重要但不紧急、不重要但紧急、不重要而且不紧急
  - 第一象限的事立即去做,第二象限的事有计划去做,第三象限的事交给别人去做,第四象限的事尽量别去做
  - 应用"猴子法则"走出第三象限
  - 第二象限工作法是四象限法则的核心和最终目的,紧紧围绕第二象限开展工作

- **衣柜管理法**
  - 捕捉:清空衣柜
    - 收集一切引起我们注意的事情
      - 捕捉工具越少越好
      - 保证5秒钟进入录入状态
      - 定期清空工具
  - 明确意义:为衣物分类
    - 可以行动 {
      - 2分钟行动 —— 立即去做
      - 项目 —— 多步骤,多部门协调
      - 任务 —— 自己需要独立解决的事情
      - 行动 —— 可以直接去做
      - 指派给别人完成的事 —— 把"猴子"甩到别人身上
      - 特定时间做的事 —— 写入日程表
      } —— 要注意脑袋里面只装一件事
    - 不能行动
      - 垃圾 —— 千万不要做
      - 将来某时
      - 参考资料 —— 分类归档
  - 组织整理:将分类的衣物重新储存
    - 日程表
    - 将来清单
    - 行动清单
    - 项目清单
  - 深思:对衣物做到心中有数
    - 每天下班
      - 今天做了些什么?
      - 对哪些比较满意,哪些不满意?
      - 推进了哪些重要的事?
      - 明天的规划是什么?
    - 每周回顾
      - 清空收集篮
      - 检视将来清单、行动清单、项目清单
      - 检视日程表
      - 本周收集到印象笔记里的内容
      - 年度目标
  - 行动:选择最佳方案 {
    - 原则(五万英尺)—— 思考价值观、原则和目标
    - 愿景(四万英尺)—— 3~5年的工作目标
      - 我想要什么?
      - 哪些人已经做到了?
      - 他们是如何做到的?
      - 那时候我的工作和生活会是怎样的?
    - 目标(三万英尺)—— 一年内的阶段性成果
    - 责任范围(两万英尺)
      - 工作角色
      - 生活角色
      - 兴趣爱好
    - 任务(一万英尺)
    - 下一步行动(跑道)
    } —— 根据重要性、环境、时间和精力判断执行哪一个行动

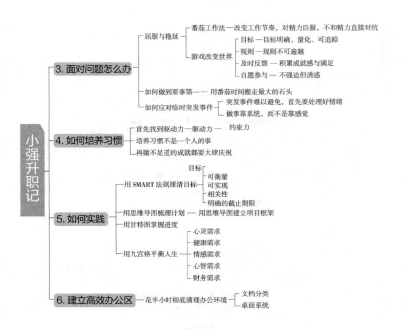

此总结出每天的"高效时段"。但高效时间该做哪些事情呢？这就涉及每个人的价值观了，即什么才是最重要的事情。通过老付提供的职业价值观自测量表，小强开始了解自己，把握自己的职业价值观。

今日实践：

（1）记录自己一周的时间日志，测试每天集中精力工作、无意义浪费的时间、真正的休息的时间占比是多少（在对应的色块里打钩，最后做出统计）。

（2）分析各个时段的投入产生比，找出自己的高效时段，并进行合理的工作分配。

（3）利用书中老付给小强的"职业价值观自测量表"，明确自己的价值倾向。

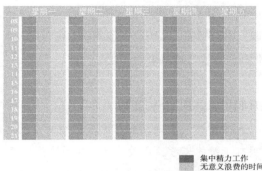

拓展阅读：

职业价值观，也称为工作价值观，是指人们对待职业的一种信念和态度，也是人们在职业生活中表现出来的一种价值取向。它们是工作的动力，为整体工作的满意度和成功率做出贡献，也是指导工作行为的个人品质和原则。一个人的价值观会在非常大的程度上影响他想过怎样的生活，在每一个生活的岔路口做出何种选择，以及对于当下的生活能否满意。

那么，如何才能了解自己的职业价值观呢？这就需进行职业价值观测试。除了书中提到的职业价值观量表，市面上还有很多种职业兴趣测试、职业价值观测试。这里给大家介绍一下比较有名的 WVI 职业价值观测试和霍兰德职业兴趣测试。

WVI 职业价值观测试是由美国心理学家舒伯于 1970 年编制的，用于衡量个体对职业的认识、接受、追求和向往的目标。量表将职业价值分为三个维度 13 个因素。其中三个维度分别为内在价值观，即与职业本身性质有关的因素；外在价值观，即与职业性质有关的外部因素；外在报酬。霍兰德职业兴趣测评是美国心理学家约翰·霍兰德设计的兴趣评价工具。测试简单、实用、易操作。根据兴趣的不同，它将工作环境和个人分为研究型（I）、艺术型（A）、社会型（S）、企业型（E）、事务型（C）、现实型（R）6类。他认为人的人格类型、兴趣与职业密切相关，从事有兴趣的职业可以提高人们的积极性，促使人们积极、愉快地从事该职业。

【《小强升职记》共读 Day 2】

通过第一天的阅读和实践，相信大家已经对自己的时间管理和职业价值观有了新的思考。今天就来一起阅读第二章。

通过这一章的阅读，大家能够了解到如何把事情放入四个象限，以及每个象限事情的处理原则和处理方法；利用衣柜整理法完成对每一件具体工作的拆解，实现对时间的认知升级。

在了解完价值观之后，老付开始教小强四象限法则，将事情按照重要和紧急程度分为四个象限：重要且紧急、重要但不紧急、不重要但紧急、不重要且不紧急。这个法则看似简单，但80%的人不能很好地应用于工作中，因为正确评估一件事的重要程度和得知一件事情的紧迫程度，是利用好这个法则的关键，而大多数了解这个法则的人，仅仅凭直觉来判断重要程度和紧迫程度。经过老付手把手的教学，小强不仅了解了如何将工作放入"四象限"，还知道了如何应用"猴子法则"走出第三象限，以将自己的精力投资在第二象限。认识到要把主要的时间和精力投资在第二象限重要但不紧急的事情上，要把大项目拆成可实行的小任务。可到了这一步，我们往往会感到更大的压力，因为原本要做10件事，经过分解之后，加起来共有50个甚至更多的小任务，怎么才能更好地管理并有序地完成这些任务呢？作者给出了衣柜整理法。衣柜整理的五个步骤对应着时间管理的五个流程：收集、整理、组织、回顾、执行。衣柜整理法可以帮我们解决多任务处理问题，让我们不再需要关心每天有多少事，或者有什么事，只要考虑：接下来做什么，用什么样的方式。这样我们的生活才能过得更加轻松。

今日实践：

（1）将自己的工作事物，按照重要程度和紧迫程度，分别放入四象限。

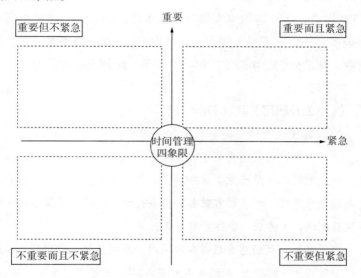

（2）按照"衣柜整理法"进行一周工作任务的分解。

拓展阅读：

戴维·艾伦（David Allen），世界上最具影响力的个人与组织效率思想家之一，全球管理咨询公司戴维·艾伦有限公司的创始人及总裁。在开发个人和企业潜力方面，他被普遍认为是世界级权威。其撰写的《搞定》(*Getting Things Done*)，又名《无压工作的艺术》已经成为时间管理领域最具影响力的著作之一，书中介绍的时间管理方法 GTD 也成为全球千万读者用来轻松高效完成工作与个人事务的最佳工具。

GTD 的核心思想是将所有的任务和想法收集起来，通过收集、整理、组织、回顾、执行等步骤，最终将它们转化为可以立即行动的任务，保证任务及时完成和效果优化。几个步骤看似简单易行，其背后却有深刻的原则与技巧。GTD适用于缺乏时间管理方法的人群，因为它提供了一套简单明了的改善习惯的方法；GTD也适合于一些做事本来就很有条理，却发现要做的事情越来越多，压力一直很大的人士，因为GTD有一套完善的方法和流程，帮助他们把事情安排得井井有条，缓解内心的压力。

【《小强升职记》共读Day 3】

今天要阅读的内容是第三章和第四章。

很多时候，我们想要集中注意力学习或者工作，却很难进入状态，一直拖延；总是感觉事情杂而多，不知该从何入手；好不容易打起精神来工作，却又经常被各种琐事打断。这两章能帮助大家解决这些问题，并养成一个良好的习惯。

在行动时，我们总会遇到各种问题，小强虽然从老付那边学到了很多时间管理的理论，但还是因为拖延，导致自己经常加班。其实，与很多人想的不同，战胜拖延的方法不是对抗，而是臣服。需要臣服精力、臣服环境、臣服天性，正确地利用工作效率曲线。老付提到了一个妙招——番茄工作法。在运用番茄工作法之后，小强极大地提高了自己的工作效率，但却会花上更多的时间处理更多琐碎的事情，这就需要运用"要事第一"的原则。所谓要事，从工作层面来说，是与"绩效"直接相关；从职业生涯层面讲，是与下一个目标直接相关。了解"什么是要事"之后，就需要找出自己很少被打扰的大时间段，用来处理这些要事。碰到临时突发事件的时候，只能紧急应对，处理问题之前，首先处理好情绪，然后考虑下一步行动是什么。事后，把遇到的意外都做到预案系统里，防止下次出现同样的问题。

大家无论在工作中还是生活中，都希望养成一个良好的习惯，但往往会遇上"欲望战胜了逻辑，逻辑说服了自己"的困境，这是因为我们在培养习惯的过程中贪图"多"和"快",实际上需要遵循"小"而"慢"的原则。在书中老付向小强介绍了习惯养成的三个方法:(1)找到驱动力。内在的驱动力大于外在的约束力,所以首先需要找出培养这个习惯的目的。(2)再微不足道的成就都要大肆庆祝。培养习惯的过程中需要给自己奖励,阶段性的激励能让自己更容易坚持下去。(3)培养习惯不是一个人的事。寻找伙伴一同培养习惯,可以达到抱团成长的效果。

今日实践:

(1)试着画出自己的衣柜。

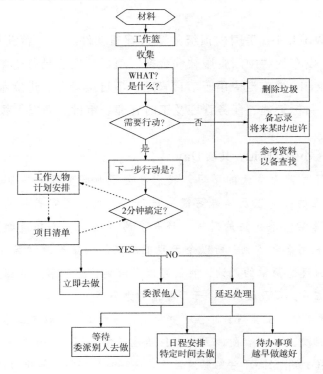

(2)尝试运用番茄工作法完成一天的工作任务。

拓展阅读：

除了书中提到的四象限法则、衣柜整理法、番茄工作法等时间管理的理念与方法，还有一些实用的任务管理软件。

印象笔记是一个跨平台的笔记记录和创意捕获的实用程序，可自动同步到公司的云服务。它允许轻松地保存网站、照片和文本，以供日后使用或共享。

TODOLIST 是一款支持任务管理应用程序和在线待办事项列表的效率管理软件，支持跨平台使用。有超过百万人使用它。它可以将任务和子任务编译成简单的列表，并通过跟踪一段时间内的进展将用户与竞争对手区分开来，让用户深入了解他们的个人生产力趋势。

Worktile 是国内顶级的项目管理软件之一，曾获得由 36 氪发布的"中国企服软件金榜"项目管理工具总榜第一。Worktile 被广泛应用于项目管理、项目集管理、进度跟踪、OKR 目标管理、任务管理及工时管理、审批、简报等领域。

【《小强升职记》共读 Day 4】

经过前面 3 天的学习，我们学会了时间管理的方法、面对困难的技能以及培养习惯的技巧。但具体到完成一项任务或者落实一个想法的时候，还是会感到迷茫，不知道如何系统地利用各种方法。所以今天我们就来阅读第五章和第六章。

通过这两章的阅读，我们可以了解到让想法落地的四个步骤及方法，以及收获一个干净整洁的办公环境。

7 年的职业生涯让小强有些疲倦，他希望自己能在工作和生活中都更上一个台阶，因此老付给他提供了四个让想法落地的工具：(1)用 SMART 法则厘清目标。这一步是将想法转化为目标，有需要明确、可衡量性、可实现性、相关性以及截止期限五个原则。(2) 用思维导图梳理计划。厘清目标之后，实现目标的关键就是将目标转变为计划，这一步需要三个步骤，首先建立框架，然后补充框架，最后还需要做减法。(3) 用甘特图掌握进度。甘特图是显示项目进度、时间、成本的简单工具。这一步需要设置关键节点，设定计划进度，并且明确责任人。(4) 用九宫格平衡人生。优秀的人有优秀的系统，普通的人有普通的系统，失败的人没有系统，在建立事业的过程中需要注意平衡自己的心灵需求、情感需求、心智需求、健康需求和财务需求。在老付的帮助下，小强成功升职成项目经理。他搬进新办公室的第一件事就是花半个小时彻底整理办公环境。当我们取得成功的时候，可能很难说出成功的根源是什么，或许身边的环境才是自己成功的根源。

今日实践：

（1）确定一个自己想做但没做成的目标，并用 S.M.A.R.T 法则来厘清这个目标（S：目标明确，不模糊；M：目标的可衡量性；A：目标的可实现性；R：目标必须和其他目标具有关联性；T：目标必须具有明确的截止期限）。

（2）基于（1）中的目标，用思维导图来梳理计划。

（3）运用甘特图记录进度。

（4）完成自己的人生九宫格。

心灵/晨间日记	事业	微梦想
健康/食、动、静	2024年 月 日 DAY	情感/人际关系
心智/阅读、技能	财务	情感/家庭

拓展阅读：

至此，这本书就阅读完啦，相信你对时间管理有了更深刻的认知。如果你觉得时间管理十分有用，并且对此十分感兴趣，那么也推荐你阅读与时间管理相关的其他书。

史蒂芬·柯维的《高效能人士的七个习惯》。被《时代周刊》评为"人类潜能的导师"的史蒂芬·科维博士，在他享誉全球的著作《高效能人士的七个习惯》中提出了高效能人士有七个习惯：积极主动、以终为始、要事第一、双赢思维、知彼解己、综合增效、不断更新。

戴维·艾伦的《搞定》。《搞定》是一个系列书籍，一共三本，被称为"GTD时间管理三部曲"，作者戴维·艾伦在这套书里提出了很多新颖的时间管理观点及系统。包括"自下而上"的目标管理原则，借助外脑清空大脑，流程化管理自己的时间，"情境分类"原则，等等。

弗朗西斯科·西里洛的《番茄工作法》。在书中，作者提出，要想提高做事效率，要想有时间和精力做自己想做的事，就必须拥有长时间专注的能力。而专注力是可以通过训练提高的。如使用"番茄钟"计时训练，时长根据自己的实际情况设定，以达到提升专注力的目的。

博恩·崔西的《吃掉那只青蛙》。书中的"青蛙"象征要完成的最重要且最艰巨的任务。如果不对这种任务立刻采取行动，那么很有可能会因为它耽误更多的时间。每天首先吃掉"青蛙"事件会对目前的生活产生巨大的积极影响。

（导读人：卢欣宇 孙莉玲 ）

参考阅读：

1.[美]史蒂芬·柯维.《高效能人士的七个习惯》.中国青年出版社.

2.[美]戴维·艾伦.《搞定》.中信出版社.

3.[意]弗朗西斯科·西里洛.《番茄工作法》.北京联合出版公司.

4.[美]博恩·崔西.《吃掉那只青蛙》.机械工业出版社.

《非暴力沟通》是一本解决语言暴力，避免发生冲突，让人们能够实现更好地沟通的书。该书面世60多年依然长盛不衰，目前中文版发行量已经超过200万册，被联合国誉为全球非暴力解决冲突的最佳实践之一。本书的作者马歇尔·卢森堡博士是国际性缔造和平组织非暴力沟通中心的创始人和教育服务主管，由于在促进人类和谐共处方面的突出成就，他于2006年荣获了地球村基金会颁发的"和平之桥奖"。1984年，他成立了非暴力沟通中心，目前已经在全球35个国家和地区开展非暴力沟通培训。《非暴力沟通》采用一系列生动的案例和训练指导我们转变谈话和聆听的方式。指导我们耐心地体察自己的感受和需求，并有意识地使用诚实、清晰的语言表达请求。非暴力沟通的方法能让我们在沟通过程中培育对彼此的尊重与爱。这种极具启发性和影响力的原则和方法，不仅教会人们如何使个人生活更加和谐美好，还解决了世界范围内的众多冲突和争端。

《非暴力沟通》

［美］马歇尔·卢森堡

书评

是什么蒙蔽了爱

——武秀枝

我们也许从来没想到过自己会和"暴力"扯上什么关系,但让我们想想,我们对他人或他人对自己是否有过这样的行为:"我做的这一切还不都是为了你""我不想这么做,这都是上级的指示""如果不是你,我根本不会丧失那次机会""如果你一意孤行,那我们就切断你的经济来源"……有句古话"良言一句三冬暖,恶语伤人六月寒",这些言语上的否定、说教、横加指责及道德追问给我们带来的情感和精神上的创伤跟肉体上的伤害一样痛苦。《非暴力沟通》把这些有意或无心的行为称作"语言暴力"。"我相信,人天生热爱生命,乐于互助。可是,究竟是什么,使我们难以体会到心中的爱,以致互相伤害?又是什么,让有些人即使在充满敌意的环境中,也能心存爱意",这样的思考始于马歇尔的童年。"非暴力沟通"也被称为"爱的语言",它不是一种具体的语言,而是一种极具启发性和影响力的沟通原则和方法,教会人们如何使个人生活更加和谐美好,在与他人建立良好的人际关系的同时也与自己握手言和,并努力解决世界范围内的众多冲突与争端。

本书共包含十三个章节,第一、第二章中,作者提出了非暴力沟通的四个要素:观察、感受、需要和请求,并阐释了"异化的沟通方式";第三到第六章中,作者详细地分析了四要素的内涵,为我们辨析了一些相似的概念,并提供了练习模板;第七到第十三章讲述如何运用非暴力沟通来倾听他人、爱自己、表达愤怒、表达感激。这本书的作者始终以一种相当平和的姿态来叙述他在生活中遇到的诸多问题,在教会我们沟通技巧和交流方法之余,也在告诉我们"如何成为一个平和的人"。

一、异化的沟通方式

长久以来,我们只认为打人、杀人以及战争等才算暴力,而这类事与我们无关。殊不知,语言中"隐藏的暴力"具有更大的杀伤力。指责、嘲讽、否定、说教,以及任意打断、拒不回应、随意出口的评价和结论等给我们带来的情感和精神上的创伤,甚至比肉体的伤害更加令人痛苦。这些无心或有意的语言暴力让人与人之间变得冷漠,产生隔阂。

在我们的日常生活中,大部分暴力沟通的根源在于人们忽略彼此的感受与需求,将冲突归咎于对方。常见的异化的沟通方式主要包含四种,其中之一就是道德评判。道德评判,顾名思义,就是用道德标准来评判人,如果一个人的行为不符合我们的价值观,那他就被看作是不道德的或者邪恶的,常见的表达有:"他对人有成见""他的毛病就是太自私"……进行比较是第二种异化的沟通方式。每个人的出生、长相、际遇本就千差万别,横向比较只会让自己的心像在地狱,生出嫉妒,无法感受到生活的美好。第三种异化的沟通方式是回避责任。人对自己的思想、情感和行动都负有不可推卸的责任,但很多人喜欢使用"不得不"这样的语言来回避自己的责任,常见的表达有:"你让我伤透了心""领导命令我做的""这是公司的政策""这是法律的规定"……一旦我们意识不到是自己的主人,就变成了危险人物。第四种异化的沟通方式是强人所难。在社会中,这是强者常用的手段。我们对别人的要求往往暗含着威胁,别人如果不配合,他们就会感受到惩罚。拥有父母、师长、上级这些身份的人相信他们的职责就是改变他人并让其循规蹈矩,但这些人也常常会发现,他们无法最终强迫他人按照自己的意愿生活。事实证明,强人所难、采用惩罚的方式教训不听话的孩子和下属,结果常常适得其反,迟早有一天,他们也会想到用同样的方法来对付别人。

异化的沟通方式不仅无益于沟通,而且结果常常事与愿违。非暴力沟通则不同,它让我们专注于彼此的观察、感受、需要和请求,鼓励倾听,培育尊重与爱,使我们情意相通、乐于互助。有的人用非暴力沟通了解自己,有的人用它改善人际关系,还有人借助它改进工作,在世界各地,非暴力沟通被用来协调各个层面的争论和冲突。

二、非暴力沟通的四要素

非暴力沟通四要素的内容虽然只占全书篇幅的三分之一,但却是全书最精华的部分。只有掌握了这四要素,才能真正学会非暴力沟通的运用技巧。

非暴力沟通的第一要素是观察，然后表达事实，而非评论。学会区分"观察"和"评论"，是非暴力沟通的第一步，也是最重要的一步，它要求仔细观察正在发生的事情，并清楚地说出观察结果。将观察和评论混为一谈，人们会常常听到批评，长期如此会产生逆反心理。非暴力沟通使用动态的语言，不主张绝对化的结论，例如，非暴力沟通会说"张三在过去的5场比赛中没有进一个球"，而不是说"张三是个差劲的前锋"。同样的事实，不同的道德判断，这样的场景在现实中经常上演。所以卢森堡博士建议在沟通中直接说自己观察到的事实，而不是下道德判断。

非暴力沟通的第二要素是感受。表达内心的感受，不仅可以促进亲情，还可以改善工作。通过建立表达感受的词汇表，我们可以更清楚地表达感受，从而使沟通更为顺畅。在表达感受时，示弱有助于解决冲突。非暴力沟通主张用五个字来表达我们的感受，如"我感到愤怒""我感到温暖""我感到难过"等等。这意味着我们在沟通时不能单纯地靠身体语言、面部表情去传递感受，更要直接、大胆地说出自己的感受，不要让对方猜，这样双方更容易共情，有助于相互理解。

非暴力沟通的第三要素是需要。他人的言行也许和我们的感受有关，但并不是我们感受的起因。感受根源于我们自身的需要，对他人的指责、批评、评论以及分析反映了我们的需要和价值观。事实上，直接说出我们的需要，其他人较有可能作出积极的回应。一旦人们开始谈论需要，而不指责对方，他们就有可能找到办法来满足双方的需要。

非暴力沟通的第四要素是请求。区分"请求"和"命令"是关键。现实生活中，一旦人们认为不答应就会受到责罚，就会把请求看作命令。而不论如何，只要人们认为是在强迫他们，就不会乐于满足需要。卢森堡博士在书中提到，有两种看似请求的情况实际上都是命令：一种是当请求没有得到满足时，提出请求的人进行了批评和指责，另一种是想利用对方的内疚来达到目的。事实上，应该明确告知他人，期待他采取何种行动来满足请求，建设性地解决问题；当请求被拒绝时，需要寻找其他有效的解决问题的方法，而非抱怨、指责或使其内疚。

总之，可借助非暴力沟通的四个要素诚实地表达自己，遇到问题时，用"我观察到……我感觉……是因为……我请求……"这样的句式去分析现状，厘清自己的需要，表达自己的请求，始终专注于问题的解决而非负面情绪的表达。

三、非暴力沟通的实操攻略

掌握了非暴力沟通的四要素后，还需要辅以一些沟通技巧才能把非暴力沟通真正应用到生活中去。作者从第七章开始为我们提供了很多实操攻略，此处选取几个关键点与大家分享。

首先是要学会倾听他人，这意味着要放下自己已有的想法和判断，一心一意地体会他人。不论别人以什么样的方式来表达自己，我们都要用心体会其中所包含的观察、感受、需要和请求。非暴力沟通建议我们使用疑问句来给予他人反馈。一般来说，如果一个人在说话时有明显的情绪，他会期待得到他人的反馈，而在我们的文化中，直接谈论个人的感受是很少见的，非暴力沟通鼓励我们表达自己最深层的感受和需要，因此，我们有时也许会发现运用非暴力沟通是富有挑战性的。通过倾听，我们将意识到他人的个性以及彼此的共通之处，这会使自我表达变得容易。我们越是倾听，越容易获得他人语言背后的感受和需要，就越不怕与他们坦诚地沟通。生活中，我们最不愿意示弱的时候往往是担心失去控制而显得强硬的时候,倾听使我们勇于面对自己的弱点。倾听还可以帮助我们预防潜在的暴力,使谈话生动有趣,并了解"不"和沉默所代表的感受和需要。一次又一次,我们见证到倾听帮助人们治愈心灵的创伤。

非暴力沟通不仅是一种促进取得他人谅解的沟通技巧,更是一种与自己和解的心灵解药。马歇尔在书中指出:"非暴力沟通最重要的应用也许是培养对自己的爱"。生活中,当我们表现得不够完美的时候常常会自责,比较典型的话有:"笨蛋""这么蠢的事你也干得出""你有毛病""你总是干啥啥不行""你怎么能这样呢"……这些言语的根源是我们尚未满足的需求的可悲表达。我们认为自己所做的事情是不好的或错误的,这让我们的内心感受到痛苦。但自责并不会让我们从中获益,反而会让我们的成长受限。经常责备自己、强迫自己将使我们"更像椅子而不像人"。当我们的行为无法满足自身的需求时,我们会体会到人生的悲哀和内心的渴望。非暴力沟通鼓励我们直面人生的苦难。如果说感到遗憾是难免的,那就让它帮助我们从经历中学习,而无须责备自己。如果我们意识到过去的行为违背了自己的需要及价值观,那就允许这种觉察引发的情感充分流淌,一旦专注于尚未满足的需要,我们就会考虑如何满足它;反之,如果用苛刻的语言指责自己,不仅难以找到解决办法,而且容易陷入自我惩罚的痛苦中。

爱惜自己的关键是同时包容两个不同的"我":一方面包容对过去的某种行为感到后悔的"我",另一方面包容采取那种行为的"我"。非暴力沟通的自我宽恕为个人的学习和成长创造了条件。只要对自己的需求保持清醒的认识,我们就能建设性地满足它们。非暴力沟通要求我们不要做任何没有乐趣的事情,要出于对生命纯洁的爱,而不是出于恐惧、内疚、羞愧、职责或义务来生活,这是爱惜自己的重要体现。如果我们致力于满足他人及自己健康成长的需要，那么，即使是艰难的工作也不乏乐趣。反之，如果我们的行为是出于义务、职责、恐惧、内疚或羞愧，那么，即使有意思的事情也会变得枯燥无味。通过非暴力沟通，我们不再试图分析自己或他人有什么毛病，而是用心去了解我们自己的需求，这样，我们的内心将逐渐变得平和。一旦我们发现自己心底深处的愿望，并采取积极的行动，将会重获生活的热情。

非暴力沟通是一门爱的哲学，但并不是主张忽视或压抑愤怒的哲学。书中指出，深入地了解愤怒，我们可以充分表达内心的渴望。愤怒是由我们的思维方式造成的，它的核心是尚未满足的需要。如果我们能够借助它来提醒自己有需求没有得到满足，并且我们的思维方式正使它得到满足，那这就是愤怒的价值。如果你感到愤怒，那就有意识地用"我生气是因为我需要……"来取代"我生气是因为他们"。很多人认为自己的痛苦是他人造成的，并认为那些人应该受到惩罚或谴责，那就会在自己的心里种下暴力的种子。如果我们满脑子都是是非对错，把某些人看作是贪婪的人、不负责任的人、骗子或者其他类型的坏人，那我们就很难与他们建立良好的关系。一般性表达愤怒的步骤是这样的：首先，停下来，呼吸；然后，留意我们的指责；接着，体会我们的需求；最后，表达感受和尚未满足的需求。为了充分表达自己，我们首先需要说出愤怒——怒火此时已被转化为需要以及与需要相联系的情感。然而，大多数情况下，在表达自己之前，我们需要先倾听他人。如果对方还处于某种情绪中，他们就很难静下心来体会我们的感受和需要。一旦我们用心倾听他们，并表达我们的理解之后，他们一般也就会开始留意我们的感受和需要。在日常生活中，我们要有意识地练习，把各种指责都转化为尚未满足的需求，倾听他人的需求，体会自己的需求，改掉习惯性地指责、批评，放慢自己的节奏，在说话前多想一想，有时候甚至可以停下来什么也不要说。

《非暴力沟通》自出版以来一直畅销不衰,被认为是心理学界的经典之作。虽然这本书是围绕着人与人之间的关系展开的,但书中关于改善个人生活的深层次内涵发人深省。这本书能够闻名世界,正是因为它揭示了人际冲突的本质,其中关于避免暴力沟通的思想,值得每一个人学习,书中所介绍的沟通方式、技巧,使所有人都能够受用终生。斯坦福研究中心经过长期的研究,得出了一个重要结论:"你赚的钱12.5%来自知识,87.5%来自人际关系。"所以,无论是出于功利化的需求,还是身心幸福的需要,构建良好的人际关系都是不可或缺的。《非暴力沟通》的表达和倾听技巧,能帮我们打开人际交往的新思路。这本书读起来很快,但要想真正应用非暴力沟通还需要花时间进行训练。改变自己的习惯和思维模式需要巨大的勇气和刻意的训练,这样才能迎来更好的自己。

导读

导言:

每个人都不是一座孤岛。沟通,是工作、生活都离不开的重要环节。但扪心自问,我们真的会沟通吗?沟通本应该是人生的必修课,但在求学阶段却从未有哪门课真正教导我们如何去沟通。关于沟通的态度、方法,我们常常是模仿身边人学会的。于是,暴躁的父母常常会有暴躁的孩子;爱批评的老师会带出爱批评的学生;有爱抱怨的朋友自己也会慢慢开始抱怨……这样模仿得来的沟通经验,常常让我们在沟通中遇到问题、感到困惑。为什么总是把最坏的一面留给最亲的人?为什么无心之言却伤人最深?

为什么好端端的会和身边的人产生隔阂？……为了解开有关沟通的疑惑，从今天起我们选择一本全球销量超过百万册的心理学经典之作——《非暴力沟通》进行导读，一起探讨沟通方式，改善亲密关系，理解接纳自己，提升沟通效率。

【《非暴力沟通》共读 Day 1】

今天的阅读任务是第一章和第二章的内容。本期共读内容我们将区分"暴力沟通"和"非暴力沟通"，了解"非暴力沟通"的定义、要素以及运用，学会辨别生活中的四种"异化的沟通方式"。

首先，我们来看一下什么是"非暴力沟通"。"非暴力"指暴力消退后自然流露的爱，它鼓励倾听，培养尊重与爱，使我们乐于互助。我们可以通过非暴力沟通理解自己、改善亲密关系、改进工作等。在此基础上，作者也提出了非暴力沟通的四个要素：观察、感受、需要、请求。这是非暴力沟通运用的基础，后面的章节中我们也将重点学习。

这部分内容为我们归纳了四种异化的沟通方式：

第一种是道德评判。顾名思义，就是用道德标准来评判人，如果一个人的行为不符合我们的价值观，那他就会被看作是不道德的或者邪恶的。比如，"他对人有成见。""他的毛病就是太自私。""他本来就是这样一个人，没什么他干不出来的。""他父亲就这样，在他这儿也好不到哪里去！"再比如，如果女友想多要一些体贴，就是她"太黏人"；可是如果自己想得到一些体贴，那她就是"太冷漠"。如果同事太注重细节而自己不是，那么同事就是有"强迫症"；如果自己是个注重细节的人而同事不是，那同事就是"粗心大意"……诸如此类的双标。

第二种是进行比较。人们在比惨时，往往喜欢拿自己的不幸和别人的幸福比；人们在炫耀时，又总是喜欢拿自己的长板

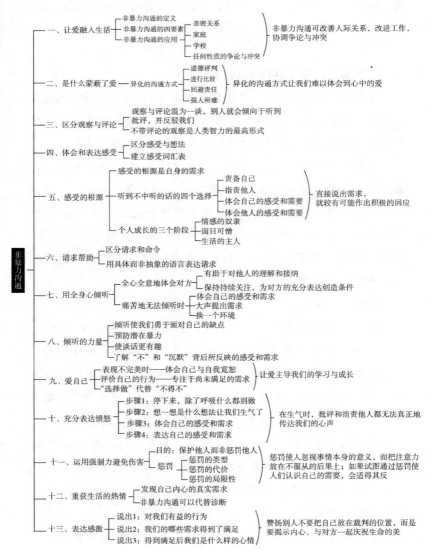

和别人的短板比。比如，"你为什么没有像小明那样也考 100 分呢？""你和以前不一样了，你现在一点都不爱我了。""凭什么让我加班，我孩子比他孩子还小呢！""他升职是凭什么？他的资历、学历哪一样能跟我比？"

横向比较只会让自己的心像在地狱，生出嫉妒，无法感受到生活的美好。纵向比较又会觉得日子一天不如一天，真的成了悲惨世界。

第三种是回避责任。人对自己的思想、情感和行动都负有不可推卸的责任，但很多人喜欢使用"不得不"这样的语言来回避自己的责任。比如，"为什么打扫房间？——因为我不得不做。""为什么喝这么多？——因为那个场合不能不喝。""为什么你要孩子？——因为他不听话非要跑到马路上去。""为什么要开除你？——因为你违反了规定，我只能这么做。"

这些语言的表达都回避了自己的责任。所谓的悲剧不是这个世界上反抗的人增多了，而是唯命是从的人越来越多。一旦我们意识不到是自己的主人，我们就变成了危险人物。

第四种是强人所难。在社会中，这是强者常用的手段。我们对别人的要求往往暗含着威胁，别人如果不配合，他们就会感受到惩罚。拥有父母、师长、上级这些身份的人相信他们的职责就是改变他人并让他们循规蹈矩，但这些人也常常会发现，他们最终无法强迫他人按照自己的意愿生活。比如，"他应当为他所做的事情受到惩罚。""如果你不回家，那你就永远不要回来了。""想吃饭就把这些作业先全部写完。"

事实证明，强人所难、采用惩罚的方式教训不听话的孩子和下属，结果常常适得其反，迟早有一天，他们也会想到用同样的方法来对付别人。

思考 & 讨论：

1. 分享对"非暴力沟通"的理解。
2. 生活中，你是否经历过异化的沟通方式？当时你的感受是怎样的？

【《非暴力沟通》共读 Day 2】

今天的阅读任务是第三章和第四章的内容。本期内容将带我们走进"非暴力沟通"四要素中的前两个要素：观察和感受，让我们学会如何"不带评论"地进行观察，区分感受和想法，建立表达感受的"词汇表"。

非暴力沟通的第一个要素——观察。不带评论的观察是人类智力的最高形式。试看下面两句话有何区别：

"这个人就是懒得要死！"

"这个人睡了一下午，中午用过的餐具堆在了水池里。"

这两句话就是"评论"与"观察"的区别。前一句是评论，后一句是表达一种现实存在。

学会区分"观察"和"评论"，是非暴力沟通的第一步，也是最重要的一步。非暴力沟通并不要求我们保持完全的客观而不作任何评论。它只是强调区分观察和评论的重要性。将观察与评论混为一谈，人们倾向于听到批评，长期如此会产生逆反心理。非暴力沟通是一种动态的语言，不主张绝对化的结论，而主张评论要基于特定时间和环境中的观察。就如同前例，如果这个人是刚刚高强度劳动完，那么即使他多睡一会儿或者没有去洗碗，我们可能也不能用"懒惰"来定义。非暴力沟通会说"张三在过去的 5 场比赛中没有进一个球"，而不是说"张三是个差劲的前锋"。同样的事实，不同的道德判断，这样的场景在现实中经常上演。所以卢森堡博士建议在沟通中直接说自已观察到的事实，而不是下道德判断。我们要更多地说"我看到……""你看到……"。与其说"你总是不回家"（评论），不如说"你这周只回家了两次"（观察）；与其说"你很少配合我"（评论），不如说"我最近组织了三次活动，你一次都没有参加"（观察）。学会区分观察和评论并不容易，运用到我们的生活中更需要反复练习。

非暴力沟通的第二要素——感受。长久以来，人们认为感受是无关紧要的，重要的是别人怎么看自己，久而久之，我们甚至忘记了该如何体会和表达感受。比如说室友很晚了还把音响声音开得很大，试问我们要如何表达？

"吵死了，还让不让人睡觉！"

"我觉得晚上不应该这么大声。"

"声音太大了会打扰到别人。"

非暴力沟通主张用五个字来表达我们的感受，如"我感到愤怒""我感到温暖""我感到难过"等等。愤怒、温暖、难过这些形容词让我们能清楚地知道自己或者他人的感受，所以，如果我们要表达感受，需要丰富的词汇。"我现在感觉良好"，我们无法判断是身体状况还是心情，即使知道是心情，也无法判断是高兴、轻松还是欣慰。所以我们需要一大批表达我们的需要得到满足时的感受的词语，以及表达我们的需要没有得到满足时的感受的词语。

所以，上面三句话都不是在表达感受，正确的表达方式应该是"我感到心神不宁（心烦意乱、不舒服、不堪其扰、烦躁）"等等。

练习与实操：

练习一：下面的句子是观察还是评论？

1. 哥哥昨天无缘无故对我发脾气。
2. 昨晚妹妹在看电视时啃指甲。

3. 开会时，经理没有问我的意见。

4. 我父亲是个好人。

5. 迈克的工作时间太长了。

6. 亨利很霸道。

7. 本周彼得每天都排在最前面。

8. 我儿子经常不刷牙。

9. 里奇告诉我，我穿黄色衣服不好看。

10. 姑姑在和我说话时爱发牢骚。

练习二：下面的句子是否表达了感受？

1. 我觉得你不爱我。

2. 你要离开，我很难过。

3. 当你说那句话时，我感到害怕。

4. 如果你不和我打招呼，我会觉得你不在乎我。

5. 你能来，我很高兴。

6. 你真可恶。

7. 我想打你。

8. 我觉得我被人误解了。

9. 你帮我的忙，我很开心。

10. 我是个没用的人。

思考 & 讨论：

1. 谈一谈生活中因为"评论"而导致失败的沟通案例。

2. 结合所读内容，分享自己表达感受常用的句式和词语。

【《非暴力沟通》共读 Day 3】

今天的阅读任务是第五章和第六章的内容。本期内容将带我们走进"非暴力沟通"的第三和第四个要素：需要和请求，帮助我们看清楚自己的需要,鼓励我们用适当的语言表达自己的请求。

非暴力沟通的第三要素——需要。这是生命健康生长的要素。

前面我们提到非暴力沟通的第一要素是观察,第二要素是感受。我们的感受从哪里来?根源在于我们自身,我们的需要、期待,以及对他人言行的看法,产生的感受。

当我们听到不中听的话时,一般会出现下面四种情况:

"我错了",内疚、惭愧甚至厌恶自己。

"你没权利说我",愤怒、委屈。

"我很伤心",这是自己的感受。

"他可能需要我的理解和关心",这是我们开始体会他人的感受和需要。

很明显,上面是一个进阶行为。一旦人们开始谈论需要,而不指责对方时,他们就有可能找到办法来满足双方的需要。与其说"你是个种族主义者",不如说"我们渴望和平";与其说"我一整天都没歇过,我把一周的脏衣服都洗了",不如说"我今天真的累了,我晚上想休息了"。当我们想利用他人的内疚时,通常会把自己不愉快的感受归咎于对方;我们在批评别人时往往暗含着期待,是在间接表达我们尚未满足的需要。如果我们通过批评来提出主张,人们的反应常常是申辩或反击;反之,如果我们直接说出需要,其他人就较有可能作出积极的回应。每个人都有一些基本的需要:自由选择、庆祝、滋养身体、玩耍、情意相通、相互依存等。非暴力沟通把需要看作是有助于生命健康成长的要素,而不是某种具体的行为。一种行为是否被当作需要,关键在于它能否促进生命的健康成长。让我们每个人都从"情感的奴隶"成长为"生活的主人"。

非暴力沟通的第四要素——请求。远离抽象,越具体越好。

第一,提出具体的请求。清楚地告诉对方我们希望他做什么,而不是"不做什么"或者说得太抽象。与其说"我希望你少花一些时间在外面",不如说"我希望你每周有三个晚上在家里吃饭"。与其说"我希望你有点责任感",不如说"我希望你可以把自己的房间每周打扫一次"。

第二,明确谈话的目的。孩子说:"妈妈,我口渴了。"实际是希望给他来瓶可乐。在很多情况下,如果我们只表达自己的感受,别人是不清楚我们想要什么的。与其说"你头发那么长不挡眼睛吗",不如说"我们应该去剪头发"。

第三,请求反馈。我们的意思和别人的理解有可能是两回事。如果无法确定对方是否已经明白,那么我们就需要得到反馈。有时问一句"我的意思清楚吗"会减少很多麻烦。与其说"你听明白了吗",不如说"不知道我是否讲清楚了"。

第四,了解他人的反应,包括对方此时的感受;对方正在想什么;对方是否接受我们的请求。

第五,在集体讨论时提出请求。在集体讨论时,说清楚我们希望得到怎样的反馈是至关重要的,否则就是在浪费时间。

非暴力沟通第四要素的关键是区分"请求"和"命令"。现实生活中,一旦人们认为不答应我们就会受到责罚时,他们就会把我们的请求看作是命令。而只要人们认为我们是在强迫他们,他们就不会乐于满足我们的需要。卢森堡博士在书中提到,有两种看似请求的情况实际上都是命令:一种是当请求没有得到满足时,提出请求的人会批评和指责;另一种是利用对方的内疚来达到目的。事实上,我们应该明确告知他人,我们期待他们采取何种行动来满足我们,建设性地解决问题;当请求被拒绝时,我们需要寻找其他有效的解决问题的方法,而非抱怨、指责或是使人内疚。

综上所述,非暴力沟通的四个要素就是要诚实地表达自己;遇到问题时,用"我观察到……我感觉……是因为……我请求……"这样的句式去分析现状；厘清自己的需要；表达自己的请求；始终专注于问题的解决而非负面情绪的表达。

练习与实操：
练习一：下面句子的说话者是否在对自己的感受负责？
1. 你将公司机密文件放在了会议室。太令我失望了。
2. 你这么说，我很紧张。我需要尊重。
3. 你来得这么晚，让我很郁闷。
4. 你无法来吃晚饭，我很难过。我本来想和你好好聊一聊。
5. 我很伤心。因为你没有做你答应我的事情。
6. 我很沮丧。我希望我的工作已经取得更大的进展。
7. 朋友叫我外号让我很难过。
8. 你得奖了，我很高兴。
9. 你嗓门那么大，吓死人了。
10. 你让我搭你的车回家，我很感激。因为我想比孩子们先到家。

练习二：根据你的观点，下列哪些句子是提出了明确的请求？
1. 我希望你理解我。
2. 请告诉我，在我做的事情中，你最满意的是哪一件？
3. 我希望你更加自信。
4. 不要再喝酒了。
5. 请让我成为我自己。
6. 关于昨天的会议，请不要隐瞒你的看法。
7. 我希望你能在规定的时速内驾驶。
8. 我想更好地了解你。
9. 我希望你尊重我的个人隐私。
10. 我希望你经常做晚饭。

思考＆讨论：

1. 第五章指出，人的成长一般会经历3个阶段：情感的奴隶—面目可憎—生活的主人。谈谈自己目前处于哪个阶段。
2. 试举例说明如何用"非暴力沟通"的四个要素进行沟通。

【《非暴力沟通》共读 Day 4】

今天的阅读任务是第七章和第八章的内容。本期内容我们将探讨如何倾听他人，了解他们的观察、感受、需要和请求，并给予反馈。通过倾听，我们将意识到他人的个性以及彼此的共通之处，这会使自我表达变得容易些。

第七章的题目为《用全身心倾听》。倾听他人时，我们需要先放下自己已有的想法和判断，全神贯注地体会对方。然而，全身心倾听他人并不容易，他人遭遇痛苦时，我们常常急于安慰、建议或者比惨。但如果一个人想要别人了解他的处境，那么听到一大堆"你"曾经是怎么做的，肯定就不大舒服了。哪些行为可能会妨碍我们体会他人的处境？

建议："我想你应该……"

比较："这算不了什么。你听听我的经历……"

说教："如果你……做，你将会得到很大的好处。"

安慰："这不是你的错；你已经尽最大努力了。"

回忆："这让我想起……"

否定："高兴一点。不要这么难过。"

同情："哦，你这可怜的人……"

询问："这种情况是什么时候开始的？"

辩解："我原想早点打电话给你，但昨晚……"

纠正："事情的经过不是那样的。"

体会他人的感受和需要。不论别人以什么样的方式来表达，我们都应该听听他们此时此刻的观察、感受、需要和请求。

给他人反馈。非暴力沟通建议我们使用疑问句来给予他人反馈。什么时候需要给别人反馈呢？一是对自己的理解没有把握时；二是别人期待我们反馈时，如果一个人在说话时有明显的情绪，他一般是期待得到他人的反馈。在给他人反馈时，以下几点需要特别注意：

我们的语气十分重要；
如果我们的意图被误解，我们更需要关注他人的感受和需要；
如果人们怀疑我们的诚意，就需要好好审视我们的动机。

保持关注。在解决问题或询问他人的请求前，我们需要有耐心，如果过早提及他人的请求，我们也许就无法传达我们的关心，甚至还会被看作是应付。

当我们痛苦得无法倾听时，我们无法给别人自己都没有的东西。如果我们根本没心情去关心别人，那说明我们自己也需要关心。这种情况下，我们可以：

大声地提出请求，提醒别人注意自己此时此刻的需要；
换一个环境，我们需要时间和空间来调整状态。

第八章的题目为《倾听的力量》。这个世界上能说会道的人很多，但是真正会"听"的人才是王者。

1. 倾听可以使身心痊愈。一旦有人倾听，那些看起来无法解决的问题就可能有解决办法，千头万绪的思路也会变得清晰起来。

2. 我们越是倾听他人语言背后的感受和需要，就越不怕与他们坦诚地沟通。实际沟通过程中，示弱有助于问题的解决。

3. 倾听可以预防潜在的暴力。在一个生气的人面前，永远不要用"不过""可是""但是"之类的词。

4. 当别人说"不"时，我们常常会认为他们是在拒绝我们，有时，我们甚至觉得自己受到了伤害。然而，如果我们能够体会他人的感受和需要，也许会发现是什么使他们无法答应我们的请求。

5. 使谈话变得有趣的关键在于，尽快提醒说话的人留意自己的感受和需求。有时候，打断别人比假装在听更符合对方的愿望。所有的人都希望自己的话对人有益，而不想被人当作负担。

6. 在别人保持沉默时，我们一般会觉得有些别扭，而很难静下心来体会对方的感受和需要。我们要尝试去了解沉默背后反映的感受和需要。

练习与实操：

下面十组对话中，哪些对话乙在用心体会甲的感受和需要，并给予反馈。

1. 甲："我又误机了，我真是个混蛋！"

   乙："没有人是十全十美的，不要太严格要求自己。"

2. 甲："我认为我们应该把这些非法移民遣送回国。"

   乙："这对改善社会治安有帮助吗？"

3. 甲："你以为你什么都知道？！"

   乙："听起来，你有些不耐烦，因为你希望每个人的意见都能得到倾听？"

4. 甲："你从不把我当回事。要不是我帮你，你自己一个人能处理这么多事情吗？"

乙："你怎么能这样想！我一直都很尊重你。"
5. 甲："你怎么可以那样和我说话？"
乙："我那样说话，你是不是很伤心？"
6. 甲："想到我先生，我就有些气恼。我需要他的时候，他总是不在我身边。"
乙："你是希望他多陪陪你？"
7. 甲："我真受不了我自己，我现在变得这么胖！"
乙："慢跑也许会有帮助。"
8. 甲："我紧张地筹备女儿的婚礼。可是，我亲家老是有新主意，真烦！"
乙："听起来，你有些着急，你希望能得到理解与配合，是吗？"
9. 甲："如果亲戚来之前不和我打招呼，我真的不想接待他们。"
乙："我知道这是什么感觉。我也这样。"
10. 甲："你的表现让我很失望。我本来指望你们部门上个月的产出能够翻番。"
乙："我知道你很失望。但上个月我们部门请病假的人很多。"

思考 & 讨论：
1. 生活中有哪些沟通案例让你感受到倾听的力量，举例说明。
2. 尝试在一段日常沟通中分析对方的感受和需要。

【《非暴力沟通》共读 Day 5】
　　今天的阅读任务是第九章和第十章的内容。前面分享了用非暴力沟通的技巧来解决问题，以及如何使用非暴力沟通来改善与他人的关系。然而，我们还没有提及一个最重要的力量——爱自己。让生命之花绽放——要准确无误地知道自己是一个"特殊的生命",而不是一把椅子。

1. 当我们的表现不完美时常常会自责,比较典型的话有:"笨蛋""这么蠢的事你也干得出""你有毛病""你总是干啥啥不行""你怎么能这样呢"……我希望,我们的改变是出于对生命的爱,而不是出于羞愧或内疚。

2. 自责并不会让我们从中获益,反而会让我们的成长受限。经常责备自己、强迫自己将使我们"更像椅子而不像人"。当我们的行为无法满足自身的需求时,我们将体会到人生的悲哀和内心的渴望。

3. 非暴力沟通鼓励我们直面人生的苦难:遇到挫折,使我们充分体会人生的悲哀和内心的渴望。感到遗憾,让它帮助我们从经历中学习。

4. 要学会自我宽恕。当我们意识到过去的行为违背了自己的需要及价值观时,应允许这种觉察引发的情感充分流淌。一旦专注于尚未满足的需要,我们就会考虑如何满足它;反之,如果用苛刻的语言指责自己,我们不仅难以找到解决办法,而且容易陷于自我惩罚的痛苦中。

5. 爱惜自己的关键是同时包容两个不同的"我":一方面包容对过去的某种行为感到后悔的"我",另一方面包容采取那种行为的"我"。非暴力沟通的忧伤及自我宽恕为个人的学习和成长创造了条件。只要对自己的需求保持清醒的认识,我们就能建设性地满足它们。

6. 不要做任何没有乐趣的事情,要出于对生命纯洁的爱,而不是出于恐惧、内疚、羞愧、职责或义务来选择生活,这是爱惜自己的重要体现。如果我们致力于满足他人及自己健康成长的需要,那么,即使是艰难的工作也不乏乐趣。反之,如果我们的行为是出于义务、职责、恐惧、内疚或羞愧，那么，即使是有意思的事情也会变得枯燥无味。

7. 不再试图分析自己或他人有什么毛病，而是用心去了解我们和他们的需求，这样，我们的内心将逐渐变得平和。一旦我们发现自己心底深处的愿望，并采取积极的行动，将会重获对生活的热情。

第十章的题目是《充分表达愤怒》。非暴力沟通并不主张忽视或者压抑愤怒。可以充分表达内心的渴望。

1. 为什么我们会生气？我们认为别人应该认错或受罚，这可能就是我们生气的原因。

2. 合理的愤怒是什么？愤怒是由我们的思维方式造成的，它的核心是尚未满足的需要。如果我们能够借助它来提醒自己——我们有需要没有得到满足，而我们的思维方式能使它得到满足，那愤怒就是有价值的。如果你感到愤怒，那就有意识地用"我生气是因为我需要……"来取代"我生气是因为他们"。

3. 很多人认为自己的痛苦是他人造成的，并认为那些人应该得到惩罚或谴责，这就会在自己的心里种下暴力的种子。如果我们满脑子都是是非对错，把某些人看作是贪婪的人、不负责任的人、骗子或者其他类型的坏人，那我们就很难与他们建立良好的关系。

4. 表达愤怒的四个步骤为：首先，停下来，呼吸；然后，留意我们的指责；接着，体会我们的需求；最后，表达感受和尚未满足的需求。为了充分表达自己的需求，我们需要说出愤怒——怒火此时已被转化为需要以及与需要相联系的情感。

5. 在表达自己之前，我们需要先倾听他人。如果对方还处于某种情绪中,他们就很难静下心来体会我们的感受和需要。一旦我们用心倾听他们,并表达我们的理解之后,他们一般也会开始留意我们的感受和需要。

6. 给自己一点时间。在日常生活中,我们要有意识地练习把各种指责转化为尚未满足的需求;倾听他人的需求,体会自己的需求;改掉惯性地指责、批评;放慢自己的节奏,在说话前多想一想,有时候甚至可以停下来什么也不要说。

思考 & 讨论:
1. 结合所学内容,谈谈如何爱自己。
2. 谈谈实践中,可以怎样合理利用愤怒,发掘自己的真实需求。

【《非暴力沟通》共读 Day 6】

今天的阅读任务是第十一至第十三章的内容。本期内容将带我们走进非暴力沟通的特殊应用,教会我们如何用强制力避免伤害,并学会在情绪低落时,重拾对生活的热情。

第十一章的题目是《运用强力避免伤害》。在某些特殊的情况下,沟通双方并不能很好地理解对方,也许是一方拒绝交流,也许是情况迫在眉睫来不及交流,这时候就需要运用强制力来避免伤害。

1. 使用强制力的目的:在使用防卫性的强制力时,我们要把注意力放在自己和他人的需要上,而不评价对方及其行为。就如同我们抱住跑到马路上的小孩不是为了指责他,而是为了保护他。
2. 惩罚的类型:体罚、指责、否定他人都是惩罚,而变得冷漠是一种强有力的威胁。

3. 惩罚的代价：当我们为了免受惩罚去做事情时，可能会忽视事情本身的价值而陷入对失败的忧虑中。惩罚将导致关系疏远，一旦我们被看作施暴者，就很难得到友善的回应。

4. 惩罚的局限性：借助两个问题我们可以认识处罚的局限性。第一个问题，如果我不喜欢他现在的行为，那我希望他怎么做？第二个问题，我希望他基于怎样的原因去做我想要他做的事情？

第十二章的题目是《重获生活的热情》。这部分内容将指导我们应用非暴力沟通的方式倾听自己内心的声音，帮助我们解决内心的冲突。一旦我们发现自己心底深处的愿望，并采取积极的行动，我们将会重获生活的热情。

1. 对于大多数人来说，倾听和表达自己的需要并不容易。我们的文化倾向于把个人的需要看作是消极的、具有破坏性的。如果一个人公开表达自己的需要，很可能被看作是自私的。想要跳出这种社会文化的束缚，并不容易，而认识到这种文化的局限性，我们就已经迈出了关键的一步。

2. 在生活中，有时我们会感到沮丧，觉得前途一片黑暗。沮丧意味着我们不了解自己的需要——我们不知道自己到底想要什么以及如何满足愿望。我们可以用非暴力沟通的四要素来分析遇到的问题，解决内心的冲突。

3. 在情绪低落时，我们也许会怨天尤人。然而我们以苛责的态度对人对己，心情也不会好到哪里去。当我们不再试图分析自己和他人的问题，而是用心去了解自己的需要时，内心将逐渐变得平和。

4. 非暴力沟通可以代替诊断：心理咨询和治疗行业的从业人员可以考虑借助非暴力沟通与来访者进行坦诚地交流。

第十三章的题目是《表达感激》。以前我们从未想过，赞扬也可能造成人与人之间的隔阂，使之并不总是有助于深化彼此的关系，甚至可能起到反效果。这是因为在赞扬他人时，我们很少揭示内心的活动，而是把自己放在了裁判的位置。用非暴力沟通的方式表达感激，并不是祈求得到对方的回报，而是为了庆祝他人的行为，提升我们的生活品质。

1. 非暴力沟通表达感激包含三个部分内容：
（1）对方做了什么事情使我们的生活得到了改善；
（2）我们有哪些需求得到了满足；
（3）我们的心情怎么样。

2. 在别人表达感激时，我们通常有两种截然不同的反应：一种是自我膨胀，相信自己比别人优越；另一种是假谦虚，否定别人的欣赏。而这两种都是不可取的。如果我们能意识到我们的能力是生命赋予的，就能避免这两种极端反应，坦然接受别人的感激。

3. 虽然人们听到感激时会不太自在，但绝大多数人渴望得到他人的肯定和感激。这种对感激的渴望不仅存在于工作场合，也存在于家庭中。

4. 生活中，我们应该充分表达感激。如果无法向那些对我们的一生产生极为重要影响的人表达感激，那将是十分悲哀和遗憾的事。

思考 & 练习：
1. 在日常生活中，什么情况下应该使用强制力。
2. 在我们的传统思想中有哪些观念限制了人们对需求和感受的表达。

3. 请用本期所学方法，做一个表达感激的训练。
4. 谈一谈读完本书后的感悟。

总结：

通过逐字逐句的品读和一段时间的尝试，相信大家一定深切感受到了非暴力沟通的力量。作为一种沟通方式，即使面对最棘手的人和事，非暴力沟通也可以让对方平静下来；作为一种心理工具，非暴力沟通帮助我们重拾对生活的热情，与自己达成和解。希望本书能够帮助大家解决生活中的沟通问题，对内接纳自我，对外善待他人，热爱生活，拥有属于自己的幸福人生。

最后，以封面上的一句话作为结尾吧："当我们褪去隐蔽的精神暴力，爱将自然流露。"

（导读人：孙莉玲 武秀枝）

参考阅读：

1. ［英］罗伯特·戴博德.《蛤蟆先生去看心理医生》.天津人民出版社.2020年版.

2. ［美］罗兰·米勒.《亲密关系》.人民邮电出版社.2015年版.

3. ［日］岸见一郎，古贺史健.《被讨厌的勇气："自我启发之父"阿德勒的哲学课》.机械工业出版.2015年版.

4. 武志红.《为何家会伤人》.北京联合出版公司.2018年版.

《自控力》是一本关于意志力科学的书，本书以清晰的框架，讲述了什么是自控力、我们常犯的自控力错误、自控力如何发生作用，以及自控力为何如此重要。本书作者凯利·麦格尼格尔是一名健康心理学家，主要工作是帮助人们管理压力，并在生活中做出积极的改变。她开设的"自控力科学"是斯坦福继续教育学院广受欢迎的课程之一，参与过这门课的人称其能够"改变一生"，《自控力》一书是对这门课程的整理和补充。作者首先帮助读者从观念上明确人自控力的差异绝不仅仅是意志力的强弱决定的，而是生理学基础、心理陷阱和多种社会因素综合影响的结果。作者通过多年来对学生的实践观察，总结出一套有效的自控训练法，诸如"5分钟绿色锻炼""10分钟法则""刻意训练""主动放松""专注冥想"，不仅向读者解释清楚其运作的生理机制，而且具有非常高的实操性。《自控力》这本书无疑是每一位期望改善自我者的不二法门。

《自控力——斯坦福大学广受欢迎心理学课程》
——[美]凯利·麦格尼格尔

书评

让意志力来控制冲动的渴望

——李瑞瑞

"自控力最强的人不是从与自我的较量中获得自控，而是学会了如何接受互相冲突的自我，并将这些自我融为一体。"这是美国心理学家凯利·麦格尼格尔博士在她的代表作《自控力》当中提出来的观点。对于绝大多数人来说，自控或者说自律是一个让人深受困扰的话题，无数次在坚持还是放弃、理智还是欲望、节制还是放纵之间徘徊不定，最后只剩下无意义的自我消耗与自我斗争，落得遍体鳞伤。如果你正处于这样的困惑当中，或许凯利·麦格尼格尔的这本《自控力》能够帮助你走出困境。

一、何为自控——自控让我们成为真正的人

本书导言中,凯利·麦格尼格尔开宗明义地指出:所谓意志力,就是控制自己的注意力、情绪和欲望的能力。有些人觉得经常被感情和欲望所支配,理智显得无能为力,还有很多人觉得缺乏意志力,时常行走在失控和可控之间,甚至觉得自控是一时行为,而失控却是人生常态。自控真的那么难实现吗?生活真的如此步履维艰吗?作为斯坦福大学医学健康促进项目的健康心理学家和教育工作者,作者发现人们对意志力的理解存在很多问题,因此大多数人采取的提高意志力的方法不仅毫无效果,反而会适得其反,甚至会导致自毁或失控。

要更好地提高自控力,首先我们得知道它是怎样形成的。现代人拥有意志力得益于远古时期的人类,为了适应各种需求,人类不断进化,人脑中的前额皮质也不断进化、扩大,并和大脑的其他区域联系得越来越紧密;而前额皮质通常被认为是脑部的命令和控制中心,注意、处理等较高层次的认知功能在这里运行。前额皮质分为3个区域,分别管理"我要做""我不要"和"我想要"三种力量。前额皮质的左边区域负责"我要做",能帮我们处理枯燥、困难或充满压力的工作,比如当我们想要吃甜甜圈时,它让我们管住自己的嘴。右边的区域则控制"我不要",它能克制我们的一时冲动、克服短视和规避不值得的事情,比如不吃甜品、拒绝熬夜、不冲动消费,就是这个区域的功劳。左右这两个区域一同控制我们"做什么"。中间靠下的位置会记录我们的长远目标和欲望,决定我们"想要什么",这个区域的细胞活动越剧烈,我们采取行动和拒绝诱惑的能力就越强。人类很幸运,因为大脑赋予了我们这三种力量,能够施展这三种力量,恰恰体现了人类的优越性。凯利·麦格尼格

尔认为意志力实际上是驾驭"我要做""我不要"和"我想要"这三种力量，它们协同努力，让我们变成更好的自己。从意志力角度来看，如果前额皮质受损，就会丧失"我想要""我不要""我要做"的力量。

意志力挑战就是两个自我的对抗。有些神经学家认为人类的大脑里拥有两个"自我"，一个自我任意妄为、及时行乐（冲动的自己）；另一个自我则克服冲动，深谋远虑（理智的自己）。它们互相竞争，试图控制我们的想法、感受和行动。当两个自我发生分歧的时候，总会有一方击败另一方，我们也总是在两个自我之间来回游走、摇摆不定。自控力需要解决的就是内心两个自我的冲突：原始自我的本能和现代自我的理性。而人类之所以进化出前额皮质并不断增强，就是要处理这个冲突，就是要让人选择做"更难的事"。比如在沙发上"葛优躺"很容易，它就会让你站起来做运动；比如把学习拖到明天很容易，它就会督促你打开书本、开始学习。可以说，自控力是一种抑止冲动的能力，它区分了人类和动物，还区分了每一个人。

二、为何失控——自控力的科学本质

很多人把意志力当成一种个人特质、一种美德、一种你可能有也可能没有的东西、一种面临困境时突然爆发的力量。但从科学的角度来说并非如此，人们关于自控的很多看法实际上妨碍了我们取得成功。例如，把自控力当作一种美德，可能会让初衷良好的目标脱离正轨。麦格尼格尔结合心理学基础、心理陷阱及各种社会因素，解释了意志力的科学本质，粉碎了很多鱼目混珠的意志力神话。

自控力是种生理本能。作者的一个核心观点是自控力不仅和大脑有关，也和身体有关；自控力既是心理问题，也是生理问题。很多人以为是大脑控制着我们的自身行为，但《自控力》基于大量的科学实验案例指出，意志力是种生理本能，它和压力一样，通过不断进化来保护我们不受自身伤害。书中第三章提出意志力像肌肉一样存在极限。佛罗里达州立大学的心理学家罗伊·鲍迈斯特及其研究团队，通过多个实验证明意志力是有限的，并在《意志力》这本书中指出，人的意志力运用主要分为四大类：一是控制思维，二是控制情绪，三是控制冲动，四是控制表现、绩效、成绩。日常行为的自控会消耗意志力，你可以试着观察一下，是不是起床的时候意志力满满，但随着时间的流逝会逐渐减弱。由于每次使用自控力系统都会消耗能量，为了保存能量，大脑会不愿给你充足的能量去抵制诱惑、控制情绪；但自控力也一直存在，从某种程度上来说，我们要感谢大脑替我们保存能量、保留意志力。

很多外在因素也会影响意志力。"不是每一次自控力失效都是因为真的失去了控制。有时，我们是有意识地选择了在诱惑面前屈服。"人们做出一些有利于向目标前进的行为后，更容易纵容自己做出与目标方向相反的行为。很多人在做一件有长远利益的事情（比如减肥、考证）时，坚持一段时间就要破戒（比如胡吃海喝、几天不学习）。"道德许可"效应可以解释人们的这种行为，"我们迫切想给诱惑我们的对象加以道德标准，好让我们在放纵自己的时候毫无负罪感"。自控力要求我们为了长远目标，压抑及时行乐的渴望，但是如果我们把这些渴望放在道德的框架内，按照"正确"或"错误"进行判断，而不是牢记我们真正想要的东西，就会带来与目标相抵触的冲动。给我们带来良好感觉的道德标签，也容易造成失控。"道德许可"不会直接打垮我们的自控力，但会渐渐消耗我们的自控力。

常见的"道德许可"有很多。①"透支未来":有时候大脑会对有完成目标的可能性感到兴奋,而错把可能性当成真正完成了目标。我们会不断期望明天作出和今天不同的选择,但这种期望是错误的,每个人都会犯"未来再好好表现"的错误。比如说:我今天先不去健身房了,从明天开始锻炼;我今天先饱餐一顿,从明天开始吃蔬菜沙拉;我今天先看完这个综艺,从明天开始好好学习……明日复明日,今天放纵明天改变,但明天和今天毫无区别。②"神奇词语":现代营销常常在99%的罪恶旁边加上1%的美德,让我们以良好的感觉取代常识判断,比如我们在包装袋、广告里经常会看到的"买一送一""全天然""非油炸""零脂肪""无糖"……这些神奇的词语带给我们放纵的许可,被我们照单全收进而破坏长远的目标。③"光环效应":使你觉得放纵的东西和品德高尚的东西同时出现时,会产生光环效应。比如正在控制消费的你在购物时看到"每一笔订单都将为这个慈善行动捐款"字眼时,会让买东西的想法更加坚定,"我花钱不是为了买东西,我这是在做慈善呢,为了帮助别人必须买"。

自我感觉良好会让人失控,自我感觉糟糕同样会导致失控。比如说:正在减肥的人,早晨称体重发现居然胖了两斤,情绪就会很低落,可能会赶紧再吃两口面包压压惊。群体也会造成失控。比如:我们看到同事在喝奶茶,自己也会忍不住喝两口;伴侣或室友胖了,那么我们变胖的可能性也会增加。作者提出的"镜像神经元"理论可以解释这一现象,我们的大脑有一类神经元,像照镜子一样反映别人的言行举止,让我们不自觉地模仿。

生理本能、自我感觉良好、自我感觉糟糕和群体都会影响自控力。那我们就拿自控力没办法了吗?其实不然,自控力就像肌肉一样是可以锻炼的,通过科学有效的锻炼可以提高自控力。

三、何以自控——自控是一种选择和态度

在了解了自控力的生理本能和生活中的意志力陷阱后,我们就会明白自己如何失控、为何失控。有自知之明是自控的基础,认识到自己的意志力存在问题则是自控的关键。《自控力》这本书对提高意志力没有给出一条捷径,但是给出了很多循序渐进的方法和技巧,可以说是一本实操指南。

提升自控力的第一法则是认识你自己。当我们在做一件事的时候,我们能意识到自己在做什么,也知道我们为什么这样做。如果没有自我意识,自控系统将毫无用武之地。在作决定的时候,我们必须意识到自己此刻需要意志力,否则大脑就会默认选择最简单的。这听上去似乎不难,但心理学家指出大部分人作决定的时候就像开了自动挡,根本意识不到自己为什么作决定,也没有认真考虑这样做的后果。所以如果想有更强的自控力,就得有更多的自我意识。你可以试着选择一天,记录自己在这一天所作的决定,分析哪些决定有利于实现目标,哪些会消磨意志。坚持记录你的决定,还有助于避免在注意力分散时作决定,同时增强意志力。

其次可以试试"自控力肌肉"锻炼模式。增强"我不要"的力量,比如不随便发誓;不说某些口头禅;用不常用的手进行日常活动,比如吃饭和开门。增强"我想要"的力量,比如每天都做一些有意义的事(不是已经在做的),用来养成习惯或者不让自己再找借口,可以每天给家人打个电话、冥想5分钟、做50个仰卧起坐、在家里找出一件需要扔掉或可以再利用的东西。增强自我监控能力,认真记录一件你平常不关注的事,可以是支出、饮食,也可以是每天刷手机的时间。

日常生活中的一些行为也可以帮助我们将身心调整到可自控

状态。充足睡眠、健康饮食和适度锻炼都有助于提高意志力。冥想也是一种简单有效的方法：坐好，闭眼，将注意力放在呼吸上，同时在心中默念，几分钟后可以不再默念了。当你发现自己有点走神的时候，重新将注意力集中到呼吸上。在小事上的持续自控，比如坐下的时候不跷二郎腿、每天起床做 20 个俯卧撑等，即使是看似最愚蠢、最简单的方式，只要每天坚持做，也能为你的意志力挑战积攒能量。

当遇到意志力挑战或者诱惑时也有一些快速提高意志力的方法。①放慢呼吸：有助于将身心从压力状态调整到自控状态，将呼吸频率降低到每分钟 4～6 次，也就是每次呼吸用 10~15 秒的时间，比平常呼吸慢一些，这样几分钟后就会感到平静，有控制感，能够克服欲望、迎接挑战。② 5 分钟的"绿色锻炼"：慢跑、散步或简单的拉伸都可以，只要是走到室外、回到大自然怀抱中的活动。③等待 10 分钟：在所有诱惑前面安排 10 分钟的等待时间，如果 10 分钟后你仍然想要就取得它；但在 10 分钟之内，一定要时刻想着真正的目标以此抵抗诱惑，可以创造一些物理上或视觉上的距离远离诱惑。④直面欲望但不付诸行动：压抑自己的想法、情绪和欲望，只会产生相反的效果，让你更容易去想或去做原本最想逃避的事情。当欲望来袭时，不要马上试着转移注意力或者与之争论，而要提醒自己记住真正的目标。与这些生理上的感觉共处，像驾驭海浪一样，不要试图摆脱，但也不要付诸行动。⑤失败的时候原谅自己：情绪低落会使人屈服于诱惑，面对自己的挫折不要过于苛刻，持同情自我的态度，以免罪恶感让自己再次放弃抗争，告诉自己，"一时的失败不算什么，我不能破罐子破摔"。

确定目标之后需要做意志力准备。①将"我想要"做的事安排在意志力最强的时候去做，比如早上。②为自己树立意志力榜样:由于"社会认同"的影响,意志力和诱惑都具有传染性,可以树立意志力榜样,或者寻找一个与你目标相同的"群体"加入进去,置身于与你有共同承诺与目标的人群当中,你会觉得自己的目标才是社会规范,更有助于坚持。③遇见未来的自己:我们无法明确预知未来,这给我们带来诱惑或者让我们不做某事。但是,为现在的行为承担后果的对象还是我们自己。我们可以预想对未来的自己做出承诺,做好拒绝诱惑的准备,让改变目标变得更难,用奖励或威胁来激励未来的自己。

自控力并不仅仅关涉人抽象意志的强弱,还是混杂着多种生理机制的复杂系统。因此,如果你感觉自己是一个容易"放纵"的人,永远不要停留在责备自己上,而应该尝试分析行为背后的诱因以及寻求可能的改善方案。作者在书中提出了许多针对性的建议,我们可以抱着科学的心态尝试一下,结合自身的实际情况,逐渐找到适合自己的自控力训练的方法。当然,当我们渴望自控的时候,不应忘记,最终目标都是为了变成更好的自己,过上更健康、更舒适的幸福生活。

自控是一个古老的话题,也是许多人终其一生都在追求的行为素质。仅仅阅读一本书,或许不会立刻发生根本性的转变。但这本小书的出现,可能会给你带来不一样的思考,成为改变的契机。倘若如此,那就行动起来吧,愿它能成为你前行路上的一盏明灯。

导读

导言:

你在拖延的时候会对自己说什么?

你是怎么沦丧在超市的营销下冲动购物的?

你是如何抱怨那些无法拒绝的诱惑的?

你在一天的什么时间段处理需要意志力的事情?

你如何判断自己的意志力失效了?

你为了提高意志力做了哪些努力?

缺乏意志力是成功路上最大的绊脚石。我们都知道意志力的重要性,我们也知道应该提高意志力,而且我们也都为了改变而反复做着实践,但大多情况下效果不佳。最终,我们不得不把缺乏意志力归结为品质问题。然而,也许我们对"意志力"的最初理解就存在问题。

斯坦福大学为此开设了"意志力科学"这门课,汇集了心理学、经济学、神经学、医学领域关于自控的最新洞见,告诉人们如何改变旧习惯、培养健康的新习惯,以及克服拖延、抓住重点、管理压力。这门课还教授如何抵挡诱惑,以及培养意志力的最佳途径。这门课程已经成为该校广受欢迎的课程之一,《自控力》这本书就是这门课程的延伸。

推荐《自控力》的理由有以下几点:

第一,数据显示,学习"意志力科学"课程可以带来真实性改变。学习此门课程的人达成了清晰的共识:对意志力科学的理解有助于人们培养自控力。

第二,观念纠偏。读完这本书,我们会改变一些偏执的认知和观念,进而对自己的行为有更好的理解。我们可能会明白,有些行为虽不完美,却是人之常态。

第三,这本书结合了更广泛的科学理论和实践练习,展示了将抽象理论带进日常生活的新方法。

第四,书中的实验设计都很有创意,趣味性强,吸引人。虽然大多是一些理想实验,在心理学研究上还存在着可靠性问题,但作者绝非是为了让你信服,它很好地保留了读者质疑的权利。

只有允许质疑，我们才能在学习时通过质疑产生交互，从而更加清楚地知道书中写的内容为什么有道理。

第五，这本书的内容具有系统性和理论性，不仅仅教你如何认识人类的自控能力，以及如何训练和运用它，更重要的是，它教给我们一种科学方法，帮助我们建立起初步的科学思考模式，即"授人以渔"。

本次共读选取的是文化发展出版社出版、王岑卉翻译的版本。

【《自控力》共读 Day 1】

今天我们一起读第一至第三章。

所谓意志力是指控制自己的注意力、情绪和欲望的能力，是驾驭"我要做——今日事今日毕""我不要——'不要'是全世界拖延症患者或宅男宅女最喜欢的两个字"和"我想要——关键时刻明确自己的目标"这三种力量，抵制冲动的能力。人类相当幸运，因为大脑赋予了我们这三种力量。能够施展这三种力量，恰恰体现了人类的优越性。

顽强的意志力是一个人最突出的优点之一，但我们的头脑里总是有两个自我，一个自我任意妄为、及时行乐，另一个自我则克服冲动、深谋远虑。在自我博弈的过程中，如果自控系统占了上风，原始的本能就会被抛在一边，但这真的就是完美的吗？原始欲望和恐惧都是人的本能，如果没有了欲望就会缺乏进取心，如果没有了恐惧就可能伤害他人或不能远离伤害。所以意志力在于学会利用原始本能，而不是反抗这些本能。这恰恰改变了我们对自控的看法。所以提升意志力的第一法则是认识自己，充分意识到自己在做什么，理解自己的所作所为。我们可以通过冥想等训练大脑的方法增强意志力。

阅读这一章，我们需要去寻找以下几个问题的答案：

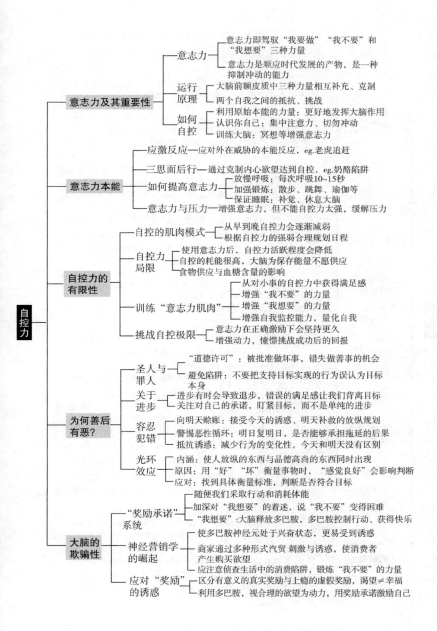

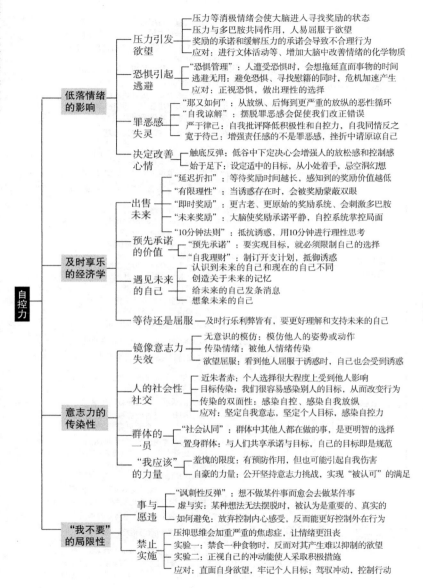

1. 我们为什么会有意志力？意志力为什么那么重要？
2. "我要做""我不要"和"我想要"的神经学原理是什么？
3. 你如何描述自己的两个自我的抗衡？冲动的你想要什么？明智的你又想要什么？
4. 你是否在无意识的时候做过决定？例如在超市购物时把一堆不在购物清单上的东西买回家？
5. 如何看待"认识你自己"是提升意志力的第一法则？
6. 想象你正面临一个意志力的挑战。最难的事是什么？为什么它如此困难？
7. 针对大脑的意志力训练是怎样的？

第二章重点论述意志力是种生理本能，它和压力一样，通过不断进化，保护我们不受伤害，面对诱惑或欲望时，自控会帮助我们"三思而后行"。我们总觉得诱惑或麻烦来自外部世界，但实际上，问题出在我们自己身上，是我们的思想、欲望、情绪和冲动出了问题。人类生来就会受到诱惑，也能抵制诱惑；人类生来就能感觉到压力、恐惧或失控，但同时也能让自己平静下来。关键是我们要认清什么是需要克制的内在冲动，哪些想法或感觉迫使自己在不情愿的时候作出决定。当我们产生"三思而后行"的反应时，"心率变异度"会变高，意志力"储备"会增多，而适度锻炼、良好睡眠、健康饮食等方法，都能增强身体的意志力储备。但是意志力并非越强越好，因为自控需要大量能量，长时间自控就像慢性压力一样，会影响身心健康，故我们需要放弃对意志力的完美控制，适当放松。

本章我们要深入剖析以下几个问题：

1. 如何理解"三思而后行"是种意志力本能？
2. 什么是威胁？对你的意志力挑战来说，什么是需要克制的内在冲动？

3. 试着找出持续一天或一整周的压力，看看它对你的意志力产生了怎样的影响？

4. 你增强意志力的方法有哪些？

5. 你是否知道意志力过强有害身体健康？

第三章的核心观点包括：自控力从早上到晚上会逐渐减弱，因此重要的事情要优先解决；体内的糖分会影响意志力；疲惫不是一种身体反应，而是一种感觉和情绪；自控力像肌肉一样存在极限；自控力用得太多会让人感到疲惫，但坚持训练能增强自控力。

本章我们需要探讨这样几个问题：

1. 为什么自控力和肌肉一样有极限？

2. 如何训练"意志力肌肉"？

3. 面对意志力挑战时，你的"我想要"的力量是什么？

【《自控力》共读 Day 2】

今天我们一起读第四至第六章。

第四章的核心关键词是"道德许可"。"道德许可"是我们自己内心的一杆秤，所有被我们道德化的东西都会受到"道德许可效应"的影响，只要我们的思想中存在正反两方，那么做好的行为后就总会允许自己做一点坏事。从本质上看，"道德许可"就是一种身份危机。"道德许可"没有逻辑可言，首先我们基本不会在"好"行为和"坏"行为之间建立联系；任何让你对自己的美德感到满意的事情，即便只是想想你做过的善事，都会允许我们冲动行事；"道德许可"不仅会批准我们做坏事，也会让我们错失做善事的机会。比如工厂经理想起自己近期做过善事，就更不会花钱去减少工厂造成的污染。"道德许可"最糟糕的部分并不是它可疑的逻辑,而是它会诱使我们做出背离自己最大利益的事情,能让我们把"想做的事"变成"必须做的事"。为了避免"道德许可"陷阱,我们要把真正的道德困境和普通的困难区分开来。

为了更好地理解第四章,我们还需要建立以下认知:

1. 当你做善事的时候,你会感觉良好。这就意味着你更可能相信自己的冲动。
2. 不要把自控力当作好事,而把它当作能达成自己目标的事,就容易实现得多。
3. 不要把支持目标的行为误认为是目标本身。
4. 关注对自己的承诺,而不是关注单纯的进步。别总是把进步当作放松的借口。
5. 我们总是憧憬着未来,却没有看到今天的挑战。
6. 如果只关注事物最有益的部分,那我们就会允许自己沉溺于它。
7. 当我们将意志力挑战看成衡量道德水平的标准时,善行就会允许我们做坏事,因此我们更应该关注目标和价值观。

本章还需要探寻这样几个问题:

1. 如何从心理学角度理解"道德许可"?
2. "道德许可"的陷阱或者形式有哪些?
3. "道德许可"的逻辑是什么?
4. 如何避免"道德许可"?

第五章的核心内容包括:大脑中有个奖励系统,当大脑发现有获得奖励的机会时,会释放多巴胺,多巴胺会促使人们期待得到奖励,但不能感觉到得到奖励时的快乐。当奖励的承诺释放多巴胺的时候,你会更容易受到诱惑。比如逛超市时,"买一送一""减价60%"等巧妙设置的商品价格都会打开你分泌多巴胺的闸门。我们的大脑错把奖励的承诺当作快乐的保证,所以,我们会从不可能带来满足的事物中寻找满足感。欲望使大脑产生行动战略,它可能对自控构成威胁,也可能是意志力的来源,我们必须区分渴望和快乐。欲望没有绝对的好坏之分,重要的是我们要知道什么时候该听从欲望的声音。

本章还需要探寻这样几个问题:

1. 什么会刺激你的多巴胺分泌?
2. 常常让你放纵自己的诱惑因素是什么?
3. "我想要"的神经生物学原理?
4. 神经营销学是如何利用多巴胺崛起的?试着找出你身边的神经营销学案例和销售陷阱。

第六章的核心内容包括:情绪低落时,大脑更容易受到诱惑。压力会使你的大脑进入寻找奖励的状态,比如当吸烟者想象自己要去看牙医的时候,抽烟的欲望将强烈得难以估量。情绪低落让我们屈服于诱惑最常见的一个心理因素是"那又如何"效应,这种效应描述了从放纵、后悔到更严重的放纵的恶性循环,导致更多堕落行为的并不是第一次的放弃,而是第一次放弃后产生的羞耻感、罪恶感。自我批评会降低积极性和自控力,也是最容易导致抑郁的因素;而自我同情会提升积极性和自控力。同奖励的承诺和缓解压力的承诺一样,改变的承诺也很少能朝我们希望的方向发展。为了避免压力导致意志力失效,我们需要找到能让我们真正快乐的东西,而不是奖励的承诺或改变的承诺。

本章需要思考以下几个问题：

1. 为什么压力会带来欲望？你是如何有效缓解压力的？
2. 你是如何应对意志力失效的？
3. 失败的时候，你是自我批评还是自我谅解？
4. 你改变的动力来源是什么？
5. 你会幻想未来的自己来改善现在的心情，而不是采取实际行动来改善自己的行为吗？

【《自控力》共读 Day 3】

今天我们一起读本书的最后四章。

第七章主要论述了我们应如何看待未来。为了更好地理解本章，我们需要建立以下认知：

1. 为了迅速得到瞬间的快感，我们会忘记真正想要的东西；等待奖励的时间越长，奖励对我们来说价值越低。
2. "及时奖励"会激活更古老、更原始的奖励系统，刺激相应的多巴胺产生欲望，"未来奖励"则不太能激活这个奖励系统。人类之所以容易选择即刻满足，原因之一是我们大脑的奖励系统还没有进化到能对未来的奖励作出回应。
3. 如果获得即时满足感之前必须等待10分钟，大脑就会把它看成是未来的奖励，所以可以利用"10分钟法则"增强自控力。
4. 要实现自己的目标，我们必须限制自己的选择，即所谓的"预先承诺"。
5. 我们会理想化未来的自己，把未来的自己想象成完全不一样的人，认为未来的自己能更好地管理自己、更有动力。我们像对待陌生人一样对待未来的自己的原因在于我们不知道未来自己的想法和感受，这也就说明了为什么我们会拖延，因为我们认为"未来的自己"肯定会去做这件事。

6. 为现在的行为承担后果的，看似是未来的自己，实际上就是我们自己。

7. 因为我们无法明确地预知未来，这给我们带来了诱惑，让我们拖延着不做某些事。

本章还需深入剖析以下几个问题：

1. 在你的意志力挑战中，你会出售哪些未来的奖励？
2. 你是否在等待自控力更强的未来的自己？

第八章节重点讲述了意志力的传染性。为了更好地理解本章，我们需要建立以下认知：

1. 作为社会中的个人，坏习惯和积极的改变都会像细菌一样在人群中传播，而且没有人能完全不受其影响。

2. 镜像意志力失效的三种形式是：无意识的模仿、情绪传染、看到别人屈服于诱惑时我们的大脑也会受到诱惑。

3. 作为群体的一员，我们的自控力受到社会环境、社会认同、目标等因素的影响，这使得意志力和诱惑都具有传染性。

本章还需要考虑以下几个问题：

1. 镜像意志力失效的场景有哪些？
2. 你的行为和选择最可能受谁影响？
3. 你如何看待社会认同？

第九章论述了"我不要"力量的局限性。越是不让我们想一件事，我们就越会去想它。"我不要"的力量在涉及思想、情感等内心世界时就会失效。为了更好地理解本章，需要我们建立以下认知：

1. 压抑想法是行不通的，人越是想摆脱某种想法，这种想法就越可能回到意识中。但这并不意味着这个想法是真实的，也不意味着这个想法很重要。试图压抑自己的想法、情绪和欲望，只会产生相反的效果，让你更容易去想、去感受、去做原本最想逃避的事。

2. 放弃控制内心感受，能让我们更好地控制外在行为，如果想让自己远离痛苦，就需要与这些想法和平相处。接受自己的想法和感受，但要控制自己的行为。

第十章是本书的结语。自控力最强的人不是从与自我的较量中获得自控，而是学会了如何接受相互冲突的自我，并将这些自我合而为一。最后，读完本书，不妨试着回答以下几个问题：

1. 你对意志力和自控力的想法是否有所改变？
2. 你认为哪个意志力实验对你最有帮助？
3. 你看到哪一页的时候最吃惊？
4. 你从这本书里学到了什么？

（导读人：李瑞瑞 孙莉玲）

参考阅读：

1. [美] 凯利·麦格尼格尔.《自控力：斯坦福大学最受欢迎心理学课程》.印刷工业出版社.

2. [美] 阿图·葛文德.《清单革命》.浙江人民出版社.

3. [美] 凯利·麦格尼格尔.《自控力：和压力做朋友》.北京联合出版公司.

《富爸爸穷爸爸》是一本通俗易懂的理财指南。作者罗伯特·清崎1947年生于美国夏威夷，是第四代日裔美国人，也是《富爸爸穷爸爸》系列书籍的主要作者。在这本书中，他结合自己的成长经历，说明他从两位拥有截然不同财富观念的爸爸那里分别汲取的有益的人生智慧，最终成长为一名出色的理财商。作者在书中提出"学会不为钱"工作的核心理念，鼓励每一个人摆脱传统固有的思维观念，努力培养自己的"财商"，追求个人定义的幸福价值。本书最大的特点是从孩子的主体视角出发，通过简单的故事与对话，讲述作者如何在富爸爸的带领下，从一位懵懂无知而渴望金钱的少年逐步成为拥有独到理财观念并最终取得成功的富人。作者从不使用复杂的经济学概念，而是在一次又一次的实践尝试下，向读者阐释那些最具有根本性价值的财富密码。正因如此，此书一经发行即风靡全球，成为无数人的第一本理财指南。对于想要革新财富观念的读者来说，本书无疑是最佳的选择。

《富爸爸穷爸爸》

——[美]罗伯特·清崎

书评

钱是一种力量,但更有力量的是财商

——卢欣宇

"人们在财务困境中挣扎的主要原因是:他们在学校里学习多年,却没有学到任何关于金钱方面的知识。其结果是,人们只知道为金钱而工作,但从来不学着让金钱为自己工作。"罗伯特·清崎这样说。

学校教育专注于学术知识的传授和专业技能的培养,教我们成为律师、医生、老师等各种岗位上的合格员工,却没有任何一门课程教我们如何管理财富;家庭教育也从来不教我们如何打理我们挣到的钱、如何让钱为我们工作。甚至在大多数人的观念中,对金钱应是避而不谈的,这就导致了我们只知道为金钱而工作,却学不着让金钱为自己工作。

《富爸爸穷爸爸》是罗伯特·清崎所写的系列图书的第一本。

作为一本理财入门书，它并不教我们如何投资，而是讲述如何培养财商，如何拥有富人思维。作者在书中通俗地对富人的理财秘密进行了说明，并应用自己的亲身经历印证了走向财务自由的首要条件是观念。本书中的穷与富并非单指金钱上的贫穷和富有，而是指对待金钱的思维。思维不同、行动不同，最终导致的理财结果大相径庭。

一、成为有钱人是一种选择——"富爸爸"的财商思维

本书以罗伯特的第一人称视角展开，阐述了他的两个"父亲"的故事，一个是"穷爸爸"——他的亲生父亲：受过良好的教育，拥有博士光环的教育官员；另一个是"富爸爸"——他好朋友的父亲：高中没毕业却善于投资理财的企业家。在罗伯特小时候，两位爸爸的事业都相当成功，也拥有丰厚的收入。

但是两个爸爸对待金钱的观念迥然不同。"穷爸爸"认为贪财是万恶之源，谈论金钱是羞耻的；而"富爸爸"认为贫穷才是万恶之本，直面对金钱的渴望与追求才是正确的。面对喜欢的商品时，"穷爸爸"会说："太贵了，我可付不起"；"富爸爸"则会思考："那我怎样才能付得起"。"穷爸爸"认为学习是为了找个好工作，因此要好好学习，去好公司；而"富爸爸"则认为要学习理财的知识，拓宽知识领域去收购公司。"穷爸爸"觉得我不富有是因为我有孩子，"富爸爸"则认为我必须富有是因为我有孩子……观念上的巨大差异，影响到"穷爸爸"和"富爸爸"的行为准则，进而导致了二人的财富差距越来越大，最后步入了不同的社会阶层，"穷爸爸"终其一生都在个人财务问题中挣扎，而"富爸爸"则成了夏威夷最富有的人之一。

在当时，作者选择跟随"富爸爸"学习理财知识。"富爸爸"

的财富课程一共有六课，涉及金钱观念、财务知识、职业与事业、税收与法律等各个方面的内容。其中核心观点可总结为三方面。

第一，拥有正确的金钱观念，不要被钱控制，而要让钱为我们所用。穷人与富人拥有不同的生活模式，穷人和中产阶级为钱而工作，他们会重复起床—上班—付账—再起床—再上班—再付账的模式，因为缺乏对金钱的了解，即使挣了更多的钱，他们也会以更高的开支重复这种循环，从而陷入"老鼠赛跑"的陷阱，一旦陷入其中，财富的流失就会贯穿他们一生。而富人会让钱为他们工作，通过排除短期内对金钱的渴望和焦虑，避免"老鼠赛跑"的陷阱。造成穷人和富人生活模式巨大差异的主要原因是恐惧和无知，而打破这种无知的最好办法是学习。社会不断发展，现如今基本已经不存在完全稳定的工作了，于是我们需要不断学习，拥有自己独特的技能，成为工作中的不可替代之人。离开学校是学习的起点而不是终点，思想需要革故鼎新，方法需要与时俱进。

第二，分清资产与负债，不断提升财商。学习财务知识首先就需要分清资产和负债，资产是能带来收入的东西，而负债是将你的钱从口袋中取走的东西。作者提到的真正的资产包括：不需我到场就可以正常运作的业务、股票、债券、产生收入的房地产、专利权等。现实的情况是富人买入资产，穷人只有支出，而中产阶级买他们以为是资产的负债。但实际上资产与负债并不是绝对的，比如说房产，如果你买房自住，并为此背负上了房贷，那么它就是负债，它会将你的钱从口袋中拿走；但如果你买房之后将其租出去，每月可以产生固定的房租收入，那么你的房产就属于资产。财商由会计、投资、市场规律和法律四个部分组成，其中会计指财务知识或解读数字的能力；投资指钱生钱的科学方法；市场规律是指供给与需求的规律；而法律包括如何利用减税优惠和如何在诉讼中获得保护等。财商是构建财富帝国的地基，地基越深越牢固,财富成长性就会越好。根据作者的经历,财商训练任何时候开始都不晚,但越早开始越有利。无论贫富,我们唯一的也是最重要的资产就是我们的头脑,如果受到良好的财商训练,它们能创造出大量财富。

第三,学会不为钱工作。工作要看能学到什么而不能只看挣到多少钱。成功者通常精通多项技能,如果你只会一项技能,那么你就只能成为一名牙医、老师、作家……你努力工作,却挣不到大钱,因此不断学习并且掌握多种技能,才能获得收入的显著增长。大多数工作都可以培养我们的三大通用基础能力,包含书面表达、口头表达及谈判能力在内的沟通能力;销售和营销能力;以及对金钱、系统和人员进行管理的管理能力。注重日常工作中对自己能力的培养至关重要。更深层次地讲,要让钱为自己工作,就需要通过工作积累相关的技能,通过自主创业构建自己的事业。

二、关于财商的训练——开始行动永远都比不行动成功

关于财富的课程是《富爸爸穷爸爸》这本书的核心内容,其核心观念是分清资产和负债;通过学习各种财务知识,让钱为自己工作。但学习了这些知识之后,就一定能致富吗?答案是否定的,现实是很多人都掌握了财务知识,但仍然不富有。其中的原因有很多,不过首先是需要克服恐惧心理,迈出第一步,正如作者所说的,唯一没有投资亏损的人,是那些从未做过任何投资的人。其次需要克服抱怨,失败者只会抱怨现实,而成功者则会分析现实。在面对喜欢的商品时,需要将想法从"我可付不起"转变为"我怎样才能付得起呢",要实现这种观念的转变就需要我们克服懒惰的习惯。要学会先为自己支付而不是账单,不理性的

财务习惯会让人在不自知的情况下付出代价，因此需要不断克服坏习惯。如果你对某一领域不懂，请诚实地承认，克服骄傲也是成功的必经之路。

　　掌握了知识、克服了坏习惯之后，真正开始行动时也需要遵循一些步骤。首先需要一个精神力量，这个精神力量可以支持你不断追求财富；然后需要重视选择的力量，投资的过程中需要不断地选择，而作者的选择是首先投资于教育；要相信关系的力量，谨慎地选择朋友；需要掌握快速学习的力量，掌握一种模式，然后再学习一种新的模式；要学会首先支付自己而不是各种账单，因此需要自律的力量，需要在资金短缺时适当承受压力，而不是直接动用储蓄；需要掌握好建议的力量，不要吝啬支付给经纪人或者专业人士优厚的报酬，他们能带来的收益往往比支付给他们的那部分报酬要多得多；要做一个给予者，明智的投资者不止能看到投资回报率，还能看到收回投资后额外能收获的资产，因此需要利用好无私的力量；了解集中的力量，用资产的收益来购买奢侈品，学会让金钱为自己工作；不要丧失对英雄的崇拜，给自己找一个效仿的榜样；最后需要先予后取，只有先付出成本才能得到自己想要的东西，这也是给予的力量。掌握以上十个步骤，不断训练就可以发掘自己在财富方面的才能。

　　现实生活中想要提高自己的财商也有很多能做的事情。首先可以停下手头正在做的事情，评估一下目前哪些做法有效，哪些无效；然后多看些不同主张的书，了解不同的思想；找成功完成过你想做的事情的人，向他们寻求一些经验和技巧；可以参加研讨班或研讨会；在想投资的地区散步或慢跑，发现其中的变化，寻找可能的商机；低价购入特价商品然后高价售出；经常关注银行的破产清仓或拍卖会，先找到想买进的人，然后再去找想要卖出的人；最后也是最重要的一点，就是开始行动永远会比不行动要成功。

三、关于财商的思考——我们缺乏的不仅是财商,更是财商教育

《富爸爸穷爸爸》这本书出版至今,多次获得《纽约时报》《商业周刊》《华尔街日报》《今日美国》等畅销书榜第一名,并且在109个国家和地区发行,总销量超过3500万册,几乎改变了一代人的理财观念。这本书2000年便登引进国内,当年的销售量就突破百万册,二十多年过去了,它依然稳坐当当位于投资理财书榜的首位。其引发的畅销热潮和财商思考是值得肯定的,并且全书强调的"让钱为自己工作""资产与负债理论""职业与事业的区别"等理论,确实从思想层面颠覆了很多人的想法。

整本书从两个爸爸开始,描述了两个爸爸不同的金钱观念,他们都给了作者许多建议。因为观念的不同,所以建议的内容各不相同,这让他在客观上有了对比与选择的机会。实际上这也是在富人与穷人观念之间进行对比和选择的机会,而这种对比和选择的结果也决定了作者的一生。全书不断穿插两位爸爸在观念上的交锋,一方面直观地给读者展现了穷人和富人思维的不同;另一方面让读者反思,自己以往很多习以为常的金钱观念,是不是也有问题。

看完这本书,会知道如果你不思考富人如何变富,那么你永远不会富有,而富人致富的秘诀正是财商。财商是一个人与财富打交道的能力,包括创造、认识财富规律的能力以及驾驭、应用财富的能力。我们从小就强调"智商"的重要性,被教导要好好学习,然后找个工资高的好工作,好像所有的成功仿佛都建立在你必须要好好学习的基础上。工作了,为了处理好社交关系,在职场上升迁,挣更高的工资,开始强调"情商"。但在我们大多

数人的人生经历中都比较忽视"财商"。"财商"是由清崎首次提出的概念，清崎认为不断提高自己的财商才能跻身富人阶层。财商与你能挣多少钱没有直接关系，而是指你能留住多少钱，能让这些钱为你工作多久。

在我国，受财富观念的影响，出现了畸形消费、炫富攀比、诚信缺失等不良现象，"啃老族""月光族""卡奴""房奴"甚至成为很多年轻人的代名词。大量的社会现实案例让我们不得不承认，我们在学校中学不到理财的课程，不了解什么是资产，什么是负债，更不明白资产和负债的区别；我们不仅缺乏财商，而且缺乏财商教育；在传统"重义轻利"道德观的影响下，社会各界对财商教育的认同度比较低。虽然自改革开放以来，社会主义市场经济得到极大发展，人们的财富观念也有所转变，但无论是家庭教育还是社会教育都仍然不太重视青年的财商教育，今后仍然需要借助众多平台，营造重视财商培育的社会氛围，传播积极健康的财富观、消费观、理财观。

《富爸爸穷爸爸》这书中提到的各种理财观念、"财商"概念，确实在观念层面上颠覆了很多人的想法，但实际操作层面的炒房方法、税务政策等等，由于国情不同、成书年代比较久远，借鉴性并不强，当然罗伯特·清崎一直给我们传递的也不是具体的方法，而是观念和思维。

授人以渔，而不是授人以鱼。想要通过阅读一本书就实现财富自由，显然不太现实。一方面，本书的作者罗伯特·清崎是美国人，他所说的房地产、股市、税务、法律等方面的操作都只符合美国的国情，在中国并不适用，我们没办法通过与作者相同的方法获得财务自由。当然投资理财的方法很多，我们需要根据社会的大环境和自己的情况活学活用。另一方面，书都是有局限性的，《富爸爸穷爸爸》这本书只是传递了关于理财的观念，如果对投资、理财感兴趣，还需要阅读《聪明的投资者》《影响力》《精益创业》等更多的书。希望看完本书的你，能明确自己想要什么，并且坚定地走下去。

导读

导言：

我们中的大多数人从小就被父母教导要好好读书、好好上课，将来找一份好工作。那么你是否有过这样的疑虑："好好上学真的可以找到好的工作吗？找到好的工作就肯定会变富有吗？"答案其实是否定的。"中彩票一夜暴富，最终却沦落到身无分文""富二代变成负二代"之类的例子数不胜数，因为"你不理财，财不理你"。在经济社会中，每个人都会和金钱打交道，这就需要具备正确认识金钱、合理使用金钱的能力，并具备掌握经济发展规律的能力。《富爸爸穷爸爸》最初出版时的副标题是"富人教他们的孩子财商，但穷人和中产阶级从不这么做……"在这里，作者罗伯特·清崎首次提出"财商"，在之后的不同场合，他也反复强调"财商"这个词。那"财商"到底是什么呢？理财和财商有什么不同呢？ 其实"财商"最开始是指一个人在财务管理方面的能力，之后扩大到一个人在社会生活中必备的财经知识、理财技能、财富观念等的总和。一个人的财商与他挣到多少钱没有关系，主要在于他挣来这些钱后能够留住多少。

本次我们就一起共读《富爸爸穷爸爸》（南海出版公司，2008年10月第1版，2010年8月第12次印刷），一起了解"财商"。

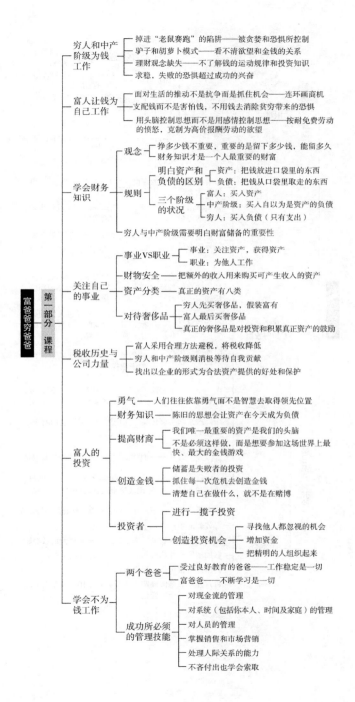

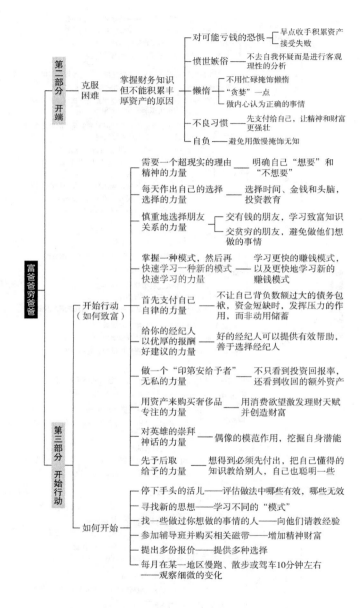

【《富爸爸穷爸爸》共读 Day 1】

今天要阅读的是《富爸爸穷爸爸》的第一至第四章。

罗伯特·清崎有两个爸爸：一个"富爸爸"，一个"穷爸爸"，两个爸爸的事业都相当成功，但他们的财商却存在巨大差异。"穷爸爸"总是强调"去上学，取得好成绩，这样你就能找到一份安稳的工作"，而"富爸爸"则希望作者通过投资和创业实现财务自由。第二至七章就是"富爸爸"的六节财富课程。今天我们了解前三节课。

第一节课：富人不为钱工作。大多数人因为对金钱的无知，导致生活被恐惧和贪婪控制，以为钱能安抚他们备受恐惧和欲望折磨的灵魂，陷入"起床—上班—付账—再起床—再上班—再付账……"的"老鼠赛跑"的陷阱之中，但实际上钱是无法做到这一点的。而想要跳出陷阱，则需要按照自己喜欢的方式利用恐惧和欲望，而不要让它们控制自己，直面贪婪、弱点和缺陷。大多数人一生都追求加薪和职业保障，从来不问这种感情支配的生活之路通向哪里，就如同驴子拉车，前面有个胡萝卜，主人知道去哪，而驴子追的就是一个幻影。富人不为钱工作，而是通过工作学习技能，获得资源；他们不专注于工资，能看到别人看不到的机会，也更加专注于自己的事业。第一章时，作者还是个9岁的孩子，在一所公立学校读书，里面多数的学生是富人的孩子，而他和迈克是与这些富孩子有一条明确界限与隔膜的穷孩子，"爸爸，你能告诉我怎么变得富有吗"成了他们最苦恼的问题。于是，"富爸爸"关于财富的人生课程由此开始，同时也开启了他们的经营"连环画阅览室"之旅。

第二节课：为什么要学习财务知识。变富的重点不是你挣了多少钱，而是你能留下多少钱，以及能够留住多久。而如果想要变富，就要学习财务知识。就如同你要去建造帝国大厦，就要打70米的地基，如果只想盖个小屋，那打个15米的地基就可以了，我们犯的错误是总是试图在15米的地基上建帝国大厦。所以，要解决财务问题就要先打下坚实的财务知识基础，就需要先明白"资产"与"负债"的区别，并不断购入资产。资产就是能把钱放进口袋里的东西，可以为我们赚钱。而负债就是把钱从口袋里取走的东西，会消耗我们的财富。我们的教育中缺少的不是如何挣钱，而是如何花钱，即挣了钱后如何处理这些钱，又怎样防止别人从你手中拿走这些钱。"富爸爸"和"穷爸爸"的现金流实例展示了富人买入资产，穷人只有支出，而中产阶级购买自以为是资产的负债。

第三节课：关注自己的事业。大多数人都在不断为老板工作，通过纳税为政府工作，不断还贷为银行工作，学校教育也致力于让年轻人学习知识并找到一份好工作。但很多人混淆了"职业"与"事业"的概念，真正能给予大家安全感的是"事业"。我们应该为自己建立牢固的资产，更关注自己的事业，并且事业的重心应该是资产项，而不是收入项。

思考 & 讨论：

1. 尝试画出自己的现金流。
2. 房子到底是资产还是负债？
3. 想一想自己目前拥有哪些资产？
4. 除了现有的职业外，你还有哪些可以尝试的副业？

【《富爸爸穷爸爸》共读 Day 2】

今天要阅读的是《富爸爸穷爸爸》的第五至第七章，这一部分我们接着来学习"富爸爸"的课程，学会富人的思考方式。

第四节课：税收的历史和公司的力量。"工资越高，缴纳的税就越高"，这是我们日常生活中经常会听到的话。大家普遍认为富人应该缴更多的税让穷人受益，而税收制度设立的初衷确实是为了惩罚有钱人，税收入能被广泛接受也是因为大众相信"劫富济贫"的理论，但现实却是税收最后惩罚的是缺乏财务知识的穷人和中产阶级。富人们了解公司的魔力，在海上贸易时期，就通过创办公司来减少每次航行的风险，一旦出现事故，作为普通人的船员会丧生，而富人们损失的只是投资于这次航行的资金。公司很好地保护了富人的财富，不仅企业的所得税率低于个人收入所得税率，而且公司的某些支出也可以作为税前支出。任何时候，任何地方，只要制定了法律，想要"劫富"的人与富人之间的斗争就会一直持续下去，吃亏的一定是无知者，这里的"无知"并不单纯指知识的缺乏，而是指缺乏财务的头脑。因此资本家才可以不断地通过公司来避税，利用各种财务知识逃避税费，因为他们不仅了解各种法律，而且掌握了财务知识。"顺着公司的梯子，一步步往上爬，成为一头乖乖待挤的奶牛"，或是"成为梯子的主人"，作者选择了"富爸爸"的建议，建立了自己的公司，并在很年轻的时候就逃出"老鼠赛跑"的陷阱，这主要归功于财商，包括解读数字的会计能力、钱生钱的投资能力、了解市场规律的能力，以及熟知各项减税优惠政策。

第五节课：富人的投资。这一章并不是讲投资类别，而着重介绍投资意识。我们每个人都拥有巨大的潜能，但或多或少存在自我怀疑的心理，这阻碍了前进的步伐。成为一个理财天才既需要专业知识，又需要足够的勇气。大多数人在面对与金钱相关的问题时，都更愿意安全行事，但不断冒险，不断提升财商，不断了解财务知识，才可能获得更多的选择机会。300年前，土地就是财富，而如今，信息才是财富，只有不断学习，掌握信息，才能更好地把握机会。首先我们需要了解金钱并不是真正的资产，真正的资产是我们的大脑，因此要做一个终身学习者，持续投资并不断地训练自己的大脑。大多数人因为害怕失去而不敢尝试，但其实失败也是成功的一部分，有勇气直面失败，才能拥有更多财富。传统的投资者分为两类：第一类是进行一揽子投资的人（比如股票经纪人、财务计划师等）；第二类是自己创造投资机会的人。如果你想成为第二类投资者，那么你需要提升3种主要技能：第一，如何寻找其他人都忽视的机会；第二，如何增加资金；第三，怎样把精明的人组织起来。在这章中，罗伯特·清崎提到了"现金流"游戏，这是由作者发明的，用来帮助人们了解金钱是如何互动的一个游戏。通过游戏，人们可以了解收益表和资产负债表之间的互动关系，并弄懂现金流是如何在两张表之间流动。

第六节课：学会不为钱工作。大部分人需要学习和掌握不止一项技能，只有这样他们的收入才能获得显著增长。对于受过良好教育的"穷爸爸"而言，工作的稳定就是一切；而"富爸爸"一直认为，不断学习才是一切。因此罗伯特·清崎不断换工作，为了学习国际贸易而成为一名船员；想要学会指挥军队所以辞职加入海军陆战队；因为自己是腼腆的人所以加入施乐公司，成为一名销售员；等等。正如格言"工作一词就是比破产强一点"，作者告诫年轻人不要单纯为了赚钱而工作，而要看能从中学习到什么。从长远来看，教育比金钱更有价值，而很多人却因为"太麻烦了"或是"不感兴趣"，而不愿意学习新的东西。许多才华横溢的人之所以贫穷，是因为他们只专心于做好产品，而对商业体系知之甚少。要成为一个成功的管理者，需要的管理技能包括：对现金流的管理，对系统（包括对本人、时间及家庭）的管理，对人员的管理。而最重要的专门技能是销售和对市场营销的理解，销售能力是个人成功的基本技能；而沟通能力，如书面表达、口头表达及谈判能力等对一个人的成功来说更是至关重要。作者就是通过不断学习各种课程、看教学视频等来扩展知识并不断提高自己的技能的。最后，要想真正富有，既要不吝付出，也要学会索取，先给予然后获得，这是重要的金钱法则。

思考 & 讨论：

1. 算一算自己／亲戚朋友每个月的个人所得税是多少，占工资的比例是多少？

2. 想一想自己在财商（会计能力、钱生钱的投资能力、了解市场规律的能力，以及熟知各项减税优惠政策）的哪些方面比较欠缺，并制订短期的学习计划。

3. 思考一下自己最欠缺的能力。要获得这项能力，选择从事什么职业会更好？

【《富爸爸穷爸爸》共读 Day 3】

今天要阅读的是《富爸爸穷爸爸》的第八章。

很多人通过学习掌握了财务知识，但仍然难以实现财务自由，主要是因为在积累资产的过程中会遇到各种困难，包括恐惧心理、愤世嫉俗、懒惰、不良习惯和自负等。通过这一部分的阅读，相信大家都能了解到自我认知上的局限性。

通往财富自由的道路上存在着很多障碍，障碍之一是对可能亏钱的恐惧心理，恐惧本身并不是问题所在，如何处理恐惧心理才是关键。障碍之二是愤世嫉俗的心理，恐惧和愤世嫉俗的心态使大多数人安于贫困，内部和外部的各种噪声会影响我们的判断，因此需要很大的勇气，不让谣言和怀疑加剧自身的疑虑。障碍之三是懒惰，且人们常通过忙碌掩饰懒惰，所以需要不断思考"我怎么样才能买得起"，稍微贪婪一点能更好地治愈懒惰。障碍之四是习惯，"首先支付给自己"的行为能够产生压力，迫使自己努力工作，不断思考。障碍之五是傲慢，许多人试图用傲慢掩饰无知，试图靠自吹自擂赢得争论，但正确的做法是，如果知道自己在某一方面有所欠缺，那就马上开始学习。

思考 & 讨论：

你之前有过投资经历吗？如果有，那么请想一想自己最成功和最失败的投资，并思考成功和失败最主要的原因。如果你没有进行过投资，那么想一想是什么阻碍了你投资。

【《富爸爸穷爸爸》共读 Day 4】

今天要阅读的是《富爸爸穷爸爸》的第九章和第十章。

前面三天我们了解了"富爸爸"的课程和致富路上的困难，今天开始正式进入行动阶段。

每个人都有理财天赋，那么如何唤醒理财天赋就显得尤其重要。在这里，作者提供了唤醒理财天赋的10个步骤。第一，精神的力量，就是"想要"和"不想要"结合构成的目标。第二，选择的力量，每天都可以做出选择，选择成为富人还是穷人，而这个选择是利用时间、金钱和头脑里学到的东西做出的。第三，关系的力量，要慎重地选择朋友，有钱朋友可以向他们寻求知识，穷困朋友可以让我们知道哪些事情不应该去做，但也要注意，不要听贫穷或是胆小的人的话。第四，快速学习的力量，选择要学习的内容，快速掌握一种模式后，尽快学习新的模式，因为在如今快速变化的社会，学得多并不一定能赚钱，而要学得快。第五，自律的力量，要先支付给自己，不让自己背负数额过大的债务，同时在资金短缺的时候，也不要轻易动用储蓄。第六，好建议的力量，信息是无价的，花钱让专业的人来帮忙做专业的事情。第七，无私的力量，明智的投资者不只看到投资回报率，还能看到收回投资后能额外得到资产。第八，专注的力量，用消费的欲望来激发，并利用理财天赋去投资。第九，神话的力量，偶像的模范作用可以让人挖掘自身的巨大潜能。第十，给予的力量，先"予"，才能取得更加丰厚的回报。

作者在最后一章节提出了行动指南。第一要停下你手头的活儿，评估一下你的做法中哪些有效、哪些无效。第二要到书店搜寻主张独特、与众不同的书，寻找新的思想。第三是找做过你想做的事情的人，向他们请教诀窍和技巧。第四是参加辅导班、研讨会和阅读。第五是提出多份报价，使用"免责条款"来做报价。第六是每月在某一地区慢跑、散步或驾车10分钟左右，发现变化。在知道自己在寻找什么之后，就开始行动吧。首先要记住，利润在购买时就已确定，而不是在出售时获得的；要关注适当的地方；寻找想买进的人之后，再去找卖出的人；考虑大额购买；学习前人的经验；最后，行动的人总会击败不行动的人，现在就开始行动吧！

思考 & 讨论：
1. 你周围有没有"投资达人"？你要向他学习什么？
2. 对照作者的行动指南，你已经采取了哪些行动？
3. 对你来说，哪些行动步骤难以达成，为什么？如果做不到的话，可以怎么样改进？

（导读人：卢欣宇 孙莉玲）

参考阅读：
1. 肖星.《肖星的财务思维课》.机械工业出版社.
2. [英]乔治·克拉森.《巴比伦最富有的人》.南海出版公司.

《被讨厌的勇气》一书的副标题为"'自我启发之父'阿德勒的哲学课",顾名思义,这是一本介绍阿德勒个体心理学的书。阿尔弗雷德·阿德勒是个体心理学创始人和人本主义心理学先驱,有"现代自我心理学之父"之称,与弗洛伊德、荣格并称为"心理学三大巨头",他的思想生成已有百年,但影响力经久不衰。本书作者岸见一郎自1989年起致力研究专业哲学和阿德勒心理学;古贺史健则是自由作家,以对话创作(问答体裁的作品)见长。作为豆瓣热门心理图书TOP 10榜之一,全书以古希腊哲学的"对话体"这古典手法进行内容呈现,通过"对人生感到无望的青年"与"幽默智慧的哲人"之间的一问一答,传递"阿德勒个体心理学"的哲学思想。对话体的形式使人在阅读的时候感到非常亲切,有"如师在侧,如友在临"的体验,可以很轻松地进入阿德勒的心灵成长世界。本书绝不是心灵鸡汤,而是稍带苦涩、可治病的良药,它会刺痛你的意识和神经,在被讨厌的勇气当中,重新理解自己的生活方式。

《被讨厌的勇气》

[日] 岸见一郎、古贺史健

书评

让自己真正自主和自由的勇气

——李瑞瑞

　　人作为群居动物总是不可避免地与他人产生联系，我们常常被告知人类无法脱离社会而存在，即无法成为完全意义上的独立的人。但是"一切烦恼都来自人际关系"，那么我们该如何在这一悖论中自处？阿德勒为我们提供了解决方案——拥有一份"被讨厌的勇气"。我们必须承认，人生是一场孤独之旅，无论与他人多么亲近，都要保持适当的距离，从而守护彼此的自由、成全完整的自我。他人的认可、表扬或是批评、唾骂，都不应该成为行动的理由。我们往往在自己厌恶但又难以突破的舒适圈中作茧自缚，"人无论在何时、无论处于何种环境中都可以改变，你之所以无法改变，是因为自己下了'不改变'的决心"，因为我们惧怕从一个不幸到另一个更大的不幸，殊不知跳脱才能直面自我、通往幸福。正如阿德勒那句"个体心理学是所有人的心理学"

一样，本书将原本高深难懂的心理学、哲学问题融入生活，并用浅显易懂的语言娓娓道来，教会我们只有拥有从他人的看法中抽离出来的勇气，才能真正地"看见"自我；以当下为重，接纳平凡，让每一次的向前迈步都稳当而自洽。

一、阿德勒和他的思想

阿尔弗雷德·阿德勒与弗洛伊德、荣格被并称为"心理学三大巨头"。阿德勒是个体心理学的先驱和代表。个体心理学与其他心理学流派相比，最突出的一点在于它对人的研究是以个体为始，即首先关注个体本身的成长发展和人生历程。有趣的是，如果对阿德勒本人的人生经历及其学说有所了解的话，就会发现他的发展轨迹恰好印证了他所秉持的观点和理论。阿德勒出生于维也纳郊区的一个富裕人家，虽然家境优渥，但是他从小患有软骨病，身材矮小，五岁的时候因为肺炎差点失去生命，再加上他有一位优秀的哥哥，让他产生了自卑感。但童年的经历和身体上的缺陷并没有压倒他，相反，刺激了他的上进心。他决心当一名医生，帮助自己走出儿时留下的死亡阴影和自卑感。

阿德勒一生磨难颇多，阅历丰富，身份多元。他是奥地利精神病学家，维也纳医学博士，精神分析学派代表之一，个体心理学的创始人，人本主义心理学的先驱，现代自我心理学之父。他曾追随弗洛伊德探讨神经症问题，同时也是精神分析学派内部第一个反对弗洛伊德心理学体系的心理学家。相较于弗洛伊德关注潜意识，阿德勒认为个体对未来生活的目标与期望决定了人格的发展方向，他还阐述了家庭环境、学校教育和社会大事等对个体人格的影响，推动了精神分析心理学向社会文化领域发展。阿德勒学说以"自卑感"与"创造性自我"为中心,强调"社会意识",

用创造性自我、生活风格、假想的目的论、追求优越、自卑感、补偿和社会兴趣等概念来表述人类行为的动力特征。阿德勒著有《自卑与超越》《人性的研究》《个体心理学的理论与实践》《自卑与生活》等。

虽然阿德勒的理论是100年前提出的,但是从今天来看仍具有前瞻性,影响了很多人的思想。因全球畅销书《人性的弱点》和《美好的人生》而闻名的戴尔·卡耐基曾评价阿德勒为"终其一生研究人及人的潜力的伟大心理学家",而且其著作中也体现了很多阿德勒的思想。史蒂芬·柯维所著的《高效能人士的7个习惯》中的许多内容也与阿德勒的思想非常相近。

二、束缚自我的双重枷锁

阿德勒最重要的思想主题是对自我的解放。生活给我们各种束缚,表面上看这些束缚可能来自时间、金钱、人际关系,但实际上这些束缚来自心灵,阿德勒试图把个体从这些束缚中解脱出来。

第一个束缚来自过去。日常生活中,我们时不时会遇到关于童年创伤、原生家庭对个人的影响等问题的讨论,我们以前学的、用的都是原因论,也就是弗洛伊德强调的精神创伤,认为人之所以出现心理问题,是因为过去受过创伤,即心灵过去所受的伤害是引起目前不幸的罪魁祸首。阿德勒心理学则明确否定心理创伤,他主张目的论,"任何经历本身并不是成功或失败的原因。我们并非因为自身经历中的刺激——所谓的心理创伤——而痛苦,事实上我们会从经历中发现符合自己目的的因素。决定我们自身的不是过去的经历,而是我们自己赋予经历的意义",这并不是说遭遇大的灾害或者幼年受到虐待之类的事件对人格形成毫无影响；相反，其认为影响会很大。但经历本身不会决定什么，关键是我们给过去的经历"赋予了什么样的意义"，这直接决定了我们的生活。人生不是由别人赋予的，而是由自己选择的，是自己选择了自己的生活方式。有一个非常经典的例子可以说明"原因论"和"目的论"的区别：一个病人一要出门就紧张，几十年走不出家门。弗洛伊德会从他过去的创伤中找原因——童年受过欺凌。但阿德勒认为，他是先有了"不想出门"这个目的，然后为了达到这个目的，挑选出过去受欺负的记忆，制造出紧张的情绪。

而想要挣脱来自过去的束缚，就要有"摒弃现在的生活方式"的决心，要有"获得幸福的勇气"。是继续选择与之前一样的生活方式，还是选择新的生活方式，都在于我们自己，产生的行为也就是自己的责任。很多人觉得生活方式无法改变，是因为自己下了"不改变"的决心。因为一直保持"现在的我"，应对眼前的事情是轻车熟路的状态；而如果选择新的生活方式，将不知道新的自己会遇到什么问题，也不知道该如何应对。未来难以预测，因此即使人们有很多不满，依旧认为保持现状更加轻松、更安心。

第二个束缚来自人际关系。"人的烦恼皆源于人际关系"，这是阿德勒心理学的一个基本概念。这里的人际关系是广义的。我们无法脱离人群独自存在，而一个个体在想要作为社会性的存在生存下去的时候，就不得不面对人际关系，我们的烦恼就来自如何看待自己和他人的关系。在如何看待自己与他人的关系上，有两种观点。一种是纵向观点，认为人是有高低等级之分的，人与人之间是一种竞争关系，竞争会让人无法摆脱人际关系带来的烦恼；竞争会有胜负之分，就会产生自卑情结或优越情结，会把他人乃至整个世界都看成"敌人"而不是伙伴。另一种是横向观点，也是阿德勒的观点。他认为我们应该积极地看待自己与别人的差异,人"虽然不同但是平等",人之间的差异无关善恶或优劣。我们都走在一个不存在纵轴的水平面上,我们不断向前迈进并不是为了与谁竞争,而是为了不断超越自我。

如果要摆脱人际关系的束缚,就需要直面"人生的课题",学会课题分离,不妄加干涉。从孩提时代到可以自立、工作、恋爱、结婚,会产生各种人际关系,阿德勒把这些过程中产生的人际关系分为"工作课题""交友课题""爱的课题"三类,三个课题的不同来自距离和深度。基本上,一切人际关系的矛盾都起因于对别人的课题妄加干涉或者自己的课题被别人妄加干涉。父母干涉孩子的选择、夫妻之间对对方有不切实际的期待、对于下属的工作管理过细都是没有进行课题分离。只要能够进行课题分离,人际关系就会发生巨大改变。可以说,课题分离是人际关系的起点。辨别究竟是谁的课题的方法非常简单,只要考虑一下"某种选择所带来的结果最终要由谁来承担"。比如如果孩子选择"不学习"这个选项,那么由这种决断带来的后果,如成绩不好、无法上好学校等,最终的承受者不是父母,而是孩子,也就是说学习是孩子的课题,而世上的父母却总是打着"为你着想""为你好"的旗号加以干涉。但是,父母们的行为有时候很明显是为了满足自己的面子、虚荣又或者是支配欲,也就是说,不是"为了你"而是"为了我",正是因为察觉这一点,孩子才会反抗。有一点需要注意,阿德勒心理学并不推崇放任主义,而是主张在了解孩子想干什么的基础上对其加以守护。阿德勒用一句话来形容课题分离,"可以把马带到水边,但不能强迫其喝水"。关于自己的人生,只有自己能"选择自己认为最好的道路",别人如何评价你的选择,那是别人的课题,无法左右。对我无法改变的事情——不是我的课题,要表现出"岂能尽如人意"的雅量;而对于我能改变的那些事——是我的课题,则要做到"但求无愧我心"。如果人人都能如此,也就没那么多人际关系的烦恼了。

三、自卑感和追求优越性

阿德勒心理学把自我从过去和人际关系中解放出来。以前我们裹足不前,可以怪原生家庭、怪童年经历、怨社会,阿德勒完全将选择的权力交给了我们自己,我们就要有勇气正确面对自卑感与优越感,要让自己过得更好。自卑感和追求优越性是本书反复提及的关键词。

阿德勒认为,每个人都有不同程度的自卑感,因为我们都想让自己更优秀,让自己过更好的生活。如果我们勇往直前,便能通过直接、实际的方法改变我们的生活,逐渐摆脱自卑感。没有人会一生被自卑感折磨,人们可以寻求合理的解决方法来释放自卑感。但当一个人失去自信,不再认为通过自己脚踏实地的努力可以摆脱自卑感,却又不能容忍自卑感的折磨时,他会继续设法摆脱,只是运用的方法是不切实际的。他不再设法克服困难,反而沉醉于一种优越感之中。这样不会消除自卑感,反而会使自卑感不断累积。产生自卑感的真正原因没有克服,就会一直存在,所采取的每一个自欺欺人的行动都会让他的自卑感更加强烈。时间久了,自卑感就会变成一种固定的情结,只要有相同的事情发生就会引起他的自卑感,成为生命的底色——自卑情结。自卑情结是指一个人在意识到他要面对一个无法解决的问题时,表现出的无所适从。自卑感和自卑情结必须分辨清楚,不可以混淆。因为自卑感本身无可厚非,它激励人不断追求卓越,克服自身的障碍,在有限的生命内发挥最大的价值。可以说,正是由于人类会有自卑感,才会有取得发展和进步的不竭动力。健全的自卑感不是来自与别人的比较,而是来自与"理想的自我"的比较。

优越感是对自卑感的补偿。人人都在追求独属于自己的一种优越感,因为人们都想要摆脱无力状态,追求进步的普遍欲求,即"追求优越性"。所谓"追求优越性"是指自己不断朝前迈进,而不是比别人高出一等的意思。人都处于"追求优越性"这一希望进步的状态之中,都会树立某些理想或目标并努力为之奋斗。追求优越感是我们人类不断进步的源泉,它激励着我们每一个人。人类的整个活动都建立在对优越感的追求上,无论是从无到有、从失败到成功,还是从匮乏到富足。但是,在努力追求优越感的过程中,只有那些为了他人的利益而前进的人和为了社会发展而奋斗的人,才能超越生活,从而顺利获得优越感。而优越情结是一种虚假的优越感,如前文提到的,苦于强烈的自卑感,却没有勇气通过努力或成长之类的健全手段去进行改变,又没法忍受自卑情结的人,便会表现得好像自己很优秀,继而沉浸在一种虚假的优越感之中。一个很常见的例子就是"权势张扬",例如大力宣扬自己是权力者,可以是班组领导,也可以是知名人士,通过此种方式来显示自己是一种特别的存在。虚报履历或者过度追求名牌也属于一种权势张扬,具有优越情结。这些情况都属于"我"原本并不优秀或者并不特别,通过把"我"和权势结合,显得"我"很优秀,这就是虚假的优越感。

四、一切都是勇气的问题

阿德勒说:"无论是追求优越性还是自卑感,都不是病态,而是一种能够促进健康、正常的努力和成长的刺激。"每个人都或多或少有一些自卑感,也都有对优越和成功的渴望,这是个人精神生活不可或缺的组成部分。优越感和自卑感的刺激，会让人产生面对困难的勇气。勇气是本书的关键词之一，也是阿德勒心理学的关键词，更是我们人生问题的最终解药。我们并不缺乏能力，只是缺乏勇气，一切都是勇气的问题。

针对自卑情结、优越情结和幸福感等问题，本书指出，"任何人都可以随时获得幸福"，只需要有"共同体感觉"。前文提到，课题分离是人际关系的出发点，而人际关系的最终目标就是共同体感觉。要建立起共同体感觉，需要从"自我接纳""他者信赖"和"他者贡献"这三点做起。

所谓"自我接纳"，是指要分清"能够改变的"和"不能够改变的"。假如做不到，就诚实地接纳"做不到的自己"，然后尽量朝着能够做到的方向去努力，不对自己撒谎。对于那些可以改变的事情，要拿出改变的勇气。正如广为流传的"尼布尔的祈祷文"所说："上帝，请赐予我平静，去接受我无法改变的；给予我勇气，去改变我能改变的；赐我智慧，分辨这两者的区别。""他者信赖"是指在人际交往中我们需要无条件地相信他人，不附加任何条件，但这并不意味着我们要在生活中做个傻瓜式的老好人。阿德勒心理学并没有基于道德价值观去主张"要无条件地信赖他人"。无条件的信赖是搞好人际关系和构建横向关系的一种"手段"，如果并不想与那个人搞好关系，我们也可以用手中的"剪刀"彻底剪断关系，因为剪断关系是我们自己的课题。既能接纳自己又能信赖他人，就可以得到一种"可以在这里"的归属感。但是共同体感觉并不是仅凭"自我接纳"和"他者信赖"就可以获得的，还需要第三个关键词"他者贡献"。他者贡献并不是要舍弃"我"而为他人效劳，它是为了让人能够体会到"我"的价值而采取的一种手段。我们只有在感觉到自己的存在或行为对共同体有益的时候，才能切实感受到自己的价值。"自我接纳""他者信赖"和"他者贡献"这三者是缺一不可的整体。因为接受了真实的自我——"自我接纳"——才能够不惧背叛地做到"他者信赖"；而正因为对他人给予无条件的信赖并能够视他人为自己的伙伴，才能够做到"他者贡献"；也正因为对他人有所贡献，才能够体会到"我对他人有用"，进而接受真实的自己，做到"自我接纳"。

托尔斯泰在《战争与和平》中说道："每个人都会有缺陷，就像被上帝咬过的苹果。有的人缺陷比较大，正是因为上帝特别喜欢他的芬芳。"不完美并不代表我们没有价值和贡献，相反那构成了我们独特的魅力和价值。我们应该珍惜和拥抱自己的不完美，同时也要努力追求更好的自己。阿德勒提出的"自我接纳"主张非常有意义，它强调的是承认自己的缺陷和不足，并通过积极的行动去改变自己。我们不应该为自己存在的不足找借口，而是要勇于面对并改善。人生的意义是自己赋予的。一边快乐地游戏，一边愉悦地生活，即使人生不可能永远都是舒服愉快的，也要认真地感受"活着的喜悦"，有勇气活在当下。

导读

导言：

哲学家威廉·詹姆斯曾说：只有当科学与生命直接相关时，才能被称为真正的科学。或者说，在一门直接与生命发生关联的科学中，理论与实践几乎无法完全分割。关于生命的科学，由于它直接展现了生命的活动，因而也就成了一门生活的科学。这些想法尤其适用于个体心理学。《被讨厌的勇气》这本书深入浅出地传递了"阿德勒个体心理学"的哲学思想。作为一般读者,我们可以不需要任何知识准备就从容地打开这本书,甚至不需要知道阿德勒是谁、他跟弗洛伊德有什么关系。本书用"青年与哲人在五个夜晚的对话"这一故事形式,将原本高深难懂的心理学、哲学问题与贴近生活的例子结合,并用浅显易懂的语言娓娓道来,回答了三个哲学问题:"我是谁""我从哪里来""我将去哪里"。本书还针对"自卑情结""优越情结""幸福感"等问题提出了独到的见解。阅读本书时,我们希望大家经常有"拍大腿"的感觉:太棒了,我原来是这样的!本次共读我们选的版本是由机械工业出版社出版、渠海霞翻译的。让我们跟随着青年与哲人进行自我探究和自我发现,一起来了解"勇气的心理学"。

【《被讨厌的勇气》共读 Day 1】

今日阅读第一章"第一夜 我们的不幸是谁的错"。这一章借由青年和哲人的对话讨论,首先引出阿德勒和弗洛伊德两位心理学家,以及"目的论"和"原因论"。

可能很多读者不知道阿德勒是谁。阿德勒自己认为阿德勒学派被遗忘意味着他的思想已经由一门学问蜕变成了人们的共同感觉。阿德勒与弗洛伊德、荣格齐名,并称为 20 世纪精神分析学派三大巨擘。阿德勒的"个体心理学"的研究主题是每一个具体的、独特的、唯一的人类个体,即其首先关注个体本身的成长发展和人生历程。

弗洛伊德的心理创伤学认为心灵过去所受的伤害(心理创伤)是引起目前不幸的罪魁祸首,并且在未来的人生中产生巨大的影响。人是过去尤其是童年经历的产物,这些经历变成了

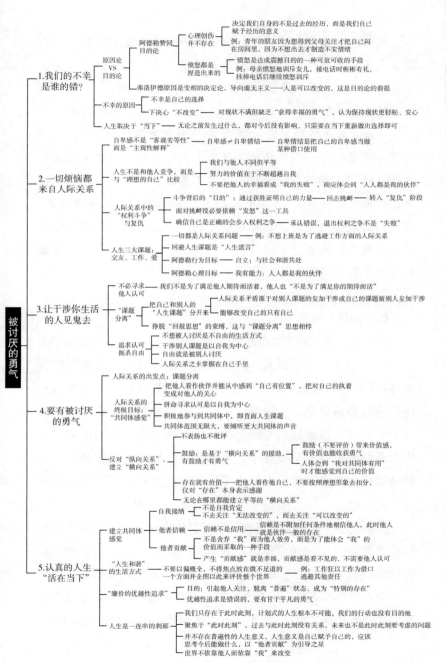

潜意识，决定着我们的人生。其主张一切结果皆有原因，即现在的人（结果）是由过去的事情（原因）决定的，否定人类的自由意志，把人看作机器一样的存在。这就原因论。

阿德勒心理学则明确否认心理创伤，认为"任何经历本身并不是成功或失败的原因。我们并非因为自身经历中的刺激——所谓的心理创伤——而痛苦，事实上我们会从经历中发现符合自己目的的因素。决定我们自身的不是过去的经历，而是我们自己赋予经历的意义"。即重要的不是过去，是你怎么看待过去，而我们对过去的看法，是可以改变的。也就是说，阿德勒心理学考虑的不是过去的"原因"，而是现在的"目的"。我们大家都是为了某种"目的"而活着。这就是目的论。

拓展阅读：

阿尔弗雷德·阿德勒是奥地利精神病学家、人本主义心理学先驱、个体心理学的创始人、现代自我心理学之父，最重要的著作有《个体心理学的实践与理论》《理解人性》与《自卑与超越》。他曾追随弗洛伊德探讨神经症问题，但也是精神分析学派内部第一个反对弗洛伊德的心理学体系的心理学家。他的研究对现代心理学最突出的贡献在于，揭示了个体如何通过驱动各项精神活动而为自身服务，以及人类的先天能力和后天努力如何指向同一目标。

西格蒙德·弗洛伊德是奥地利精神病医师、心理学家、精神分析学派创始人。1899年出版的《梦的解析》，被认为标志着精神分析心理学的正式形成。他开创了潜意识研究的新领域，促进了动力心理学、人格心理学和变态心理学的发展，奠定了现代医学模式的新基础，为20世纪西方人文学科提供了重要理论支柱。

思考 & 讨论:
1. 你认为精神创伤存在吗？
2. 你想"变成别人"吗？
3. 你认为自己的人生取决于过去还是现在？

【《被讨厌的勇气》共读 Day 2】

今日阅读第二章"第二夜 一切烦恼都来自人际关系"。

一周之后，青年再次来到哲学家的书房，继续他们的对话。这一夜，两人在对话中引入很多心理学的重要词汇。

1. 人际关系。阿德勒认为，"人的烦恼皆源于人际关系"，这是阿德勒心理学的一个基本概念。人在本质上必须以他人的存在为前提，根本不可能做到与他人完全隔离。如果在人际关系中把他人乃至整个世界都看成"敌人"，就会不可避免带来"竞争"，那人就不可能摆脱人际关系带来的烦恼，也就不可能摆脱不幸。而如果能够体会到"人人都是我的伙伴"，那他对世界的看法会截然不同，不会再把世界当成危险的所在，不会再活在不必要的猜忌中，人际关系的烦恼也会大大减少。

2. 自卑感和自卑情结。阿德勒认为每个人都有不同程度的自卑感，因为我们都想让自己更优秀，让自己过上更好的生活。自卑情结是由自卑感或缺陷感引起的应激状态、心理逃避和虚构优越感的代偿性驱动力。当某个人没有准备好面对某个问题或坚信自己无法解决某个问题时出现的便是自卑情结。愤怒、眼泪或者道歉都可能是自卑情结的表现。

3. 优越感和优越情结。优越感是自卑感的代偿。人人都在追求自己独有的一种优越感。人们都有摆脱无力状态、追求进步的普遍欲求，即"追求优越性"。优越情结是一种虚假的优越感，是苦于强烈的自卑感,却没有勇气通过努力或成长之类的健全手段去进行改变,又没法忍受自卑情结,便表现得好像自己很优秀,继而沉浸在一种虚假的优越感之中。

4. 权利斗争与复仇。人在人际关系中一旦确信"我是正确的",就已经步入了权利之争,这时无论对方持什么意见都无所谓,并试图让对方屈服。正因为如此,人们才会认为"承认自己的错误"就等于"承认失败"。

5. 人生的三大课题:交友、工作、爱。一个个体想要作为社会性的存在生存下去的时候,就会不得不面对人际关系,这就是人生课题。阿德勒把这些过程中产生的人际关系分为"工作课题""交友课题""爱的课题"三类。

思考 & 讨论:
1. 你如何看待"一切烦恼皆源于人际关系"这一概念?
2. 你认为"弱势具有特权"吗?

【《被讨厌的勇气》共读 Day 3】

今日阅读第三章"第三夜 让干涉你生活的人见鬼去"。

自由是什么?我为什么不能获得自由?真正束缚我的是什么?带着种种疑问,青年再次来到哲人的书房,围绕"课题分离"和"自由"开启新一轮的讨论。

1. 课题分离。阿德勒认为人际关系的出发点是"课题分离"。人所有的困扰都来自人际关系,例如嫉妒、自卑还有逃避等,都来自人和人的比较。而一切人际关系矛盾都起因于对别人的课题妄加干涉,或者自己的课题被别人妄加干涉。只要能够进行课题分离,人际关系就会发生巨大改变。解决人际关系问题,首先要思考"这是谁的课题",而辨别究竟是谁的课题的方法也很简单,只需要考虑"某种选择所带来的结果最终要由谁来承担";然后进行课题分离,不去干涉别人的课题,也不让别人干涉自己的课题。

2. 自由。"一切烦恼皆源于人际关系",我们都在追求从人际关系中解放出来的自由。拥有"被讨厌的勇气",毫不在意别人的评价,不害怕被别人讨厌,不追求被他人认可,人际关系就会更轻松、自由。如果不付出以上这些代价,那就无法贯彻自己的生活方式,也就不能获得自由。

思考 & 讨论:
1. 你如何理解"课题分离"?
2. 你认为自由是什么?我们如何才能获取自由?
3. 你如何理解"自由就是被别人讨厌"?

【《被讨厌的勇气》共读 Day 4 】

今日阅读第四章"第四夜 要有被讨厌的勇气"。

前面我们读到人际关系的出发点是"课题分离",第四章提出人际关系的终点是建立"共同体感觉"。阅读第四章,需要了解3个关键词:共同体感觉、横向关系和纵向关系。

1. 共同体感觉。把他人看作伙伴并能够感到"自己有位置"的状态,就叫作共同体感觉。阿德勒认为共同体感觉是幸福的人际关系中最重要的指标。在共同体中拥有归属感是人的基本欲求,而归属感不是生来就拥有的,要靠自己的手去获得。

2. 如何从"课题分离"到建立人际关系,最终形成"可以在这里"的共同体感觉呢?这就需要引入"横向关系"和"纵向关系"两个概念。阿德勒心理学反对一切"纵向关系",提倡把所有的人际关系都看作"横向关系"。所谓横向关系是指我们"虽然不同但是平等",应该积极地看待自己与别人的差异,因为人都有差异,而这种差异无关善恶或优劣。纵向观点则认为人是有高低等级之分的,人与人之间是一种竞争关系。

思考 & 讨论:
1. 你如何看待"共同体感觉"?
2. 你如何理解"横向关系"和"纵向关系"?

【《被讨厌的勇气》共读 Day 5】

今日阅读第五章"第五夜 认真的人生'活在当下'"。

这一章提出,建立共同体感觉需要从"自我接纳""他者信赖"和"他者贡献"这三点做起。

1. 自我接纳是指要分清"能够改变的"和"不能够改变的"。我们无法改变"被给予了什么",但是对于"如何去利用被给予的东西",我们却可以用自己的力量去改变,也就是不去关注"无法改变的",而去关注"可以改变的"。

2. 他者信赖是指在人际交往中我们需要无条件地相信他人,但这并不意味着我们就要在生活中做个傻瓜式的老好人,阿德勒心理学并没有基于道德价值观去主张"要无条件地信赖他人"。

3. 他者贡献并不是要舍弃"我"而为他人效劳,是为了能够体会到"我"的价值而采取的一种手段。

"自我接纳""他者信赖"和"他者贡献"这三者是缺一不可的整体。

除此之外,这一章还提出了"最重要的是此时此刻""人生意义是自己赋予自己的"等观点。

思考 & 讨论：
1. 肯定自我和接纳自我有什么区别？
2. 信用和信赖有什么区别？
3. 如何理解他者贡献？
4. 如何理解人生中最大的谎言就是不活在"此时此刻"？

　　心理学家徐秋秋说："每个人的生命，都是一场传奇。我们在这个世界上得到的最好礼物，就是自己和自己的人生。"我们的人生，应该由自己主导，并自负全责。阿德勒已经去世80多年了，但他的思想依然不过时。把阿德勒思想当作自己的思想去实践并没有那么容易，想要排斥的地方、难以接受的言论、令人费解的建议，都可能会存在。但有时候无意间翻开一本书就会完全改变之后的人生。最后，让我们以书中的一段话来结束对这本书的导读，"人生是不断与理想的自己进行比较，而不是活在他人的评价之下，我们不是为了满足别人的期待而活着，而是为了自己活出自己的人生。纵使被说坏话，被讨厌，也没什么好在意的，因为对方如何看待你，那是对方的课题"。希望《被讨厌的勇气》这本书能帮你获得生活的勇气。

（导读人：李瑞瑞　孙莉玲）

参考阅读：
　　1. [日] 岸见一郎，古贺史健.《被讨厌的勇气》. 渠海霞，译. 机械工业出版社.
　　2. [奥地利] 阿尔弗雷德·阿德勒.《自卑与超越》. 马晓娜，译. 北京联合出版公司.

《存在主义咖啡馆》作为一本哲学类的书并没有想象中的那么晦涩难懂，就如同封面中着重突出的东西一样，英国著名作家莎拉·贝克韦尔将历史、传记与哲学结合在一起，试图用"自由、存在和杏子鸡尾酒"来展现哲学史上重要的"存在主义"，让读者感受到"思想很有趣，但人更有趣"。在《存在主义咖啡馆》里我们可以"认识"萨特、胡塞尔、海德格尔、加缪等许许多多的哲学家达78人之多。可以接触他们的哲学思想精髓："存在的""现象学""此在"等等。更重要的是，这些哲学家们都是以"人"出现的，他们的思想和精神极具魅力、高高在上，但他们本身却来自现实世界，有血有肉，并非遥不可及。《存在主义咖啡馆》的编写在版式上更合乎"书"的格式规范：正文后有一百余页的"出场人物表"，方便我们了解那些赫赫有名的哲学家们是谁；有"注释"325条，我们在正文空白处见到的一个个数字代码，可在注释部分找到更详尽的内容；有9页"参考书目"和8页"索引"，现在的书很少有索引了，但索引对于更好地研究一本书具有重要的意义。本书的索引将人物、重要的组织等有序编排起来，索引中的页码为原书页码。读点哲学对于我们理解宇宙、理解世界、理解人很有帮助。

《存在主义咖啡馆》
［英］莎拉·贝克韦尔

书评

思想很有趣，但人更有趣

——孙莉玲

这是一本关于哲学的书，它不会像我们日常读的文学名著那么有趣，也不会像推理小说那样引人入胜。这本书比较小众，更适合想对"哲学"增进一些了解的读者，特别是如我一样，之所以床头会放着一本哲学书籍，完全是因为这类书对我而言就如同安眠药，一般读不了几行就会昏昏欲睡，但却执着地想接触哲学的读者（这么一个长句子好像颇类哲学的表达式了）。

一、本书的主要内容与结构

读完这本书，我好像也没找到用一个什么概念来定义"存在主义"，因为存在主义本身即使在存在主义哲学家中也存在着不同的理解，且是一个不断发展的哲学思想，有一个十分宏大的主题，涉及很多关键词，比如"获得自由意味着什么""存在先于本质""悬搁判断""意向性的观念""存在本身并不是存在者"等等。但关于"自由"的话题从来没离开过存在主义者的哲学。如今，我们的私人数据被拿去牟利，我们被提供各类消费产品，但不被允许表达自己的想法或是做任何太具破坏性的事情。这就是为什么当人们阅读萨特论自由，波伏娃论压迫的隐蔽机制，克尔凯郭尔论焦虑，加缪论反叛，海德格尔论技术，或者梅洛-庞蒂论认知科学时，有时会觉得好像是在读最近的新闻。因为它们关注的是人生，挑战的是人类最重要的两个问题：我们是谁？我们该怎么做？当我们每个人面对有关绝对自由、全球责任与人类真实性的问题时，曾经也受过它们困扰的存在主义者或许能告诉我们什么。

全书共十四章。

第一章 先生，太可怕了，存在主义！这一章从一个场景开始：1932年与1933年之交的某一时刻，三个年轻的哲学家正坐在蒙帕纳斯大道上的"煤气灯"酒吧里，一边谈天说地，一边喝着店里的招牌特饮杏子鸡尾酒。这三个人的名字分别叫西蒙娜·德·波伏娃、让-保罗·萨特和雷蒙·阿隆，阿隆正告诉两位朋友，他在德国发现了一门名字朗朗上口的哲学："现象学"。

第二章 回到事物本身。在这一章里我们会来到德国西南角一座大约有十万人的大学城——弗莱堡，这是一座虔诚的天主教城市，也是一座知识之城，以神学院和大学为中心开展学习活动。这一章我们可以见到以胡塞尔为代表的一批现象学家。

第三章 来自梅斯基尔希的魔法师。这一章，海德格尔出场了，他的招牌风格是"一连串令人叹为观止的问题"，这些问题会不停地向前翻滚，直到最后卷进一团团电光交现的乌云中，我们对存在更加困惑起来。

第四章 常人 呼唤。这一章的背景是1933年后纳粹统治下的德国。这个时候,萨特开始做噩梦,总是梦见城市发生暴动,海德格尔试着思考,卡尔·雅斯贝尔斯很惊愕,而胡塞尔呼唤英雄主义。

第五章 嚼碎开花的扁桃树。在柏林跟胡塞尔读了一年之后,萨特于1934年活力满满地回到了法国,决心努力构思自己对现象学的论述。他利用致幻剂体验幻觉,产生了对于"偶然性"的认知。

第六章 我不想吃了我的手稿。这一章中的"我"应该指的是伊迪丝·施坦因。在修道院的岁月里,她一直坚持继续她的哲学研究,后来她的研究给萨特带来了启发。

第七章 占领 解放。1939年二战爆发,波伏娃在很长一段时间里都无法获得有关萨特或其他任何人的消息。雷蒙·阿隆想办法去了英国,梅洛-庞蒂曾被俘虏,萨特也被抓了起来。然而,哲学家们依旧在哲学的道路上摸索,加缪在1942年出版了《局外人》,萨特发现了"自由"。

第八章 破坏。二战结束,但德国成了一个无人想去的地方。幸存者、孤独的士兵和各类流离失所者在城市和乡村中游荡。海德格尔发生了转变,也遭到了反对,还发生了几次尴尬的见面,"即使是那些最热衷于海德格尔的人,也必定会偷偷感觉到,时不时地,他在胡说八道吧"。

第九章 生平考述。这一章,波伏娃利用哲学处理两个庞大的主题:人类历史以及个体女性整个生命的历史。《第二性》这本书是一个自信的实验,或许可以称之为"应用的存在主义"。同波伏娃一样,萨特也饶有兴趣地想看看存在主义能怎么被应用在特定的人生之上,这种兴趣将他引向了传记。

第十章 跳舞的哲学家。这一章,梅洛-庞蒂是主角。他在现代哲学中一直是一位有影响力的人物，在相关领域，如认知心理学中亦是如此。

第十一章　像这样交叉。存在主义者们争论未来，正如哲学家所言，生活只能倒着被理解。但他们忘记了另一个命题，那就是生活必须正着被经历。好好思考一下这个命题，你就会意识到一个越来越明显的事实：我们永远都不可能真正地及时理解生活，因为在任何一个特定时刻，我们根本无法找到必要的参考系来理解它。

第十二章　在处境最困难的人眼中。在全国各地，即使在最高层人物的办公室里，人们都既受到体制之害，又延续着它，同时告诉自己，这一切都不重要。这是一个彻头彻尾的自欺、平庸的巨型结构。每个人都"参与并被奴役着"。萨特提出一个大胆的解决方案：为什么不通过询问那些"处境最困难的人"或者"受到最不公正对待的人"怎么看来决定每一种情况应该怎么做？

第十三章　一旦品尝了现象学。我们之所以可以品尝现象学，就是因为它有一天会从我们身边被带走。我们腾出我们的空间，而森林则再次将其收回。唯一的安慰是，我们曾透过树叶看见了光，我们竟然曾拥有过这种美好：有一点儿总比什么都没有强。这一章从谈论对死亡的认识开始，有人在这一章离去，有维昂，有加缪，有庞蒂，有雅斯贝尔斯，有海德格尔，有萨特。

第十四章　无法估量的繁盛。现在，那些著名的存在主义者和现象学家都已远去，几代人也已长大，存在主义的观念和态度已经深深地融入现代文化之中，我们几乎都不再把它们视为存在主义的东西。

二、存在主义的内核与理解

何为"存在主义"？这个问题其实很难给出简单明确的回答，

因为存在主义的几位主要思想家之间就存在着巨大分歧。这里其实要回答的是三个问题:什么是主义?什么是存在?什么是存在主义?按照《现代汉语词典》的解释,"主义"一是"对客观世界、社会生活以及学术问题等所持有的系统的理论和主张",二是"思想作风",三是"一定的社会制度",在这里我们取第一个含义,即是一种理论和主张;"存在"也有两个解释,一是"事物持续地占据着时间和空间;实际上有,还没有消失",二是"哲学上指不依赖人的意识并不以人的意识为转移的客观世界,即物质",推敲一下,我们认为上述两个含义应该是兼而有之;所以"存在主义"的解释是"20世纪30年代形成并广泛流行于西方的现代哲学思潮,主张把存在当作哲学的研究对象,认为个人存在是一切存在的出发点,人的存在先于人的本质。其影响波及西方社会精神生活的各个方面。存在主义又可分为有神论的、无神论的人道主义的"。

我特别喜欢这本书开篇的这段话:"有人说存在主义不太像哲学,倒是像一种情绪,可以追溯到19世纪的伤痛小说家那儿,进而可以追溯到惧怕无限空间之寂静的布莱兹·帕斯卡,然后可以追溯到探索灵魂的圣奥古斯丁,追溯到《旧约》里乏味的《传道书》,以及那个胆敢质疑上帝同他玩的游戏,但最终在威逼之下只能就范的约伯。简言之,可以追溯到每一个曾对任何事感到过不满、叛逆和格格不入的人。但是,我们也可以反其道而行,将现代存在主义的诞生时间精确到1932年与1933年之交的某一时刻,其时,三个年轻的哲学家正坐在蒙帕纳斯大道上的'煤气灯'酒吧里,一边谈天说地,一边喝着店里的招牌特饮杏子鸡尾酒。"

这个开头好像是在说一个故事,但是却真的把我们引入对"存在主义"的思考。存在主义应该是与"感到过不满、叛逆和格格不入"有关,与现象和情绪有关,而且有一个不断发展的历程。

　　要谈"存在主义",我们必须先从"现象学"开始。传统的哲学家常常从抽象的公理或者理论出发,但是现象学是直接研究他们"时刻正在经历的生活",现象学中最重要的思想家埃德蒙德·胡塞尔提出过一个令人振奋的口号:"回到事物本身!"意思是别在事物不断累加的诠释上浪费时间了,尤其是别浪费时间去琢磨事物是否真实了。我们需要做的就是观察把自己呈现在你面前的"这个东西",且不管"这个东西"可能是什么,然后尽可能精确地把它描述出来。这种关注事物本身的存在极容易把我们引到理解"存在"。马丁·海德格尔一再推荐现象学方法:"无须理会智识的杂乱,只要关注事物,让事物向你揭示自身即可。"确实,很多对哲学思考的描述既拗口又费解,比如"我想我知道某事,但我怎么知道我知道的是什么?"而现象学是哲学的新开端,一个"破坏性的"开端,在那些我们通常不认为是哲学内容的事物上,尤其有效:一杯饮料、一首忧郁的歌、一次兜风、一抹余晖、一种不安的情绪、一盒相片、一个无聊的时刻……它从如空气般被我们忽略的视角,恢复了个人世界的丰富性。三个简单的概念——描述、现象、意向性,足够描述现象学了。

　　正是在"现象学"的启发下,存在主义的代表人物萨特在并不是搬去德国的好年份的1933年去了德国,并在年末返回法国的时候,带回了一种融合之后的新哲学:德国现象学的方法,结合更早之前丹麦哲学家索伦·克尔凯郭尔以及其他人的思想,装点一味独特的法国调料——他自己的文学感染力。以一种现象学创立者未曾想见的但却更让人兴奋和个人化的方式,把现象学应用到人们的生活之中,创建了一种兼具国际影响和巴黎风味的新哲学:现代存在主义。这是杏子鸡尾酒的哲学,同时也是"期望、倦怠、忧虑、兴奋的哲学,是山间的漫步,是对深爱之人的激情,是来自不喜欢之人的厌恶,是巴黎的花园,是勒阿弗尔深秋时的大海,是坐在塞得过满的坐垫上的感受,是女人躺下时乳房往身体里陷的样子,是拳击比赛、电影、爵士乐或者瞥见两个陌生人在路灯下见面时的那种刺激。他在眩晕、窥视、羞耻、虐待、革命、音乐和做爱中——大量地做爱——创造出了一门哲学。"萨特与此前的哲学家不同,他像小说家一样写作,写下了对于世界的身体感受、人类生活的结构与情绪,以及一个十分宏大的主题:获得自由意味着什么——自由位于人类所有经验的中心,正是这一点,把人类与其他事物区分开来。"作为一个人,我根本没有预先被决定的本性。我的本性,要通过我选择去做什么来创造。"即"存在先于本质"。

更准确地说,人会持续创造自己的定义(本性,本质),不断地通过行动创造自身。人无法用标签来定义,因为人始终是一件正在加工的作品,"从有第一缕意识那一刻开始,直到死亡将其抹去为止。我是我自己的自由:不多,也不少。"我也讲品德课,讲课时一定会讲到"道德标准"和"道德困境",比如"有轨电车难题""海因茨偷药"等等,也许我们可以在存在主义中问自己,"面临这样一个选择时,自己的感觉如何",从而在两难中做出一个选择,而具体做什么应该由自己去选择,做出选择时也就选择了自己将成为什么样的人。

本书对存在主义做了以下概括:

存在主义者关心的是个人(individual),是具体的人类存在(human existence)。一方面他们认为,人类存在不同于其他事物的存在(being)类型。其他实体是什么就是什么,但作为人,我在每一刻,都可以选择自己想成为的样子,我是自由的。

因此,我对我所做的每件事,都负有责任,这一令人眩晕的事实会导致一种焦虑,而这种焦虑与人类存在本身密不可分。另一方面，我只有在境况（situations）中才是自由的，这个境况既包括了我的生理和心理因素，也包括我被抛入的世界中的那些物质、历史和社会变量。尽管存在各种限制，但我总是想要更多，我热忱地参与各种个人计划（projects）。因而，人类存在是模糊的，既被局限在边界之内，又超越了物质世界，令人兴奋。一位从现象学角度来看待这一境况的存在主义者，不会提出简单的处理原则，而会专注于描述生活经验本身的样子。通过充分地描述经验，他希望我们能理解这种存在，唤醒我们去过更真实的生活。

这一新哲学流派在广大民众中大受欢迎与当时人们的生存环境是有着密切联系的。当时经受战争苦难、满目疮痍的欧洲，使人们意识到自己和自己的那些人类同胞完全有能力偏离文明的规范。第一次世界大战之后，人进入了非宗教阶段，虽然权利、科技、文明得到高度发展，但随着宗教这一包容一切的框架的丧失，人们发现自己在精神上无家可归，没了归属感，成了这个世界的"外人"，这为存在主义提供了应运而生的土壤。"存在主义者生活在有着极端意识形态和深重苦难的时代，不论他们愿意与否——通常是主动的——都参与了世界上的历史事件。因此，存在主义者的故事，实际上是一个政治和历史的故事，甚至在某种程度上，可以说是整个欧洲世纪的故事。"但是萨特著作和演讲里展现的挑战性也受到天主教会等激烈回应，存在主义的敌手们几乎一致认同存在主义"令人恶心地混合了哲学的狂妄，模糊的美梦，生理学上的吹毛求疵，病态的品位和踌躇的欢欲"。然而，这类攻击反倒让存在主义更具吸引力，年轻人和叛逆者视它为一种生活方式上时髦标签，成了所有践行自由性爱和熬夜伴着爵士乐跳舞的人的简单代名词。这造成了我们现在对存在主义理解的偏见，好像存在主义就是叛逆、藐视秩序甚至混乱的男女性爱等。有时候,人们在关注存在主义时过多地把目光集中在了萨特与波伏娃开放式的情侣关系上,津津乐道于他们"一方是另一方的首要长期伴侣,但可以自由地拥有其他恋人"。存在主义者开创了一种风尚,那就是留着又长又直的存在主义者发型,穿着厚毛衣、卷起袖子的男士夹克,以及最具标志性的服饰:黑色羊毛高领套头衫。

三、存在主义者先驱和代表人物观点及轶事

哲学既不是纯粹的智识追求,也不是廉价的自我帮助技巧的集合,而是一种训练,由此来让自己不断成长,过上圆满之人那种负责任的生活。现在,"哲学"已经成了一种职业,更多的是在大学里工作的一些学者们骄傲于自己发了多少篇论文,自豪于课堂上的高深莫测以及自己学科的精致无用。然而作为一种生活方式,真正的哲学实践者通常是那些不合时宜、特立独行的人。本书中一些存在主义先驱和代表人物聚在一个超级大的热闹的咖啡馆里——有杏子鸡尾酒的咖啡馆,参与了一场跨越世纪的多语言的对话,充满着生机与活力,充斥着交流与辩论;有的人在低头写着什么,有的人不由自主地提高了嗓门,舞池里有人跳舞,而阴暗处情侣在呢喃低语……

索伦·克尔凯郭尔,1813年生于哥本哈根。他用"存在的"一词来表示与人类存在问题有关的思想。他不同意笛卡尔的"我思故我在"。在他看来,人的存在是在先的,是我们做每一件事的起点,而不是逻辑推演的结果。我的存在是主动的,我经历存在、选择存在,这先于我可以做的任何关于我自己的阐述。我的存在是我的,是个人的。他也不同意黑格尔的观点,他用几个相当尴尬的问题来反驳黑格尔:假如我不选择成为"绝对精神"的一部分呢?假如我拒绝被同化,并且坚持只做我自己呢?

弗里德里希·尼采，1844年生于普鲁士的洛肯。他认为，我们所需要的不是崇高的道德或神学理想，而是一种对文化历史的深度批判（谱系学），以此揭示我们人类为什么是现在的样子，以及如何变成这样的。在这幅图景里，上帝已经没有了，因为创造上帝的人类已经杀死了他——"上帝死了"。

埃德蒙都·胡塞尔，1859年4月出生于摩拉维亚地区的普罗斯涅兹。胡塞尔是非常有影响力的现象学家，有大批的追随者。在这儿我不想介绍他的哲学观点和思想，只想借本书中的一段描写来展现这位有趣的哲学家，这是来自他曾经的同学：年轻的胡塞尔常常一上课就睡着，必须要有人去推醒他才行，有一次打哈欠嘴张得太大到下颚脱臼。但胡塞尔在数学课和哲学课上却从来没发生过干活就睡觉这种事。他出版了著名的《逻辑研究》《纯粹现象学和现象学哲学的观念》等，创造了一个词叫"悬搁判断"，大家可以去认真读读本书的第60页，看如何借用这个术语来"还原"一杯咖啡。读完了那一段，我们或许能够对现象学的"描述现象"加深些理解，也或许能帮助我们去做一个品酒师。

卡尔·雅斯贝尔斯，1883年出生于德国的雅斯贝尔斯。他所谓的"界线境遇"是说，人们会发现自己受到所发生之事的束缚或限制，但同时又被这些事件推向正常经验的边界或外缘。他在1949年出版的《历史的起源与目标》中提出了一个很著名的命题——"轴心时代"。

马丁·海德格尔，1889年9月生于法国的梅斯基尔希。祖父是个鞋匠，父亲是个教堂的执事也是镇上的箍桶师傅。当梅斯基尔希的一位老人被问到是否记得小时候的海德格尔时，老人说："他是最难管教的，他是最没用的，但他却统率着我们所有人。"也许这就是对哲学和哲学家魅力的最好概括吧。海德格尔的招牌风格是"一连串令人叹为观止的问题"，这些问题会不停地向前翻滚，直到他最后把问题卷进"一团团电光闪现的乌云中"，让学生们目瞪口呆。他的学生回忆说，海德格尔教会了他们思考，而思考便意味着挖掘，但不是把它们挖出来，而是仍旧留在里面，仅仅在它们周围开辟探索之路——就像他最爱的那些小径在森林里蜿蜒一样。这真体现了导师的作用，作为导师不就是应该教会学生如何思考并沉浸其中吗？他的学生说，海德格尔讲课就像在演戏，"经过了巧妙的安排"。海德格尔会敦促他的学生去思考，但不一定要回应。"他认为，说出那些第一时间浮现在脑海中但未深思熟虑的想法——今天被称之为讲座——是无意义的闲聊"。这句话值得我们所有当老师的人学习和深入体会，如何"设计"一节课，如何让我们的讨论有实际意义和价值，而非陷入周而复始的费话或不负责任的闲聊。想了解海德格尔的关于存在与存在者的本体论区别——"此在"的思想，我们可以去读本书第84页以及之后的一部分，因为无法用几句简单的话来概括。读海德格尔应该是非常费解的，他想要的，就是把熟悉的事物变得费解，"先于自身——已存在于世界中——同时与世界里遇到的存在者一起的存在"，这好像才是我们认识的应有的哲学的表达式，不费解不哲学。

让-保罗·萨特，1905年出生于巴黎。是现代存在主义的代表人物，而且他将自己的哲学观点转化为现实生活中的东西，坚持要做体制外的知识分子，他拒绝了因1945年的抵抗活动被授予的法国荣誉军团勋章，以及1964年被授予的诺贝尔文学奖，理由是作家有必要独立于利益和影响力之外。萨特的存在主义有很多关键洞见，比如，"偶然性"，世界上没有什么事情的发生是必然的。一切都是"偶然的"，都可能以不同的方式发生。树对萨特来说意味着很多东西：存在、神秘、物理世界、偶然性；黏滞是萨特表达偶然性之恐怖的方式。它导致他称之为"事实性"

的东西，指的是一切把我们拖入现在境遇和阻止我们飞向自由的事物。如果我们觉得他的哲学著作比较难懂，可以去读读萨特的小说，比如《恶心》。

西蒙娜·德·波伏娃，1908年1月出生于巴黎。她1949年出版的《第二性》，可以说是最具变革性的存在主义著作，开拓了女性主义的研究，分析了女人的经历和人生选择，也分析了父权社会的全部历史。这本书鼓励女性提高自我意识，质疑既定的观念和惯例，并掌控她们的人生。书中还包含了一章论述女同性恋的内容。我们也可以去读读她的小说《女宾》。

梅洛－庞蒂，出生于1908年3月。在波伏娃认识萨特前，庞蒂是陪波伏娃做思想练习的人。他是萨特和波伏娃的朋友（后来闹僵了），也是一位专精于身体与知觉问题的现象学家、一位才华横溢的散文家。对于庞蒂，有一段描写特别值得所有为人父母的好好看看，这段描写在第157页：他在社交场合中冷静沉着、游刃有余，原因大概是他的童年非常快乐，他小时候感受到很多爱和鼓励，他说，从来不需要努力获得赞许，因此他的性情一辈子都是乐乐呵呵的。每一个认识梅洛－庞蒂的人都觉得他身上散发着幸福的光热。

存在主义作为一种哲学，或多或少都会对所有接触存在主义哲学的人思考问题、看待世界以及对待现实的方式产生影响。于我而言，可能教会我的更多的是"放弃"，一切情况的评判都要根据其在"我"的眼里呈现的样子，要追随自己的内心去生活，不要因为别人认为应当如何而去迎合那些观念。读一点哲学，不是为了玩弄符号、象征和意义，更不是为了抽象的理论，我更愿意做一个主动的、有激情的存在者。去追问，我们被"选择"压得喘不过气来时，过一种真诚、完满的人生意味着什么？去追问，在过去一个时代，人们对脑、对人体的研究日益深入，我们该如何思考自身？去追问，当今我们的个人信息在大数据面前变成了消费品，种族、性别、宗教、意识形态的冲突没完没了，或许我们应该再次讨论自由了。去追问，共同外在环境（而非封闭独立环境）中人与人之间如何联系与结合？去追问，为什么希特勒演讲时，人们也会跟着举起胳膊？本书第 110 页有一段描写我个人觉得非常能够体现人性中的某些部分：他们要么溜之大吉，要么像其他人那样不得已敬礼，有人自我安慰说，我不信仰纳粹，所以这个动作不会有任何意义。没有人会为举起胳膊这种小事而冒生命危险，但人们的抵抗能力，正是这样被一点点侵蚀掉的，最终，人们的责任心与正直感也会随之消失。此种案例前可以追溯到日本人在南京的屠杀，后可以看到当下的网络暴力，逃避以及不要做被打的出头鸟，在古今中外的人性中从来都没缺位过。

最后用本书第 44 页的一段话来结束这篇书评："这是为什么，当人们阅读萨特论自由，波伏娃论压迫的隐蔽机制，克尔凯郭尔论焦虑，加缪论反叛，海德格尔论技术，或者梅洛-庞蒂论认知科学时，有时会觉得好像是在读最近的新闻。他们的哲学仍然很有价值"。

导读

导言：

一种哲学思想或多或少地依赖于其基底文明、已有的各种思想体系的积淀，以及思想家们自身的个性。同时，又以一种不容辩驳的存在影响着当代以及后代的思想甚至社会制度。罗素说："哲学是社会政治生活的一部分，哲学家的学说不是个人孤立思

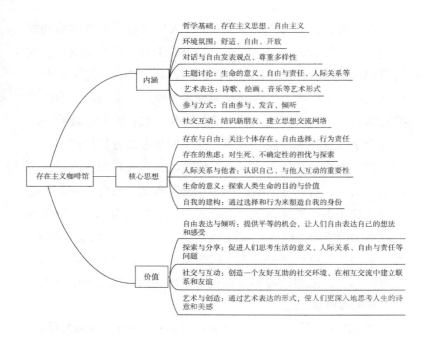

考的结果。"人类的哲学思想是不断发展的。古希腊哲学被称作西方哲学的古典形态，拉斐尔的名画《雅典学院》展现了那个天才成群的时代：柏拉图走在左边一手指天，亚里士多德走在右边掌心向地。苏格拉底、柏拉图、亚里士多德是西方古代哲学的代表。后来基督教、天主教等神学思想统治了西方人的精神世界千年之久。圣奥古斯丁、阿奎那是这一时期天主教哲学的代表。1517年，马丁·路德的《九十五条论纲》可视为宗教改革运动的起点。文艺复兴及宗教改革之后，理性主义复苏并崛起，出现了以笛卡尔为领头人的理性主义哲学阵营；从卢梭到尼采形成了近代哲学。在20世纪大部分时间里，由伯特兰·罗素开创的分析哲学在西方哲学思想中占统治地位；在德国和法国，现象学和存在主义得到发展。现象学将所谓事物的客观性撇在一边，建议我们从人类自身的经验中更主观地探讨现象。现象学是由埃德蒙德·胡塞尔开创的,海德格尔作了修正,它开辟了一种把哲学与日常生活经验重新联结起来的研究方式。存在主义采用现象学的主观方法,进一步发展了人的经验的实践问题,最后通过萨特和庞蒂得到了确定性表达。

本次共读我们选的版本是沈敏一译,北京联合出版公司出版的,让我们通过这本书一起来了解"存在主义"。

【《存在主义咖啡馆》共读 Day 1】

今天我们一起读第一章、第二章。

第一章,三个年轻的哲学家坐在蒙帕纳斯大道上的"煤气灯"酒吧里,一边谈天说地,一边喝着店里的招牌特饮杏子鸡尾酒。这三个人是二十五岁的西蒙娜·德·波伏娃和她的男朋友——二十七岁的让-保罗·萨特,以及萨特的研究生同学雷蒙·阿隆。阿隆告诉两位朋友,他在德国发现了一门名字朗朗上口的哲学——"现象学"。本章最重要的是我们要去寻找这样几个问题的答案:

1. 现象学在哪些方面突破了自柏拉图以来就有的东西?
2. 现象学家胡塞尔提出的"回到事物本身是什么意思"?
3. 现象学家海德格尔补充的"存在的问题"如何理解?
4. 萨特自德国回来后创造了"现代存在主义",文中是如何描述其精妙之处的?
5. 如何理解萨特的"存在先于本质"的口号?
6. 萨特的存在主义对于回答"道德困境"问题有什么帮助?
7. 存在主义带来了哪些亚文化?
8. 如何以存在主义哲学的观点来看待萨特和波伏娃之间的开放关系?

9. 克尔凯郭尔和尼采对存在主义有哪些影响?
10. 为什么说存在主义的故事实际上是一个政治和历史的故事?

第二章重点讲的是现象学及现象学家们。我们可以追寻这样几个问题:

1. 胡塞尔其人可怎样描述?
2. 如何用一杯咖啡来描述什么是现象学?
3. 如何理解胡塞尔的"悬搁判断"?
4. 胡塞尔的哲学经历了哪几次的转变?

补充阅读:胡塞尔《欧洲科学的危机》。

【《存在主义咖啡馆》共读 Day 2】

今天我们一起读第三、第四章。

在第三章,海德格尔出场了。他对学术话题和对思想内容并没有表现出充分的兴趣,而是将注意力从传统的对理论和著作的关注转向对思想和个人的关注。我们生于这个世界,通过思想来反映我们的一切经验。海德格尔要探讨的是,当我们作为生存的人在思想时我们思想的最深刻的本性。海德格尔作为老师,用的是启发式教学。他的招牌风格是"一连串令人叹为观止的问题",这些问题会不停地向前翻滚,直到他最后把问题卷进"一团团电光闪现的句子乌云中",让学生们惊得目瞪口呆,所以学生们给他取了个外号——"来自梅斯基尔希的小魔法师"。海德格尔被胡塞尔当作养子一样对待,海德格尔曾在信中这样写道:"我真的有种被接纳为儿子的感觉"。但海德格尔对胡塞尔发起了挑战,他往往拒绝常见的哲学术语,倡导自己杜撰的新术语。本章我们关注以下几个问题：

1. 某事物"是/存在"到底意味着什么？
2. 海德格尔的"存在"与"存在者"有着怎样的不同？
3. "此在"一词的所指是什么？它有怎样的影响？

第四章定位二十世纪三十年代。三十年代初，也许人们对纳粹在德国的崛起还不是很担心，但 1933 年 1 月 20 日，希特勒被任命为总理。很快在 1933 年春天到来的时候，人们惊恐地看着一系列事件快速发生。我们在此章中可以看到，在纳粹统治的大背景下，几位哲学家都在做什么。

1. 萨特 1933 年去了德国，起初几乎没有怎么留意外面的世界。1934 年 2 月，波伏娃去德国看萨特时，德国大体上看起来还正常，但 6 月份再去时，军队游行和街头暴行已经让他们急不可耐地想永远离开德国。

2. 海德格尔是纳粹分子，至少有一段时间是，并且不是出于一时的权宜，而是因为真正地信仰。1933 年 5 月 27 日，他在一个挂满纳粹横幅的大厅里发表了就任弗莱堡大学校长的演说；在 11 月的另一次演说中附带宣传了"对阿道夫·希特勒和国家社会主义政府的支持"。不过，1934 年 4 月 14 日，他辞去了校长职务。他后来宣称，在那之后便与纳粹再无关联了。真相如何，我们不得而知。后来，他都在托特瑙山上的小木屋中沉思，在写作与思考中挣扎前行。

3. 卡尔·雅斯贝尔斯。对雅斯贝尔斯，我们要关注他的"界线境遇"或者说"极限境遇"，它告诉我们直面两难窘境和选择时，如何以自己的全部存在做出选择。雅斯贝尔斯时刻忍受着病痛的折磨,以至于他想要完成工作时不得不小心翼翼地分配身体能量。他与自己的妻子是一种合作研究的异常亲密的关系,因为比起海德格尔认为哲学就是在托特瑙山上的小木屋中独自研究,雅斯贝尔斯更相信共同思考的价值。他与海德格尔自1920年起就结识并成为好友,然而海德格尔的新角色却让他异常失望,不仅因为观点讨论上的尴尬,还因为雅斯贝尔斯的妻子是犹太人。

4. 胡塞尔。他的两个孩子移民去了美国,他也收到了南加州大学的邀请,但是他不准备离开德国,因为他觉得那是他的家,他的妻子也坚决支持。他在自己汗牛充栋的私人图书馆里继续着他的研究。1934年,他申请去布拉格参加哲学大会,没被批准,就写了一封信请人代读。1935年,他在维也纳参加了文化协会会议,1938年4月27日去世。

此章中还提到一些哲学家在社会大动荡时期"对事件以开放心态以及在需要做决定时能当机立断的重要性"的认识与选择,包括布鲁诺·贝特尔海姆、加而里埃尔·马塞尔、汉娜·阿伦特、恩斯特·卡西尔、伊曼努尔·列维纳斯。有的人一直在犹豫,不愿意离开已经熟悉的家;有的人会从一个事件中及时接收到危险信号而果断离开;也有的人早在纳粹上台前就离开了。

补充阅读:海德格尔《存在与时间》。

【《存在主义咖啡馆》共读 Day 3】

今天我们一起读第五至第七章。

如果说我们前面读到的更多是"现象学"以及现象学对存在主义的影响,那么从第五章起,我们将更多地读到"存在主义"。

前面我们读到萨特1933年去了德国,在此间写了《超验的自我》,正如他说的,"我写它实际上是直接受了胡塞尔的影响"。也是在柏林,他写了小说《恶心》,他认为这是他最好的小说,甚至在他生命的最后时期还是这样看。1934年,他回到法国,决心努力构思自己对现象学的论述,用对克尔凯郭尔和黑格尔的独特的萨特式解读,使之更加鲜活。接下来我们努力梳理萨特的构思过程:

1. 邀请波伏娃加入了自己的研究工作。

2. 完成了他在柏林就开始写的论文《胡塞尔现象学的一个基本概念:意向性》。1936年发表了缩减版的《想象》(完整版在1940年以《想象之物》之名发表)——探讨了一个现象学难题:如何从意向性结构的角度来思考梦境、幻想或幻觉,虽然它们的对象有时候不存在或者缺失于现实中。

3. 用仙人球毒碱亲身体验幻觉——实际就是毒品实验。虽然这次体验并不美好,但还是被运用到了他后期的两部作品中。

4. 萨特对"偶然性"应该比较早就认识了,这后来成就了《恶心》,1938年4月正式出版,萨特由此一举成名。萨特把自己的许多经历融入了作品之中,主人公罗冈丹对于偶然性与必然性的思考也代表了萨特的洞见,甚至对栗子树的着迷也很萨特化——树对萨特意味着许多东西。萨特还把自己恐惧任何肉质、黏性或黏滑的东西的体验融入罗冈丹的描述中。黏滞是萨特表达偶然性之恐怖的方式,它导致他称之为"事实性"的东西。

5. 波伏娃正在构思她的第一部小说《女宾》,不过直到1943年才正式出版。

6. 萨特与波伏娃继续着他们的协议,还就两个长期条件达成协议。用他们俩的话说,他俩的关系是必然的,而与其他人的关系是偶然的。尽管也会有分歧,但他们之间有一种外人难以撼动的默契，这是一段极其长久的关系，从1929年一直持续到1980年萨特去世。在五十年的时间里，这段关系是存在主义在现实中的哲学演绎，由自由和友谊两个原则定义而成。

第六章以"危机"开始，完美地总结了20世纪30年代中期的欧洲，到30年代末，已经没有几个人敢对和平再抱希望了。这一章其实更多的是介绍胡塞尔的遗孀几经磨难将他的图书馆和遗稿保存下来。最后，大部分论文终于到达了哈佛大学的霍顿图书馆，档案和藏书存放在了鲁汶。

第七章，战争还在继续，萨特投身到法国抵抗运动中，被关押在德军的12D战俘营中，在此期间他沉迷于海德格尔的《存在与时间》，并开始写一本形而上学的专著，也就是后来他最伟大的作品《存在与虚无》。梅洛-庞蒂也作为步兵军官被派往前线。很多人负伤或死亡。波伏娃加入难民的行列，后来又回到有匪夷所思般安静的巴黎。萨特逃回了巴黎，召集了十几个朋友，成立了一个新的抵抗组织"社会主义与自由"。庞蒂也回到巴黎，成立了"在压迫下"。1943年，萨特结识了加缪，加缪在法国度过了一生的大部分时光，但他总觉得在那里是一个局外人，《局外人》也成了他的第一部小说。后来他又发表了《西西弗神话》，在书中，加缪认为，日常事务中与锤子坏了类似的基本崩溃，可以让我们追问生命中最重大的问题。这两部著作加上《卡利古拉》构成的"荒谬三部曲"经久不衰。然而萨特并不赞同加缪的观点，自由是萨特的哲学中最重大的主题，这体现在他的小说、文章和演讲，尤其是他的杰作《存在与虚无》中。萨特指出，我们害怕自由，但无法逃避它，因为我们就是它。为了说明这一点，他把全部的存在分成了两个领域，一个是自为，另一个是自在。

1944年，巴黎正式解放了。经过这场战争，很多人包括哲学家们的观点或多或少都发生了改变。萨特摒弃了自己在《存在与虚无》中说过的一些话，以及从个人主义角度理解的自由的概念，而发展出一种更受马克思主义影响的观点，即认为人类生活具有目的性和社会性。庞蒂撰文主张一种毫不妥协的苏联式共产主义。存在主义的小说不能继续源源不断涌现出来，主导的情绪与其说是创作后的疲倦倒不如说是兴奋，这正是战后存在主义第一波浪潮的总体特点。20世纪40年代后期的存在主义文化，似乎很巴黎，但实际动力来自对美国所有事物的热爱或迷恋，萨特也第一个接受了美国的邀请，随后加缪、波伏娃等都先后开始了他们的美国之旅。

补充阅读：萨特《恶心》；加缪《局外人》。

【《存在主义咖啡馆》共读 Day 4】

今天我们一起读第八至第十章。

第八章，我们看到了一个转折，那就是战败后的德国。还记得海德格尔吗？他在努力保护他的手稿，并被全面禁止授课，但是写了几部新的作品，包括一部哲学对话，对话的题目是《夜间对话：在苏联战俘营中的一个年轻人和一个年长者之间》，在他们的对话中，"破坏"成了关键词。其实，早在战争之前，海德格尔的哲学思考就已经发生了改变。他放弃了决断性、向死而生，以及其他令人振奋的对"此在"的个人需求方面的写作，把笔锋转向了有关体贴和接纳、等待、敞开心扉的需要——也就是贯穿于战俘对话中的那些主题。这一变化，被称为海德格尔的 Kehre（转向）。然而，曾经追随过海德格尔的人，对他的纳粹过往和晚期哲学大为惊骇，纷纷离他而去。不仅是海德格尔,萨特以及其他哲学家也都发生了改变。这场战争改变了一切,对每个人来说都是。

第九章前半部分的主角是波伏娃,介绍了她伟大的女权主义代表作《第二性》,该书完全可以被列为当代最伟大的文化重估经典之一。波伏娃展示了我们是彻彻底底的性别化存在者,重新评估了人类的生活。《第二性》被知识界边缘化的原因,一是波伏娃的女性身份,二可能是它的形式是个案研究。但萨特和波伏娃一样,也饶有兴趣地想看看存在主义怎么能被应用到特定的人生之上,这种兴趣将他引向了传记。

第十章中,波伏娃的老朋友莫里斯·梅洛-庞蒂是主角。他的代表作是《知觉现象学》,提供了一种知觉的理论,以反对二元论和实在论。庞蒂认为儿童心理学对哲学而言至关重要,这是一个非凡的洞见,这一点与波伏娃和萨特的见解相同,在他们的作品中童年也占了相当的比重。与此同时,知觉与我们在世界中的活动紧密联系在一起。

补充阅读:波伏娃《第二性》。

【《存在主义咖啡馆》共读 Day 5】

今天我们一起读本书的最后四章。

在第十一章,我们要把哲学放在美苏两大超级大国争霸的背景下。这时,存在主义者们就道德两难问题开始争论起来,这种争论主要发生在萨特与加缪、庞蒂、库斯勒、阿隆之间,甚至在一个狂欢夜,库斯勒拿起一个酒杯就朝萨特的头上扔了过去,友谊的小船说翻就翻。他们实际上是在争论为了苏联及其意识形态,值得做出什么样的牺牲。在第354页提到了中华人民共和国的成立，西方要面对的共产主义大国成了两个。这一时期可以称作是萨特的哲学转向，这一转向让他变得更坚决，更多地参与到政治中，对苏联的支持一直持续到匈牙利"十月事件"之后。

第十二章，萨特提出了一个令人耳目一新的观点，就是如果很多利益不相容的人都声称权利在他们那边应如何决定，萨特提出了一个大胆的解决方案：为什么不询问那些"处境最困难的人"或者"受到最不公正对待的人"怎么看。他以一种激进的方式介入被边缘化者和被压迫者的窘境之中。1964年，萨特拒绝了诺贝尔文学奖，说他不想放弃他的独立性。与此同时，《第二性》对世界各地的女性产生了更强大的影响。20世纪五六十年代，存在主义在世界各地传播并产生巨大影响。

在第十三章、第十四章中，最早出现在存在主义咖啡馆中的那些最可爱的人一个个离去。1959年6月，鲍里斯·维昂心脏病发作去世，年仅39岁。六个月后，加缪在车祸中丧生。1961年5月，庞蒂突发心脏病去世。1969年，雅斯贝尔斯去世。1980年6月，海德格尔去世，同年，萨特离开。现在，那些曾经的存在主义者和现象学家都已远去，最初的那种激动已经越来越难以再现。虽然我们仍能从一些黑白照片中找到怀旧的浪漫，但他们永远不会像当初看起来那样质朴与危险了，但话说回来，存在主义的观念和态度，已经深深地融入现代文化之中。

（导读人：孙莉玲 蒋辰）

参考阅读：

1.[英]伯特兰·罗素.《西方哲学史》.万卷出版公司.

2.[美]撒穆尔·伊诺克·斯通普夫《西方哲学史》.中华书局.

《数学与哲学》是数学科学文化理念传播丛书（第二辑）中的一本。此套丛书共有八本，分别为《数学与教育》《数学与文化》《数学与思维》《数学与经济》《数学与创造》《数学与哲学》《数学与社会》《数学与军事》，选择了八个与数学的关系虽然密切但又不被大家注意，或者是直到近些年才与数学发生较为密切关系的学科，阐述了数学与它们的联系，目的是让更多的人认识到数学这门学科的重要性和特殊性。此套丛书的作者均为我国著名科学家，本书作者张景中教授是中国科学院院士，也是著名的计算机科学家、数学家。它是一本囊括了数学、哲学、科学史等多个领域的综合性著作，从理性思考、数学方法、哲学原理等多个角度探讨了数学与哲学的关系，还介绍了一些重要的数学思想和理论的发展过程，强调了数学思维对人类思维和创造力的影响，可以激发读者对于数学和哲学的兴趣，并启示人们在实际生活和工作中如何运用数学思维。

《数学与哲学》

张景中

书评

哲学用来思考宇宙,数学用来书写宇宙

——蒋 辰

阅读这本书之前,不妨先思考一个问题,为什么历史上很多知名的科学家,同时具有哲学家和数学家的双重身份。比如最早的唯物主义哲学家泰勒斯、最早的唯心主义哲学家毕达哥拉斯、创立唯心主义体系的柏拉图都精通数学。这是巧合还是必然?数学和哲学之间究竟有什么剪不断理还乱的关联?《数学与哲学》这本书给出了张景中教授自己的一份理解。这本书是关于数学发展史以及数学与哲学基本理念的科普读物,作者在书中深入剖析了数学和哲学的内涵和外延,并通过丰富的案例,阐述了数学和哲学思维的特点和应用,对于想要深入了解这两个领域的读者来说是一本不可多得的参考书。全书脉络清晰,先把数学三大危机按时间顺序娓娓道来,随后将数学史的主要流派和观点列出并加

以分析,最后阐述了作者自己对于哲学和数学的理解。书里面的一些内容会让第一次接触的人倍感神奇并有一种豁然开朗的感觉,下面就让我们跟着作者的思路,走进神奇的数学与哲学的世界。

一、三次数学危机:螺旋式前进

在科学发展史上,贯穿着危机的产生与解决,而危机的解决,往往能给科学带来新的内容、新的发展,甚至引起革命性的变革。比如经典物理学上空的两朵"乌云",一朵飘在了热力学大厦上,一朵飘在了电动力学大厦上,后来这两朵乌云直接发展成了现代物理学的两大基石——相对论和量子力学。而在数学的发展历史上,也出现过著名的三大危机,都与基础理论相关,本书详细地介绍了三大危机的产生与解决过程。

第一次危机是实数理论。

危机的产生:希帕索斯悖论。毕达哥拉斯学派(公元前500年)信奉数是万物的本源,事物的性质是由某种数量关系决定的,万物按照一定的数量比例构成和谐的秩序,"一切数均可表成整数或整数之比"。后来,毕达哥拉斯证明了勾股定理,但同时发现"某些直角三角形的三边比不能用整数来表达"。这一发现引起了毕达哥拉斯学派学者的惶恐不安,因为他们心中的数只有自然数与自然数之比(就是分数),于是毕达哥拉斯学派千方百计不让这一发现传出去。而希帕索斯提出了一个问题:边长为1的正方形其对角线长度是多少呢?这就是希帕索斯悖论,他本人因为此事被抛入大海!

危机的缓解:二百年后,欧多克索斯建立起一套完整的比例论,巧妙地避开无理数这一"逻辑上的丑闻",并保留住与之相关的一些结论,缓解了危机。但欧多克索斯是借助几何方法,通过避免直接出现无理数实现的。危机并没有解决,只是被巧妙避开。

危机的解决:1872年,德国数学家戴德金从连续性的要求出发,用有理数中的"分割"定义无理数,并把实数理论建立在严格的科学标准上,使无理数的本质被彻底搞清,无理数在数学中的合法地位确立,这才真正彻底、圆满地解决了第一次数学危机。

第二次危机是极限概念。

危机的产生:贝克莱悖论。17世纪下半叶,英国大科学家牛顿和德国数学家莱布尼茨分别在自己的国度里独立完成了微积分的创立工作。尽管研究的侧重点不同——牛顿着重从运动学来考虑,而莱布尼茨则侧重几何学——但他们建立微积分的基础都是直观的无穷小量。微积分诞生之后,科学技术迅速发展,但数学的发展又遇到了令人不安的危机:这个无穷小量到底是不是零?它究竟是常量还是变量?这些牛顿无法解释清楚,莱布尼茨也没有找到从有限量过渡到无穷小的桥梁。由此引发了数学界甚至哲学界长达一个半世纪的争论,此即第二次数学危机。1734年,贝克莱主教发表了《分析学家,或致一位不信神的数学家》,针对牛顿流数论中的无穷小量进行了集中批驳,其批判引起了数学家对于微积分的基础思考。

危机的缓解:极限论。十九世纪七十年代初,魏尔斯特拉斯、柯西、戴德金、康托尔等人独立地建立了实数理论,在实数理论基础上,又建立起极限论的基本定理,缓解了危机。柯西把微积分全部建立在极限的思想之上,通过极限定义了无穷小量、连续、导数、微分和定积分,并证明了大量微积分中的定理。柯西的定义中如"无限趋于""要多小就多小"虽然比较通俗易懂,但依然保留着几何和物理的直观痕迹,不利于严格的理论证明。为了彻底摆脱极限概念中的直观痕迹,被誉为"现代分析之父"的德国数学家魏尔斯特拉斯提出了"极限的静态"这一抽象定义,给微积分提供了严格的理论基础。用静态的定义描述变量的变化趋势,这种"静态—动态—静态"螺旋式的上升演变,反映了数学发展的辩证规律。至此,极限理论宣告成熟,第二次数学危机得到初步解决。

第三次危机是集合论。

危机的产生:罗素悖论。十九世纪下半叶,康托尔创立了著名的集合论。刚产生时,曾遭到许多人的猛烈攻击。后来数学家们发现,从自然数与康托尔集合论出发可建立起整个数学大厦,"一切数学成果可建立在集合论基础上"。但是不久,伯特兰·罗素提出了一个悖论,其可以用一个理发师问题进行通俗的描述:塞尔维亚有一位理发师,他只给所有不给自己理发的人理发,不给那些给自己理发的人理发。那么他要不要给自己理发呢?如果他给自己理发,他就属于那些给自己理发的人,因此他不能给自己理发;如果他不给自己理发,他就属于那些不给自己理发的人,因此他就应该给自己理发。(严格的罗素悖论:S 由一切不是自身元素的集合所组成,那么 S 是否属于 S)。

罗素悖论给当时正因微积分的严格基础被建立而欢欣鼓舞的数学家们泼了一盆冷水。一向被认为推理严密、结论永远正确的数学,竟在自己最基础的部分推出了矛盾,而推出矛盾的推理方法如此简单明了,正是数学家惯用的方法,那么数学方法的可靠性又从何说起呢?

危机的缓解:罗素自己提出了层次理论,在定义集合的时候,必须说明层次,这样,罗素悖论便不存在了。但是罗素的理论太复杂也太庞大了,不符合数学简明可靠的特点,数学家们希望用比较简单的方法解决罗素悖论,大家认为,罗素悖论是不加限制地使用无限抽象原则的结果。策墨罗首先提出了"有限抽象原则"，后来经过弗兰克、斯柯伦的补充修改，更为合理与完善，叫作 ZFS 公理系统，其消除了罗素悖论。但是，罗素悖论解决了，会不会哪天冒出一个新的悖论出来呢？能不能保证在新建立的数学系统中永远不出矛盾了呢？

库尔特·哥德尔在 1931 年成功证明：任何一个数学系统，只要它是从有限的公理和基本概念中推导出来的，并且从中能推证出自然数系统，就可以在其中找到一个命题，我们既没有办法证明，又没有办法推翻。哥德尔不完备定理的证明结束了关于数学基础的争论，宣告了把数学彻底形式化的愿望是不可能实现的。但是，数学能自己论证自己的局限性，这又显示了数学方法的力量。

历史上的三次数学危机，给人们带来了极大的麻烦，数学家和哲学家追求数学最初生长点的研究，恰像一次向远处地平线走去的旅行。终点似乎就在前面，但走过去之后才发现，它还在前方。但是旅行者毕竟一次又一次地大开眼界，发现了越来越广大的世界。

二、数学的本质：描述宇宙的规律

早在 2000 多年前，古希腊的毕达哥拉斯学派就认为"万物皆数，数统治着宇宙"。而这一观点似乎一直为后世无数科学家们所秉持，例如,伽利略认为"数学是上帝用来书写宇宙的文字"，爱因斯坦认为"纯数学能使我们发现概念和联系这些概念的规律，给了我们理解自然现象的钥匙"，牛顿没有给自己关于经典力学理论体系的著作作用"力学"或者"运动"等命名，而是叫《自然哲学的数学原理》。数学到底是什么？它是怎样书写我们的宇宙的？先给大家介绍一个十分奇妙的数学定理：分球悖论（巴拿赫-塔斯基悖论，是一条经过严格证明的数学定理）。它可以描述为：一个三维实心球，必定存在一种办法将其分成有限部分，然后仅仅通过旋转和平移，就可以组成两个和原来完全相同的球（半径相同，密度相同……所有性质都相同）。

这是一条非常反常识的数学定理，是基于"选择公理"严格地推导出来。有人可能会觉得，新的实心球，质量肯定会变为原来的一半，不然违背了质量守恒定律，但是根据数学推算出来新的实心球，质量却是和原来的球是相等的，相当于凭空多出了质量！这完全没有遵守质量守恒定律。那为什么会出现这个结果呢？数学和物理，哪个错了？

答案是，都没有错，数学的世界和物理的世界是不一样的。在数学的世界里，可以不满足质量守恒，因为有无穷的存在。比如，我们假设每个单元的质量为 Δm（无穷小），在我们分类的时候，Δm 并没有被分解，我们分解的是"∞"。而在数学中，"可数 ∞"的一半还是"可数 ∞"，于是，我们确实得到了两个和原来一模一样的实心球。在数学上是允许这样的事发生的，但是我们的世界为什么不可以呢？因为我们的世界只是数学领域的一个特殊解。在我们的世界中，粒子是不可无限细分的，存在一个最小值，就是普朗克常数。试想一下，如果存在一个平行宇宙，组成那个宇宙的粒子可以无限细分，那么就满足了分球悖论，在那个宇宙中，一个球可以变成两个、三个……物质可以凭空被创造出来，那又是怎样的一个世界呢？

这里用到了数学世界的一个重要概念：无穷。这是一个反常识的知识领域（想要对这个概念有更深刻的理解，推荐另外一本科普书籍《从一到无穷大》），因为无穷集有一个不同于有穷集的特征：它可以和自己的一部分一样多。希尔伯特曾在通俗演讲中用生动的例子向听众解说无穷集的性质：

设想有一家旅馆,内设无限个房间,所有的房间都客满了。这时有一位新客,想订个房间。"不成问题!"旅馆主人说。接着,他就把1号房间的旅客移到2号房间,2号房间的旅客移到3号房间,3号房间的旅客移到4号房间……这样一来,新客就被安排进了已被腾空的1号房间。

这时又来了无穷多位要求订房间的客人。"好的,先生们,请等一会儿。"旅馆主人说。于是他把1号房间的旅客移到2号房间,2号房间的旅客移到4号房间,3号房间的旅客移到6号房间……所有的单号房间都腾出来了,新来的无穷多位客人可以住进去,问题解决了!

此时,又来了无穷多个旅行团,每个旅行团有无穷多个旅客,只见这个老板不慌不忙,让原来1号房间的客人搬到2号,2号房间客人搬到4号……,k号房间的客人搬到2号。这样,1号、3号、5号……所有非2^n($\in +$)号房间就都空出来了。

三、数学与哲学:望远镜与显微镜

这本书里,作者有一个论断:哲学是望远镜,数学是显微镜。

哲学是人类认识世界的先导,首先关心的是世界的未知领域。哲学曾经把整个宇宙作为自己的研究对象。哲学家谈论原子在物理学家研究原子之前,哲学家谈论元素在化学家研究元素之前,哲学家谈论无限与连续性在数学家说明无限与连续性之前。一旦科学真真实实地研究哲学家所谈论过的对象时,哲学就沉默了,它倾听科学的发现,准备提出新的问题。哲学,在某种意义上是望远镜,当旅行者到达一个地方时,他就不要再用望远镜观察这个地方了,转而观察更遥远的某处。

数学则相反,它最容易进入成熟的科学、获得了足够丰富事实的科学、能够提出规律性假设的科学。它好像是显微镜，只有把对象拿到手中，甚至切成薄片、经过处理，才能观察它。哲学从一门学科退出，意味着这门学科的诞生；数学接管学科，意味着这门学科达到成熟的阶段。一个负责开疆拓土，一个负责安家置业。

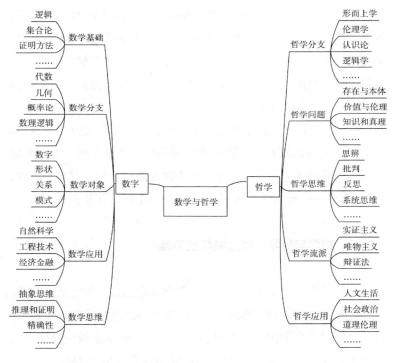

数学的看家本领就是把概念弄清楚，这个本领是经过两千多年才练出来的。数学中，涉及具体问题时，语言必须精准。有些扯不清的事，概念清楚了，答案也就清楚了。比如著名的"鸡蛋问题"，是先有鸡还是先有鸡蛋，常常被认为无法给出一个明确的回答。然而，在数学领域，这个问题是有明确答案的。

首先，对题干中提到的两个概念做一个定义。

【鸡：一种可以生蛋的生物。】【鸡蛋：只有鸡生下的蛋是鸡蛋。】

那么显而易见，是先有鸡后有蛋。至于第一只鸡是怎么出现的，这不是我们关心的问题。也许它是从某种蛋里出来的，但根据定义，那不是鸡蛋。

如果我们换一种定义方法。

【鸡：一种可以生蛋的生物。】【鸡蛋：能孵化出鸡的蛋和鸡生的蛋都是鸡蛋。】

那么，显而易见，是先有蛋后有鸡。至于第一只鸡蛋是哪来的，我们虽然不知道，但是按照定义，一定不是鸡生的。

这就是数学家常用的方法：做好定义，用数学的语言而不是生活的语言描述问题。在其他自然科学领域，也可以使用这个方法，比如"薛定谔的猫"这个著名的思维实验：当观察者未打开盒子之前，猫处于一种"又死又活"的状态，然而生活中不会有又死又活的猫，这与常识相悖。对于这个逻辑悖论，我们可以先问一问，什么是"常识"。常识的本质是对生活中的一切事物进行观测后得到的结论。这样一来，当没有去观测猫时，它处在又死又活的状态是没有逻辑问题的，不死不活只与测量后的经验不符，但是命题的前半部分就是没有测量，和测量后的经验不符有什么问题吗？这恰恰说明了，在量子力学中，一切皆测量，不测量就不存在描述。

对于痴迷数学的人来说，数学是"上帝的语言"，它简单而又抽象、朴素却又优雅，宇宙的各种现象都能利用数学来得到答案。数学思维不仅对于哲学有用，对于其他学科和我们日常生活的思考方式都很有帮助。

导读

导言：

《数学与哲学》的作者张景中先生既是中国科学院院士、著名的数学家，又是 20 世纪 80 年代崛起的著名的科普作家。他在书中探讨了数学和哲学之间的关系，以及它们对人类思维的影响，主要涵盖以下几个方面的内容。

科学史与数学的发展：作者回顾了科学史上一些重要的数学思想和理论的发展过程，包括古希腊的几何学、启蒙时代的数理哲学等，展示了数学与科学进步的紧密联系。

数学的本质和意义：作者探讨了数学的起源、发展和基本概念，介绍了数学思维的特点，并深入介绍了数学作为一种语言和工具的本质及其在现实世界中的应用。

哲学与数学的交叉：探讨了数学与哲学的共同点和相互关系。作者通过分析逻辑、证明、推理等概念，阐述了数学和哲学在思维方法和认识论上的相互作用。

数学思维与哲学精神：强调了数学教育的重要性和数学与人文精神的关联，探讨了数学思维对培养人的思维能力、逻辑推理和创造力的积极影响。

总的来说，本书旨在通过对数学和哲学的深入分析，增进读者对于数学思维和哲学思考的理解，并提供了一种跨学科的视角来审视这两个领域之间的关系。本次共读我们选的是大连理工大学出版社出版的版本。让我们一起走进数学与哲学的世界。

【《数学与哲学》共读 Day 1】

今天阅读第一章和第二章，需要了解第一次数学危机与实数理论。

危机的产生是毕达哥拉斯发现了勾股定理并给出了证明，从而发现了无理数，这使得他自己提出的"万物皆数"的观点破灭了。无理数之谜又和连续性的概念密切相关。直到19世纪末，在数学上建立了严格的实数理论，公认的连续性的概念才出现。戴德金和康托尔几乎同时提出了实数理论。实数定义清楚了，一切事物的量变又可以用数刻画了，第一次数学危机才被克服了。在此基础上，各种各样的实质上彼此等价的实数理论被建立，一系列定理被用来刻画实数的性质，其中连续归纳原理在众多定理中地位尤为特殊。

思考 & 讨论：
欧几里得几何是怎么建立起来的。

拓展阅读：
第一章和第二章内容涉及的代表性数学家如下。

毕达哥拉斯（Pythagoras，公元前570—公元前495）：古希腊数学家、哲学家和音乐家。毕达哥拉斯定理（直角三角形两条直角边的平方和等于斜边的平方）是他最著名的贡献之一。毕达哥拉斯还发现了整数、分数和无理数，提出了"万物皆数"的思想。他认为，自然界中的一切都能够用数学形式来表达和理解。因此，毕达哥拉斯主义被称为"数学宗教"。

亚里士多德（Aristotle，公元前384—公元前322）：古希腊哲学家、科学家和逻辑学家，是古代西方哲学的重要代表人物之一。他是柏拉图的学生，在众多领域都有重要的贡献。他系统地探讨了伦理学、政治学、形而上学、物理学、生物学等多个学科，成为这些领域的奠基人之一。在逻辑学方面，亚里士多德提出了演绎推理的规范，并建立了经典逻辑的基础，对后世逻辑学的发展产生了深远影响。

伽利略（Galileo Galilei，1564—1642）：意大利物理学家、天文学家和数学家，被誉为"现代科学之父"。他对天体的观测，对其运动的研究，以及对科学方法发展的贡献，对整个科学领域产生了深远的影响。伽利略最著名的贡献，一是观察到了月球表面的山脉和火山口、木星的卫星、金星的光晕现象等，支持了日心说；二是运用斜面实验和自由落体实验等，验证了物体在恒定斜率下均匀加速运动，提出了物体在自由落体过程中不受其他力的影响，即真空中万有引力的概念。

【《数学与哲学》共读 Day 2】

今天阅读第三章和第四章，需要了解第二次数学危机与极限的概念。

危机的产生源于物理上的一个概念——瞬时速度。牛顿把瞬时速度说成是无穷小时间内物体所走的无穷小距离之比，然而，这是一个含糊不清的表达，因为，这里面提到无穷小不管是不是零，它所代表的物理公式在数学意义上是说不通的。极限的提出解决了这个问题，它把瞬时速度定义为当时间极限趋于零时的平均速度。

关于无穷的问题还有无穷大（无穷多），伽利略是第一个对它进行认真思考的科学家。之后康托尔对实无穷的研究，在数学和哲学上都有重大的影响。他所创立的集合论现在已被公认为现代数学的基础。但是无穷集刚提出时，是遭到了很多哲学家和数学家的激烈反对的，其中最激烈的便是他的老师。还好，随着时间的推移，绝大部分数学家都接受了他的观点，比如当代最杰出的数学家希尔伯特就曾在演讲中用生动的例子说明了康托尔的观点，这就是著名的"无穷旅店"。

思考 & 讨论:
所有的无穷都一样大吗?

拓展阅读:

第三章和第四章内容涉及的代表性数学家如下。

牛顿(Isaac Newton,1643—1727):英国物理学家、数学家、天文学家和自然哲学家,被公认为科学史上最重要的人物之一。在物理方面,他对力学、重力、光学等领域的贡献被视为开创性的。在数学方面,他独立发现了微积分的基本原理,并将其应用于解决物体运动和力学问题。他的著作《自然哲学的数学原理》被誉为科学史上最伟大的著作之一,对人类对自然规律的认识有着重大贡献。

柯西(Augustin-Louis Cauchy,1789—1857):法国著名的数学家、物理学家、工程师,是19世纪最杰出的数学家之一。柯西提出了复分析、函数论、实分析等重要理论和概念,开创了现代数学。他发展了现代微积分中极限和连续性的概念,并通过极限理论定义了数列和函数收敛,提出了柯西收敛准则。此外,他提出了柯西-施瓦茨不等式和柯西-黎曼方程等,这些理论成了复分析和实分析中的基本概念。柯西还是概率论的创始人之一,他开创了初等概率论的大部分内容,并提出了柯西分布、柯西序列和柯西积分等概念。

康托尔(Georg Cantor,1845—1918):德国数学家,他是19世纪末20世纪初最重要的数学家之一,提出了集合论的基本概念和理论,被誉为集合论之父。他也是函数论和解析数论领域的重要人物,提出了康托尔集和康托尔定理,这些结论对于研究函数和数论问题都具有重要意义。他的工作为现代数学的基本概念和思想提供了一个坚实的基础,并对不同领域的研究提供了启示。

希尔伯特（David Hilbert，1862—1943）：德国数学家，被认为是 20 世纪最杰出的数学家之一。他提出了著名的希尔伯特 23 个问题，影响了整个数学界的发展。在几何学方面，他发展了公理化几何学，构造了希尔伯特公理系统，并证明了公理体系的内部一致性。在代数学方面，他对矩阵和线性变换进行了深入研究，并提出了希尔伯特空间和希尔伯特定理等概念，这些成为现代函数空间理论的基础。

【《数学与哲学》共读 Day 3】

今天阅读第五章和第六章，需要了解第三次数学危机与集合论。

危机的产生源于著名的罗素悖论，它的通俗化模型之一就是理发师悖论：一位手艺高超的理发师，他只给一切不给自己理发的人理发，那么他给不给自己理发？罗素悖论提出后，数学家们想了很多办法，试图引入集合以去掉悖论，比如罗素提出了层次理论，策墨罗提出了有限抽象原则，后来还是集合论的公理化解决了罗素悖论，但这也让数学家们卷入了关于数学本质问题的激烈争论之中，产生了"数学基础"这个至今尚在蓬勃发展的数学领域。

第六章主要讨论了对数学对象本质的几种看法。

柏拉图主义：数学研究的对象尽管是抽象的，但却是客观存在的。而且它们是不依赖于时间、空间和人的思维永恒存在的。数学家提出的概念不是创造，而是对这种客观存在的描述。

唯名论观点：客观存在的事物只有具体的、个别的东西，而一般的、抽象的则是名称，是名词而已。按照这个理念，数是符号、名称，不存在于客观世界中。

康德的德国古典哲学：数是思维创造的抽象实体，数是人总结经验创造出来的，但人是靠先天的直观创造出数的。

约定论：数学的公理、符号、对象，结论的正确性，无非是人们之间的一种约定。按约定的规则承认什么是存在的，什么是不存在的；什么是正确的，什么是不正确的。

逻辑主义：自然数是客观存在的，人要认识这种存在并不需要引进特别的假定，只要从一般逻辑出发就可以了。如果仅从逻辑出发便能建立数学，就表明数学对象是客观存在的。不过其后续研究却越来越不像是逻辑，而像是公理化的集合论。尽管逻辑主义的目标并未实现，但证明了数学可以以集合论为基础，并导致了公理化集合论的蓬勃发展。

直觉主义：人有先天的直觉能力，能一个一个地把自然数构造出来，因此，数学对象是人靠智力活动构造出来的。数学对象必须能像自然数那样明显地用有限步骤构造出来，才可以认为是存在的，所以直觉主义也被叫作构造主义。

形式主义：使用符号推演代替语言，而符号的使用方法靠约定的规则。符号可以组成公式，有意义的公式相当于命题，所以数学推理就变成确定了规则的符号操作。

思考 & 讨论：
对数学本质的几种看法，各有什么缺陷？

拓展阅读：
第五章和第六章内容涉及的代表性数学家如下。

罗素（Bertrand Russell，1872—1970）：英国哲学家、数学家、逻辑学家。他发展了命题逻辑、谓词逻辑和模型论等逻辑学分支，还提出了著名的罗素悖论，表现了集合论的困难和复杂性。在20世纪逻辑学发展的过程中,罗素对形式化逻辑的贡献非常重要,他的工作为现代逻辑学打下了基础。

柏拉图(Plato,公元前426—公元前347):古希腊哲学家,被认为是西方哲学的奠基人之一。他建立了一种以理性为基础的哲学体系,对诸如道德、政治、知识和宇宙等问题进行了深刻的思考。他提出了"形而上学"的概念,即存在超越物质世界的理念世界,这个世界包含一切真正的实体和本质,而物质世界只是其影像和表象。在政治哲学方面,柏拉图提出了所谓的"理想国"理论,认为最理想的政治制度应该是由哲学家统治的国家。

【《数学与哲学》共读 Day 4】

今天阅读第七、第八这两章。

第七章主要讲解了哥德尔不完备定理,即在算术形式系统里有一些命题,是真的,但不能够被证明,比如哥德巴赫猜想。哥德尔不完备定理让我们看到了数学演绎推理方法的局限性,但其没有否定在形式系统之外证明算术协调性的可能。

第八章其实是对第六章的一个补充,专门讲述了布尔巴基学派的观点,是对数学研究对象本质的剖析:数学研究对象有三种基本结构,即代数结构、序结构和拓扑结构,分别来自数量关系、时间观念和空间经验,基本结构加上一些公理可以派生出子结构,两种以上的结构加上联结条件可以产生复合结构。通过结构的变化、复合、交叉,就形成了形形色色的数学分支。

思考 & 讨论:

除了书中提到的哥德巴赫猜想,再举出一个用哥德尔不完备定理解释的数学猜想。

拓展阅读：

第七章和第八章内容涉及的代表性数学家如下

哥德尔（Kurt Gödel，1906—1978）：奥地利数学家。他是20世纪最重要的数理逻辑学家之一，以其对于不完备定理和连续统假设的贡献而闻名。不完备定理极大地影响了逻辑学和数学的基础理论，并对人们对数学及其可靠性的认识产生了深远影响。

欧几里得（Euclid，约公元前330—公元前275）：古希腊数学家，被称为"几何之父"。他最著名的著作《几何原本》是欧洲数学的基础，这是一本囊括了古希腊几何学基本知识的巨著。

笛卡尔（René Descartes，1596—1650）：法国哲学家、数学家、物理学家，被誉为现代哲学和现代数学的奠基人之一。在哲学方面，笛卡尔创立了"思想即存在"的观念，提出了"我思故我在"的命题。他的"分析法"和"合成法"为哲学研究提供了新的方法论，并对科学方法论产生了重要影响。在数学方面，笛卡尔创立了坐标几何学，这为现代数学的发展奠定了基础。他也是解析几何的奠基人之一。他通过引入笛卡尔坐标系、因数分解、指数幂运算等数学工具，推动了数学的发展。

【《数学与哲学》共读 Day 5】

今天阅读本书的最后三章，作者从这里开始说对于哲学的思考，以及哲学领域内的一些知名问题，可以怎么样用数学的方法加以解释。比如，什么是偶然，什么是必然，先有鸡还是先有蛋，物极必反的逻辑关系，量变引起质变，公孙龙的"白马非马"诡辩论，等等。数学始终影响着哲学。这三章需要仔细阅读，可以多读几遍。

思考 & 讨论：
试提出一个本书没有提到的用数学思维解决哲学问题的例子。

拓展阅读：
第九至第十一章内容涉及的代表性数学家和哲学家如下。

康德（Immanuel Kant，1724—1804）：德国哲学家、作家，德国古典哲学创始人，其学说深刻影响了近代西方哲学，并开启了德国古典哲学和康德主义等诸多流派。康德是启蒙运动时期最后一位重要的哲学家，是德国思想界的代表人物。他调和了笛卡尔的理性主义与弗朗西斯的经验主义，被认为是继苏格拉底、柏拉图和亚里士多德后，西方最具影响力的思想家之一。

黑格尔（G. W. F. Hegel，1770—1831）：德国哲学家，德国古典哲学派的重要代表之一，他对德国的国家哲学作了最系统、最丰富和最完整的阐述。黑格尔的观点被称为"主观唯心主义"，即意识和思想是现实的根本要素，对后世哲学流派，如存在主义和马克思的历史唯物主义都产生了深远的影响。

莱布尼兹（Gottfried Wilhelm Leibniz，1646—1716）：德国哲学家、数学家。他独立发明了微积分，并开创了符号表示法，使得微积分从一项朴素而复杂的实证技术变成了一个可以普遍应用的学科体系。他也是二进制系统和二进制计数法的发明者之一，这些在计算机领域具有重要作用。他提出了符号逻辑，这是一种用符号代替言语进行推理和表达的方法，对于逻辑学的发展至关重要。

（导读人：蒋辰 孙莉玲）

参考阅读：
1. 张景中.《数学与哲学》.大连理工大学出版社.
2.[美]G.伽莫夫.《从一到无穷大》.科学出版社.